AF649662

LAUREN
ESPY

Meine kunterbunte AMIGURUMI WELT

25 niedliche Figuren häkeln

EMF

EIN BUCH DER
EDITION MICHAEL FISCHER

IMPRESSUM

Bibliografische Information der Deutschen Bibliothek.

Die Deutsche Bibliothek verzeichnet diese Publikation in der Deutschen Nationalbibliografie.
Detaillierte bibliografische Daten sind im Internet über http://www.dnb.de/ abrufbar.

Bei Fragen zur Produktsicherheit wenden Sie sich an:
Edition Michael Fischer GmbH
Kistlerhofstr. 70
81379 München
kontakt@emf-verlag.de

EIN BUCH DER EDITION MICHAEL FISCHER

4. Auflage 2025

Aus dem Englischen übertragen von Dr. Katrin Korch, Baden-Baden
Projektmanagement: Maren Bellon
Cover und Satz: Sabine Mayr
Bildnachweis: S. 10/11: © Kostikova Natalia/Shutterstock, S. 176: © TanyaJoy/Shutterstock

ISBN 978-3-7459-1931-8

Gedruckt bei C&C Offset Printing Co., LTD., 14/F, C&C Building, 36 Ting Lai Road, Tai Po, N. T. Hong Kong

www.emf-verlag.de

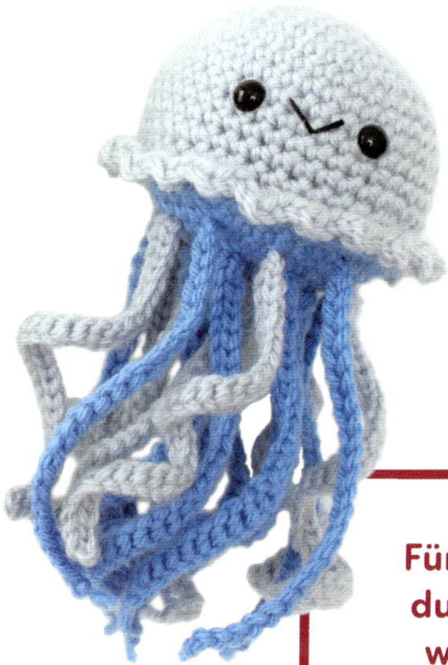

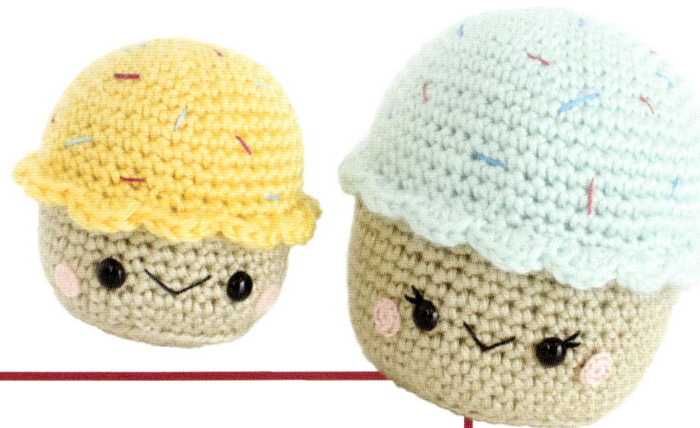

Für meine wundervolle Großmutter. Mögest du immer wissen, dass du der Grund dafür warst, dass ich mich ins Häkeln verliebte. Dieses Buch gibt es nur deinetwegen.

Für meinen Mann Carl. Danke für deine stetige Liebe und Unterstützung, obwohl ich manchmal vielleicht etwas verrückt bin!

Für meine Mutter. Danke, dass du mich ermuntert hast weiterzumachen, wenn ich aufhören wollte. Ich liebe dich!

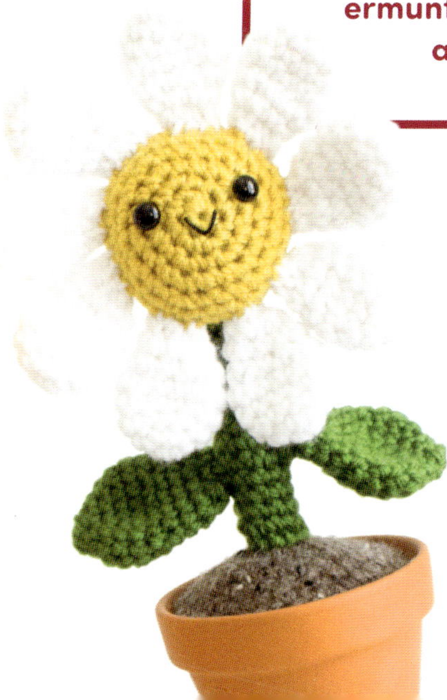

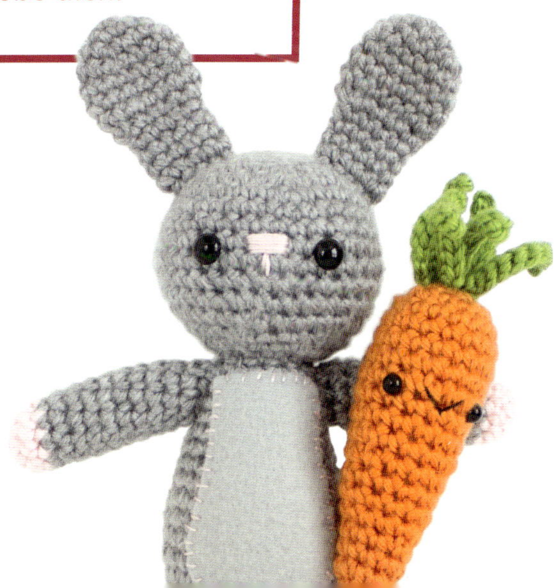

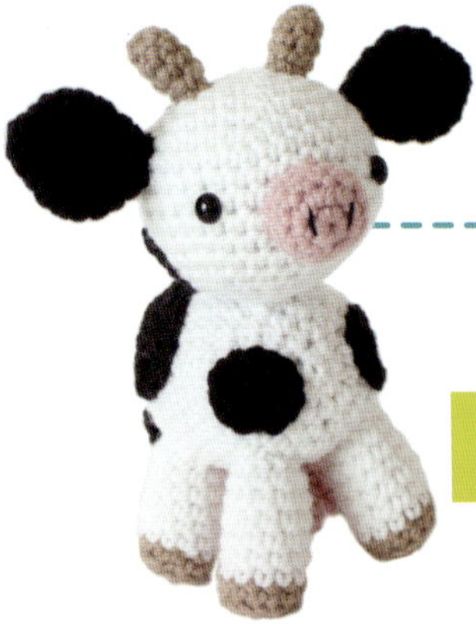

INHALT

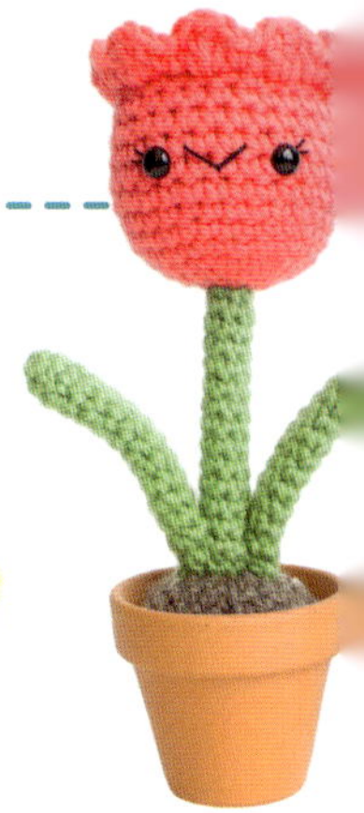

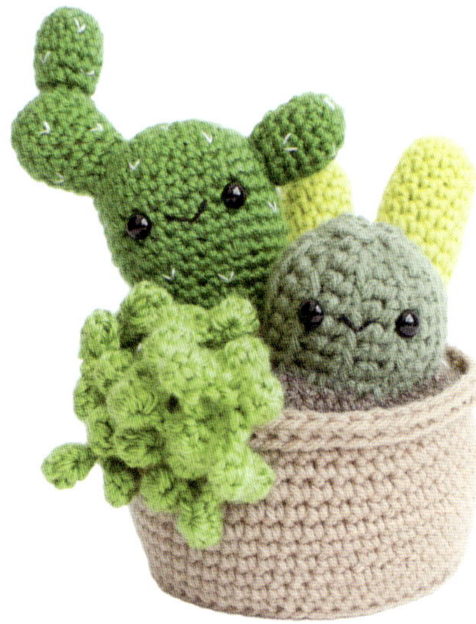

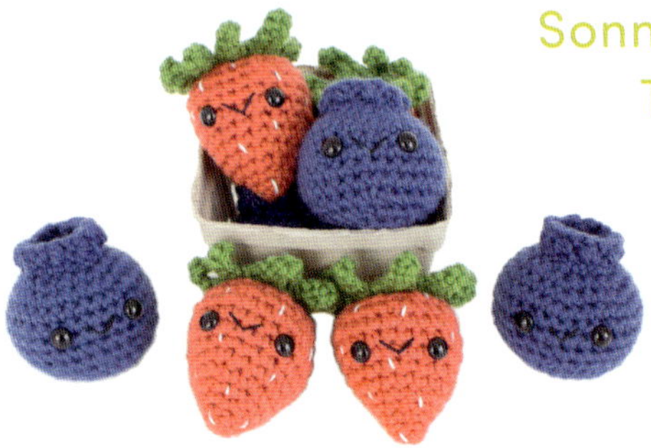

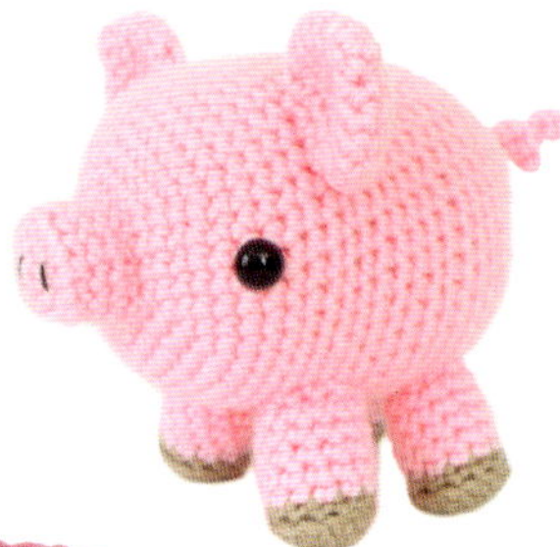

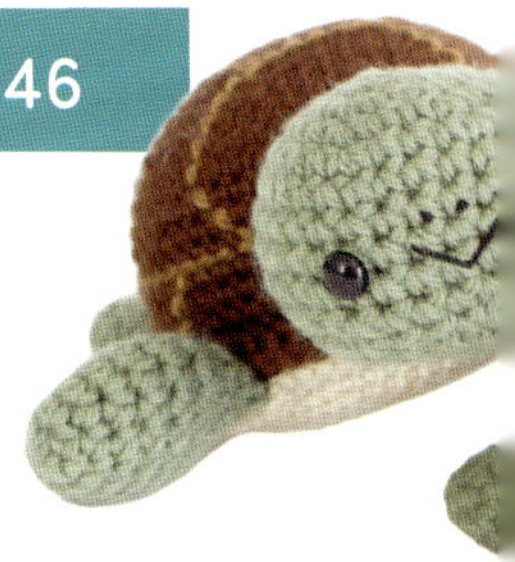

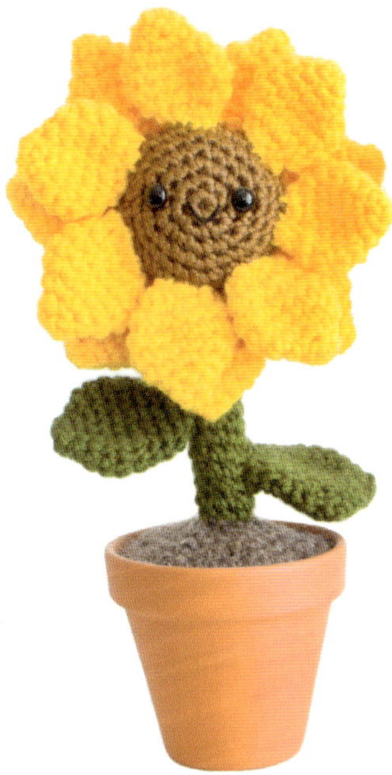

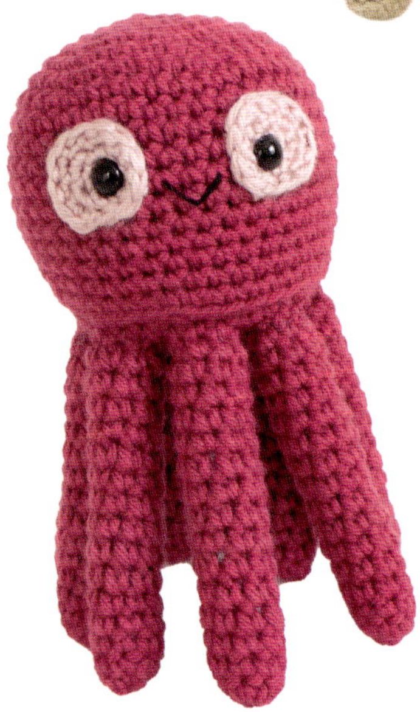

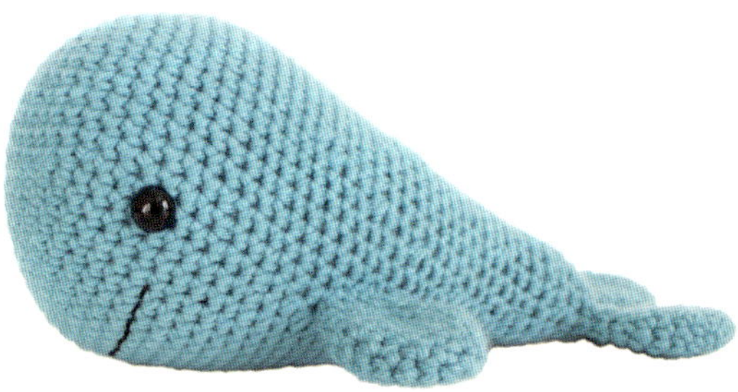

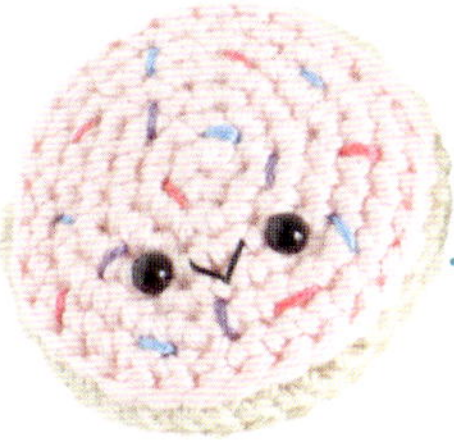
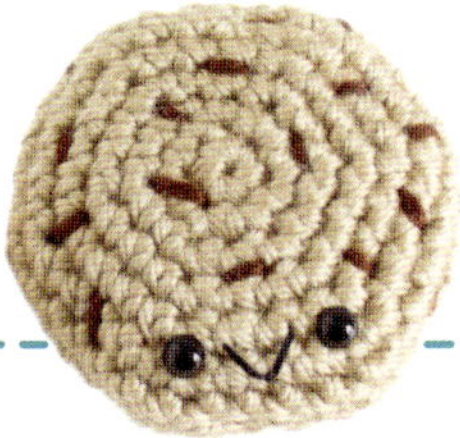
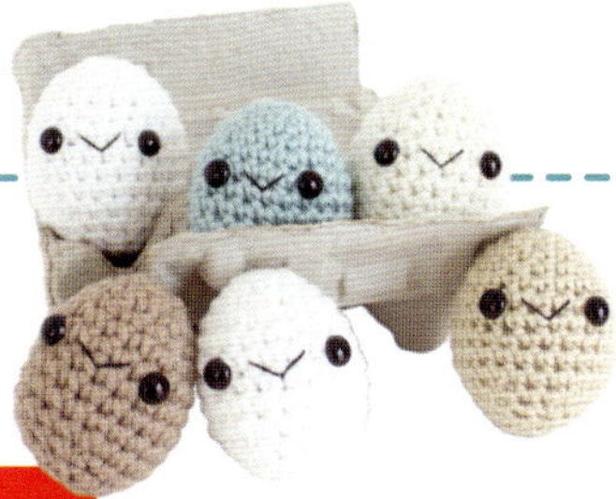
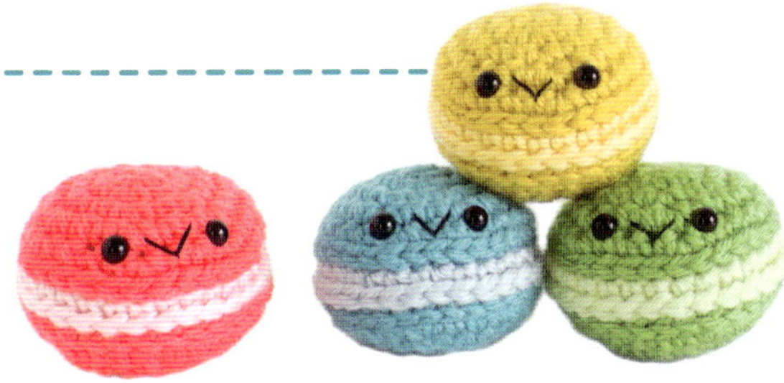

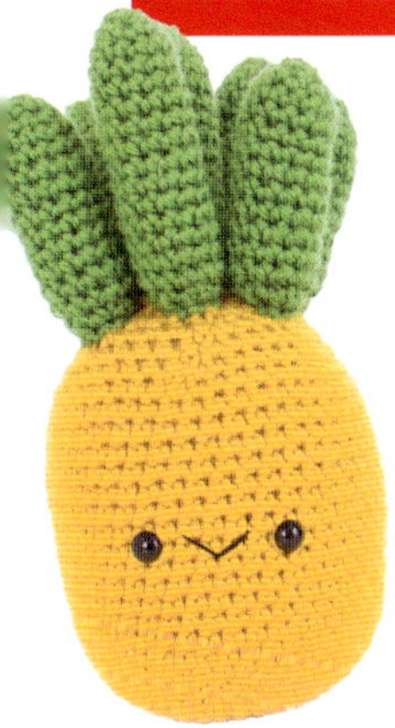
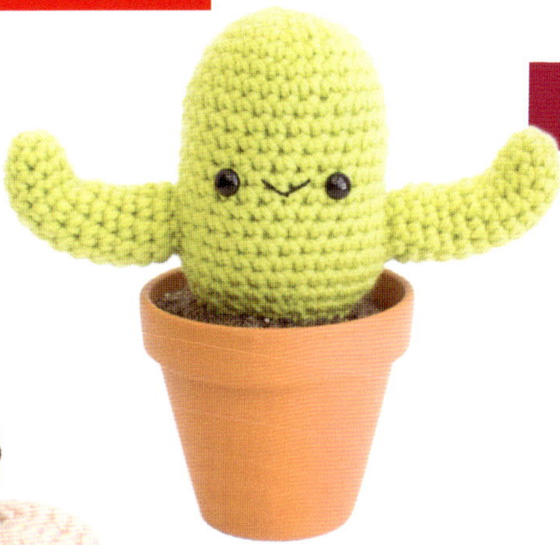

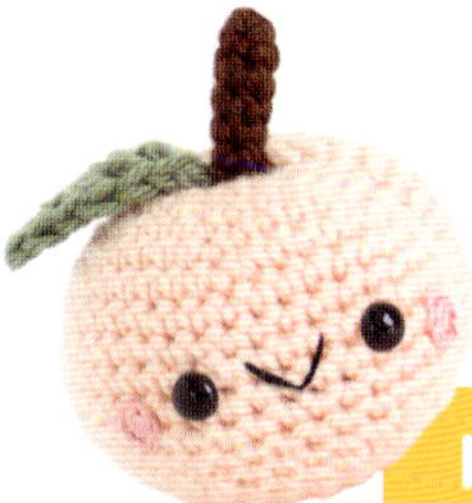
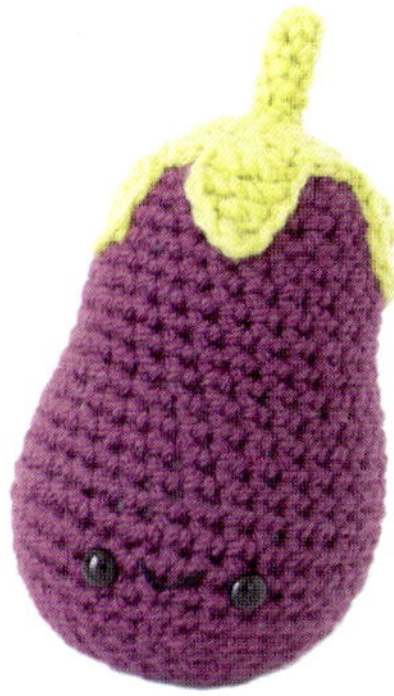
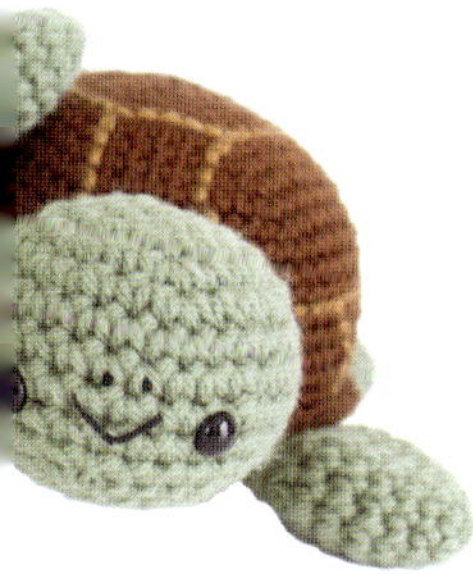

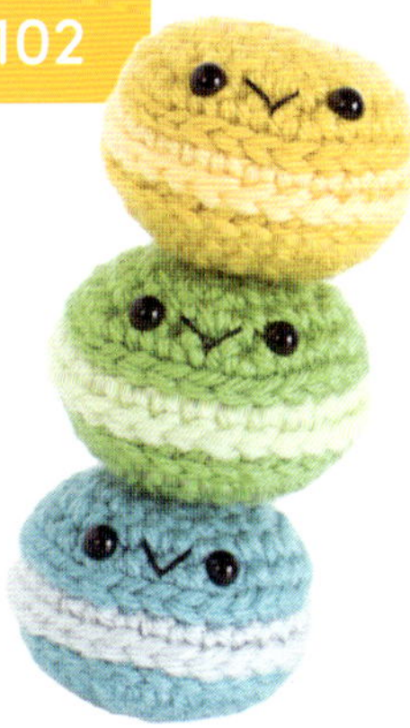
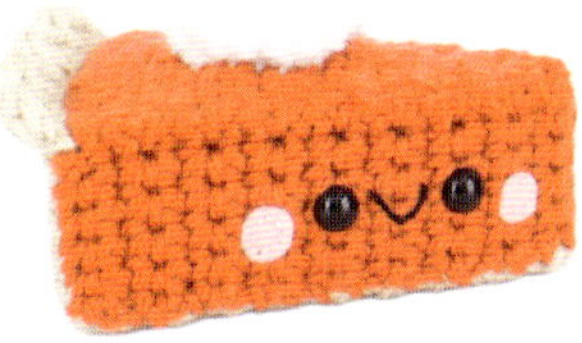
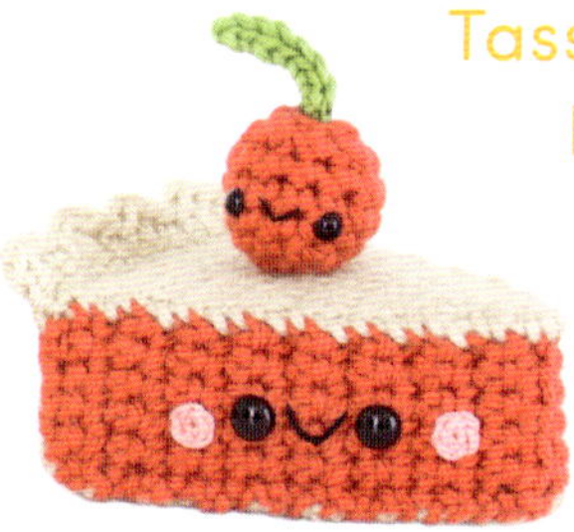
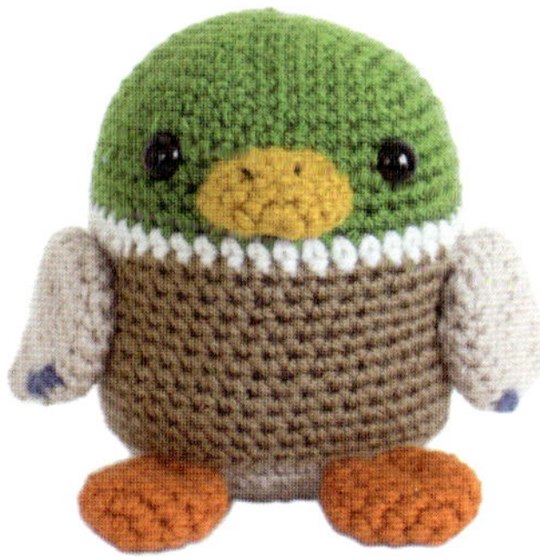

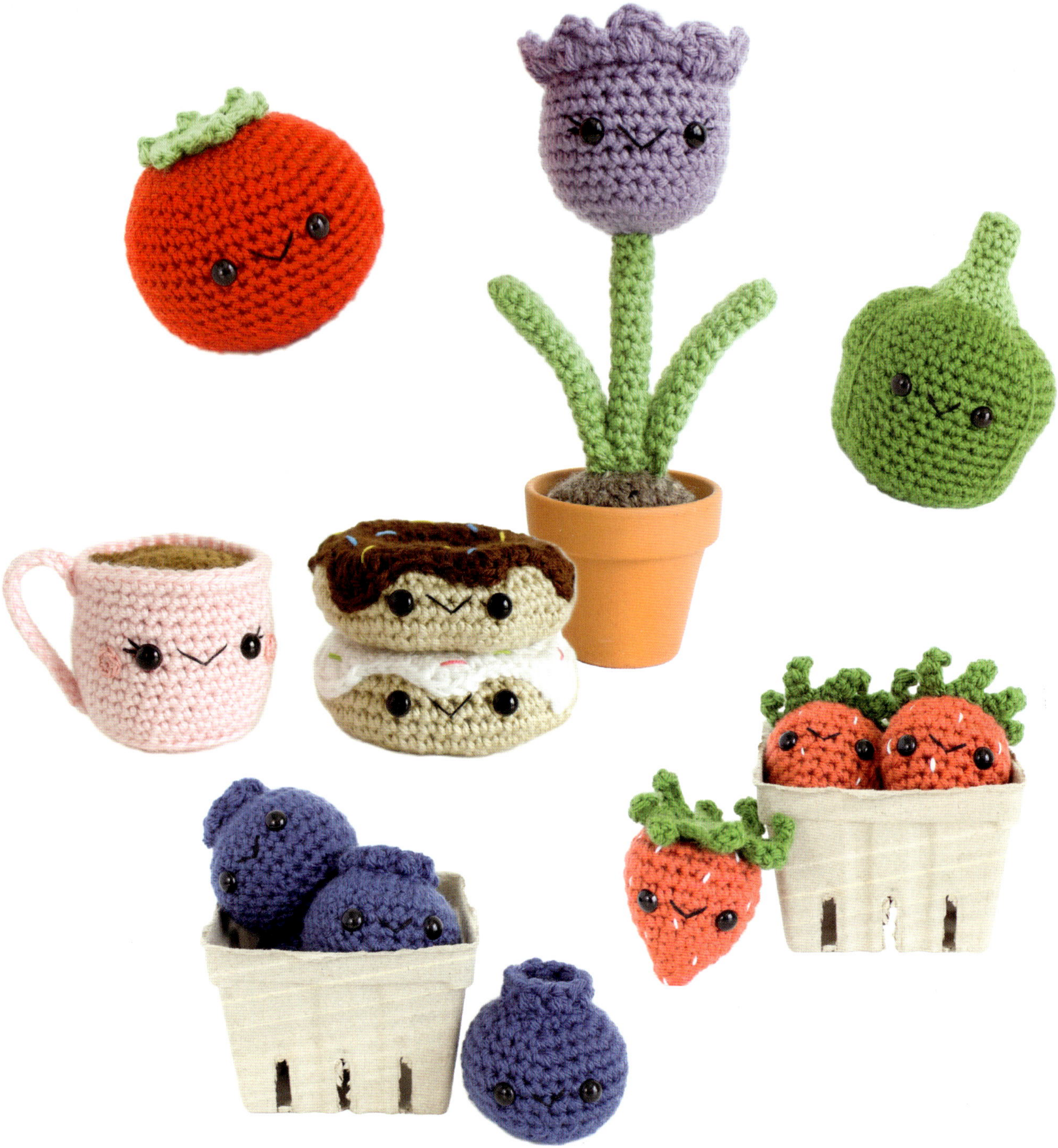

Hallo und herzlich willkommen! Ich heiße Lauren und ich freue mich sehr, dass ihr hier seid!

Meine Häkelreise begann 2009, als mir meine Großmutter ein Buch über Amigurumis kaufte. Ich war fasziniert, dass man aus Wolle und einer Häkelnadel etwas so Süßes und Kleines machen kann. Meine Großmutter, wundervoll wie sie war, schenkte mir später außerdem ein ganzes Set Häkelnadeln. Ich verbrachte Stunden damit, mir das Häkeln beizubringen, und oft hatte ich das Gefühl, es niemals hinzubekommen. Nach zahllosen Versuchen und vielen YouTube-Videos machte es schließlich klick. Ich hatte den Bogen raus!

Als ich mit dem Häkeln anfing, verwendete ich Anleitungen aus Büchern oder aus dem Internet. Ich wusste, dass ich irgendwann meine eigenen Anleitungen entwerfen wollte, aber ich traute mich nicht. Das Tolle an Amigurumis ist aber, dass man, wenn man ein paar Grundformen beherrscht, fast alles häkeln kann! Ich setzte mich hin und zeichnete kleine Kawaii-Figuren, dann holte ich die Wolle hervor und fing an. Seitdem habe ich alle meine Anleitungen selbst entworfen und sie mit der Welt geteilt. Etwas häkeln zu können, das zuvor nur eine Idee auf Papier war, ist für mich das Schönste am Häkeln.

2015 eröffnete ich schließlich meinen Etsy-Shop, *A Menagerie of Stitches*. Viele kennen mich als das Mädchen, das einen Chemiebaukasten gehäkelt hat, aber ich versichere euch, ich habe viel mehr gehäkelt! Ich liebe es, allem möglichen Gesichter zu verleihen, und mein Instagram-Kanal ist immer voller lächelnder Lebensmittel, Pflanzen und Tiere. Die Dinge, die ich häkele, habe ich gerne im Haus – sie bringen mich zum Lächeln, wenn ich sie sehe.

Also, auf geht's! Ich hoffe, dass euch dieses Buch gefällt und ihr Spaß daran habt, alle möglichen süßen Amigurumis zum Verschenken oder Behalten zu häkeln. Egal, ob ihr Anfänger*innen oder Fortgeschrittene seid, ich glaube, dass ihr diese Anleitungen und alles, was ihr daraus macht, mögen werdet.

Viel Spaß beim Häkeln!

Lauren Espy

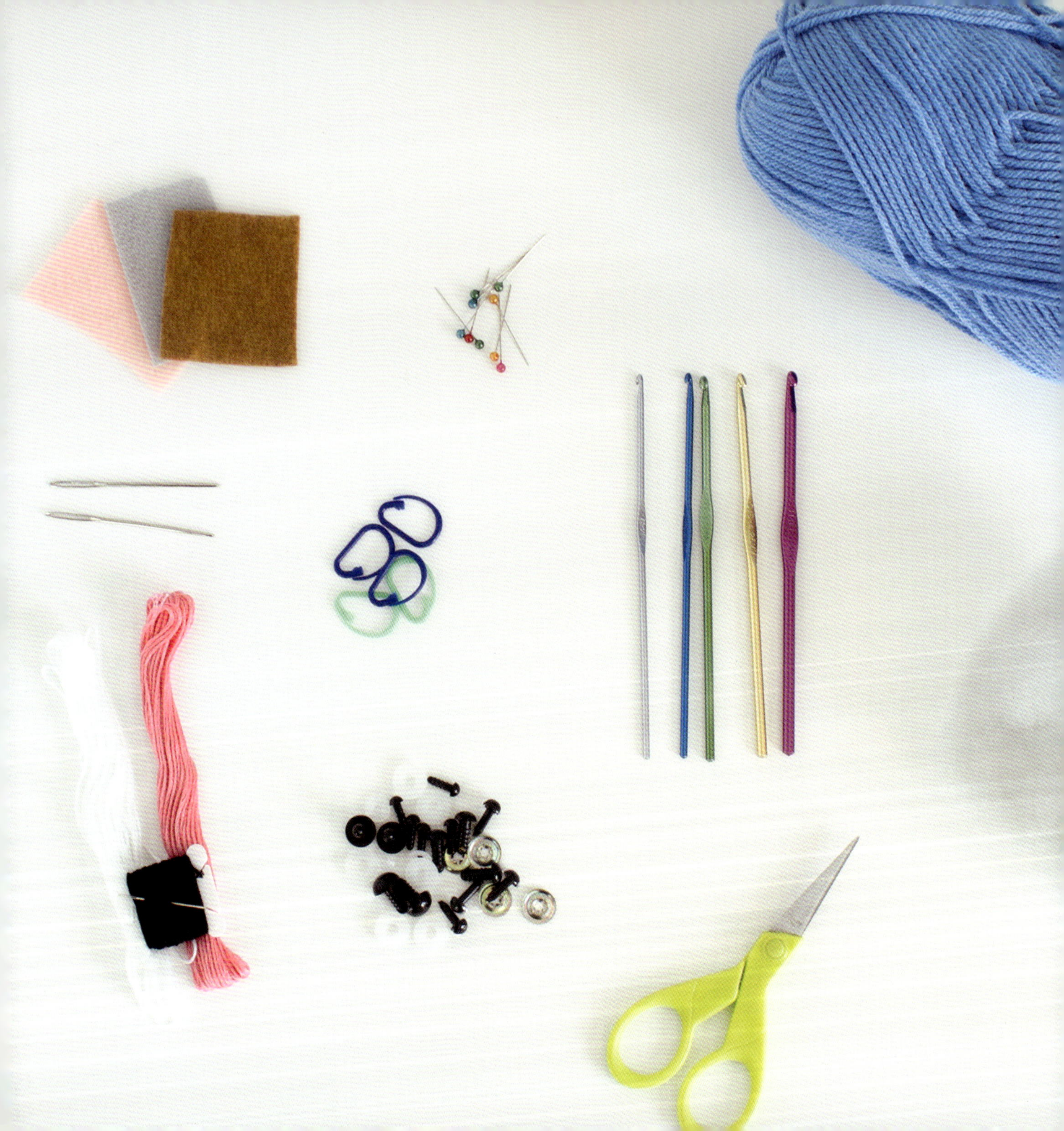

MATERIAL

Für die Anleitungen in diesem Buch braucht ihr folgendes Material:

GARN:

Für alle Projekte in diesem Buch benötigt ihr Garn mit einer Lauflänge von 100–120m je 50g. Das gibt es von vielen Marken in zahlreichen Farben. Wählt eure Lieblingsfarbe aus oder nehmt die in der jeweiligen Anleitung angegebene Farbe.

HÄKELNADELN:

Die meisten Projekte in diesem Buch werden mit einer Häkelnadel 4,25mm angefertigt. Denkt daran, dass die Größe der Figuren durch andere Nadelstärken von den Angaben in der Anleitung abweicht.

SICHERHEITSAUGEN:

Sicherheitsaugen gibt es in allen möglichen Größen und Farben. Sie können einen Durchmesser zwischen 6mm und 40mm haben. Für die meisten Anleitungen werden welche von 12mm, 9mm oder 6mm benötigt. Sicherheitsaugen haben eine Kunststoff- oder Metallscheibe, die auf der Rückseite befestigt wird und die fast nicht mehr entfernt werden kann. Daher sollte man die Position der Augen zunächst immer genau überprüfen, bevor man sie anbringt. Wenn ihr keine Sicherheitsaugen bekommen könnt, sind Knöpfe eine prima Alternative.

Hinweis: Wenn die Häkelstücke für kleine Kinder bestimmt sind, empfehle ich immer, die Sicherheitsaugen durch Filz zu ersetzen oder die Augen aufzusticken.

FÜLLMATERIAL:

Für meine Amigurumis nehme ich Füllwatte aus Polyester. Achtet darauf, immer genug zu verwenden, damit die Figur ihre Form behält. Stopft sie jedoch auch nicht zu sehr aus, denn dann könnte sich die Häkelarbeit verziehen und die Füllwatte zwischen den Maschen hervortreten.

NÄHNADEL:

Eine Näh- oder Stopfnadel mit größerem Nadelöhr ist prima, weil sich das Garn viel leichter einfädeln lässt. Damit werden die gehäkelten Einzelteile zusammengenäht.

STICKGARN UND -NADEL:

Ihr könnt mit Stickgarn noch weitere Details auf die Gesichter sticken. Stickgarn gibt es ebenso wie Wolle in allen möglichen Farben. Für Münder und Wimpern nehme ich immer schwarzes. Mit Stickgarn lassen sich auch kleine Details hinzufügen, zum Beispiel rosa Wangen.

FILZ:

Filz ist ein weiteres tolles Material für Details im Gesicht, wie zum Beispiel Augen oder rosa Wangen.

MASCHENMARKIERER:

Beim Häkeln von Amigurumis sind Maschenmarkierer eure besten Freunde! Amigurumis werden in Runden gehäkelt, daher solltet ihr damit den Anfang oder das Ende jeder Runde markieren. Alternativ könnt ihr stattdessen auch andere Gegenstände, die ihr im Haus habt, verwenden, zum Beispiel Sicherheitsnadeln.

SCHERE:

Legt euch immer eine scharfe Schere zum Abschneiden der Wolle oder des Stickgarns bereit.

STECKNADELN:

Damit könnt ihr Einzelteile anbringen, bevor ihr sie festnäht.

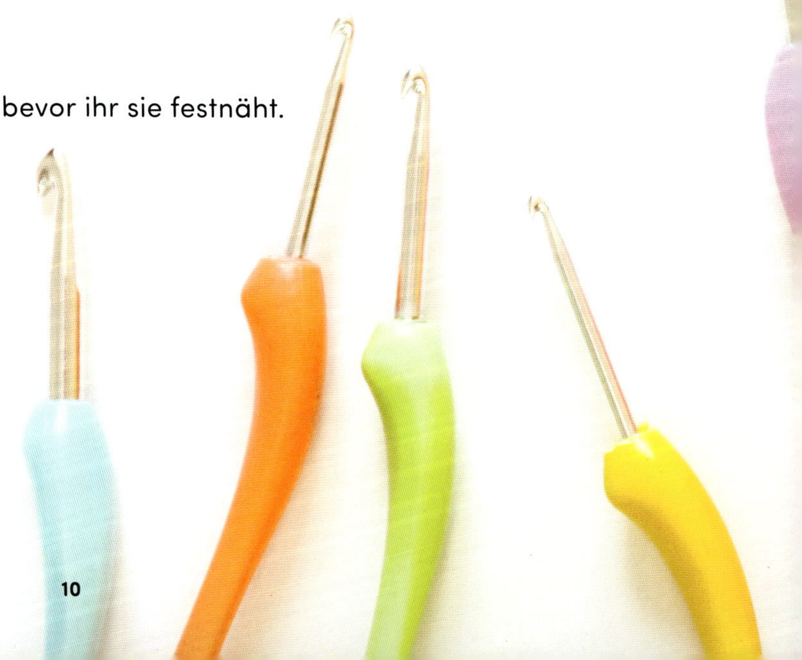

WEITERES NÜTZLICHES MATERIAL

PAPPE:
Mit Pappe kann man der Unterseite einer Häkelarbeit mehr Stand geben.

PFEIFENREINIGER:
Daraus kann man gut Blumenstängel anfertigen.

STYROPORKUGELN UND STOFFRESTE:
Damit kann man einen „Sitzsack" füllen, damit die Figuren Stand bekommen.

TERRAKOTTATÖPFE:
Sie werden benötigt, um die gehäkelten Blumen einzupflanzen.

HOLZDÜBEL:
Holzdübel kann man als Blumenstängel oder Stütze verwenden.

HEISSKLEBER:
Damit werden die Blumen in den Töpfen befestigt.

EIERKARTON ODER BEERENSCHALE:
Setzt eure Kreationen in einen Eierkarton oder eine hübsche Beerenschale!

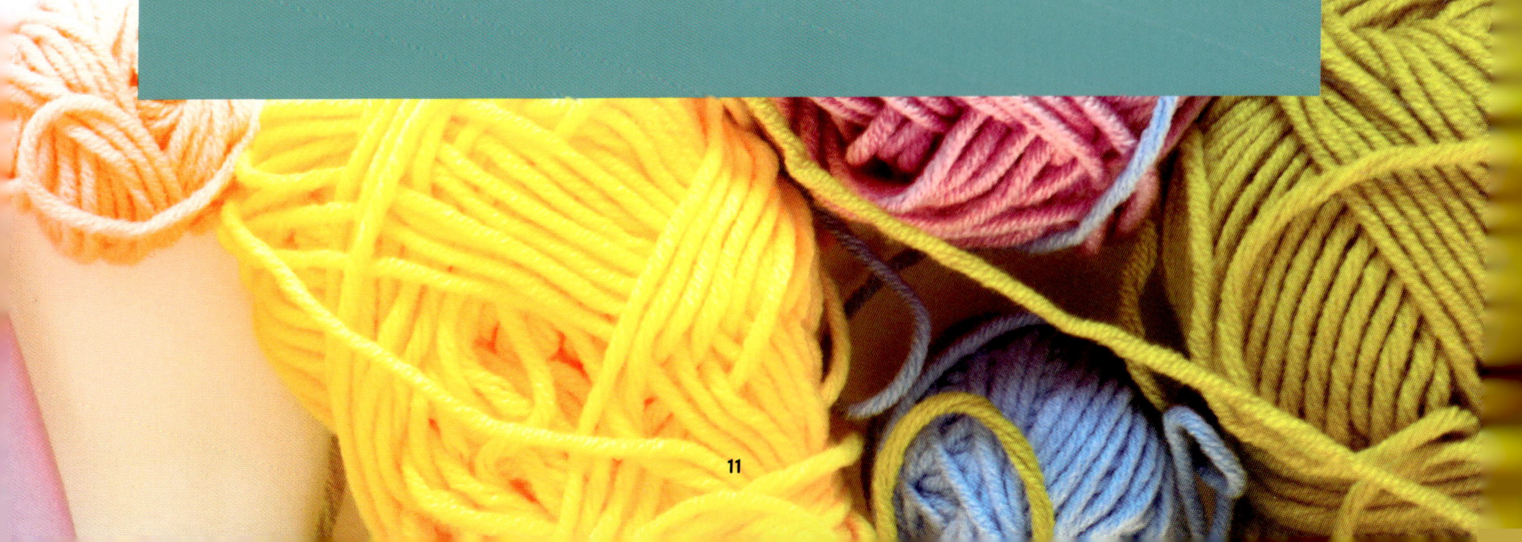

ABKÜRZUNGEN

Abn – unsichtbare Abnahme(n)

DStb – Doppelstäbchen

fM – feste Masche(n)

hStb – halbe(s) Stäbchen

Km – Kettmasche(n)

Lm – Luftmasche(n)

M – Masche(n)

R – Reihe(n)

Rd – Runde(n)

Stb – Stäbchen

überspr – überspringen

* – Die Anweisung zwischen * und * so oft wie angegeben wiederholen.
() – Die Zahl in den Klammern gibt die gehäkelte Maschenzahl am Ende der Runde an.

QUELLEN

Garn, Nadeln und anderes Zubehör ist bei vielen Anbietern erhältlich. Ich kaufe sie am liebsten bei folgenden:

Caron Yarn
www.yarnspirations.com/caron

Lion Brand Yarn
www.lionbrandyarn.com

Red Heart Yarn
www.redheart.com

Sicherheitsaugen
Die bekommt man für gewöhnlich in Bastelgeschäften vor Ort, aber wenn das schwierig ist, versucht es im Internet unter www.etsy.com oder www.freshstitches.com.

MASCHENARTEN UND TECHNIKEN

GRÖSSE:

Die für jedes Modell angegebenen Maße können abweichen. Je nach Fadenspannung, Garn und Stärke der Häkelnadel werden eure Arbeiten etwas größer oder kleiner.

UMSCHLAG:

Für einen Umschlag einfach den Arbeitsfaden mit der Nadel greifen, er legt sich dann um die Nadel. Ihr könnt dann fortfahren und ihn durch die Schlaufen oder Masche ziehen.

MAGISCHER RING:

Das ist eine perfekte Methode für den Beginn, weil das Häkelstück damit besser geschlossen wird und dabei oben kein kleines Loch entsteht.

EINEN MAGISCHEN RING ARBEITEN:

(Abbildungen auf der Seite gegenüber)

1. Das Garn zu einem Ring legen und dabei den Arbeitsfaden über den Endfaden legen.
2. Die Häkelnadel in den Ring führen und damit den Arbeitsfaden greifen. Durch den Ring ziehen.
3. 1 Umschlag um die Nadel legen und durch die Schlaufe ziehen.

   Ab jetzt werden feste Maschen in den magischen Ring gehäkelt.

4. Die Nadel wieder in den Ring führen; dabei darauf achten, sie unter beide Fäden zu führen.
5. 1 Umschlag um die Nadel legen und durch den Ring ziehen. Es liegen 2 Schlaufen auf der Nadel.
6. 1 Umschlag um die Nadel legen und durch beide Schlaufen ziehen. Die erste feste Masche ist nun fertig.
7. So oft wiederholen, wie in der Anleitung angegeben.
8. Dann den losen Endfaden anziehen und den Ring schließen.
9. Nun mit dem Häkeln beginnen und dabei in die erste feste Masche aus dem 6. Schritt einstechen.

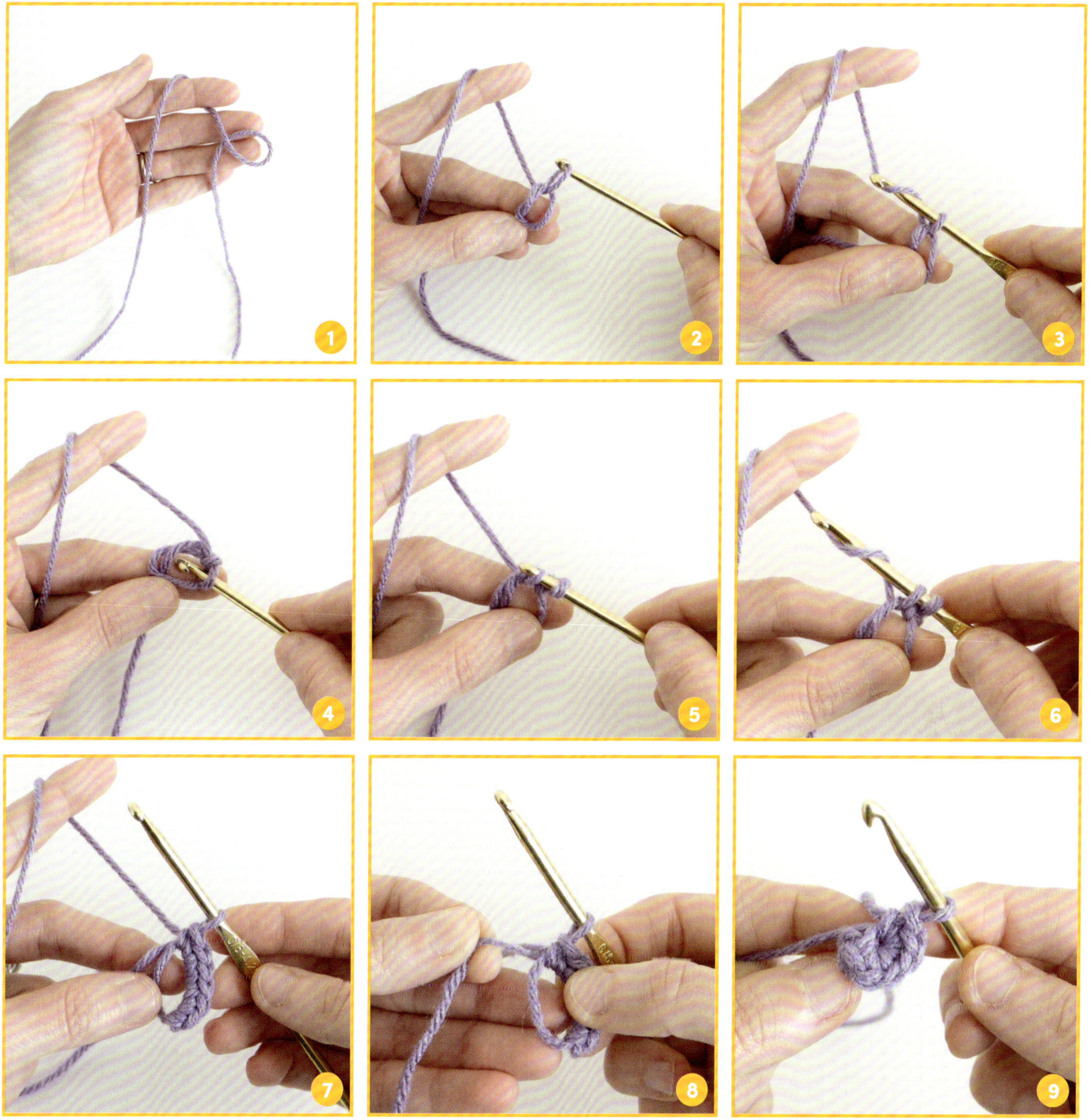
1
2
3
4
5
6
7
8
9

FESTE MASCHE:

1. Die Nadel in die Masche führen und 1 Umschlag um die Nadel legen. Durch die Masche ziehen. Es liegen 2 Schlaufen auf der Nadel *(Fotos 1,2)*.
2. Noch 1 Umschlag um die Nadel legen und durch beide Schlaufen ziehen. Es liegt noch 1 Schlaufe auf der Nadel *(Fotos 3,4)*.

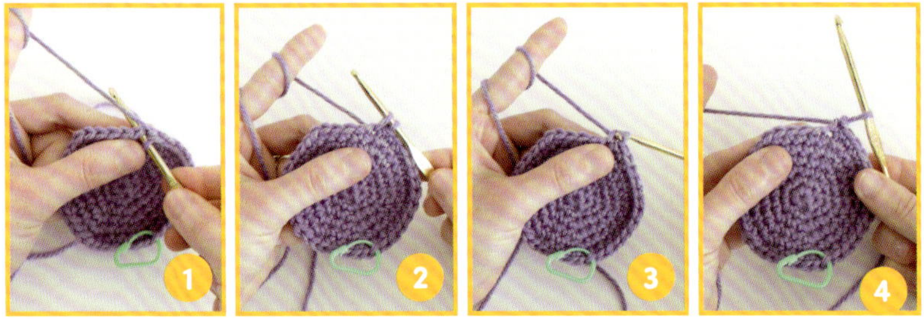

HALBES STÄBCHEN:

1. 1 Umschlag um die Nadel legen und die Nadel in die Masche führen *(Foto 1)*.
2. 1 Umschlag um die Nadel legen und durch die Masche ziehen; es liegen 3 Schlaufen auf der Nadel *(Fotos 2,3)*.
3. 1 Umschlag um die Nadel legen und durch alle 3 Schlaufen ziehen. Es liegt noch 1 Schlaufe auf der Nadel *(Fotos 4,5)*.

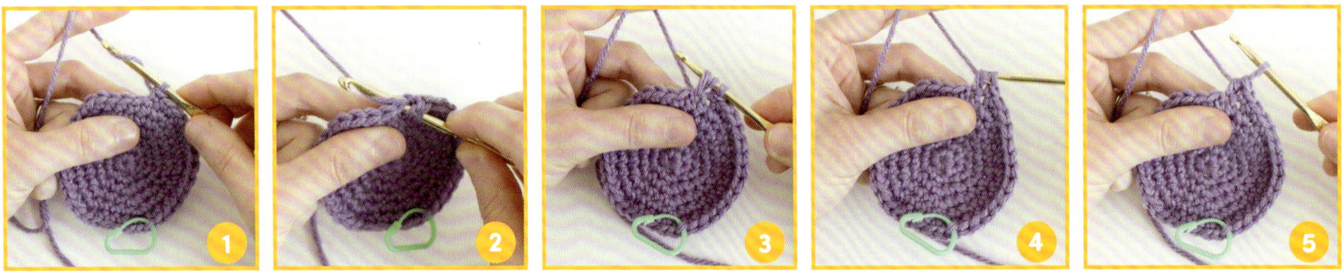

STÄBCHEN:

1. 1 Umschlag um die Nadel legen und in die Masche führen *(Foto 1)*.
2. 1 Umschlag um die Nadel legen und durch die Masche ziehen. Es liegen 3 Schlaufen auf der Nadel *(Foto 2)*.
3. 1 Umschlag um die Nadel legen und durch 2 Schlaufen ziehen. Es liegen 2 Schlaufen auf der Nadel *(Foto 3)*.
4. Noch einmal 1 Umschlag um die Nadel legen und durch die verbliebenen 2 Schlaufen ziehen. Es liegt noch 1 Schlaufe auf der Nadel *(Fotos 4,5)*.

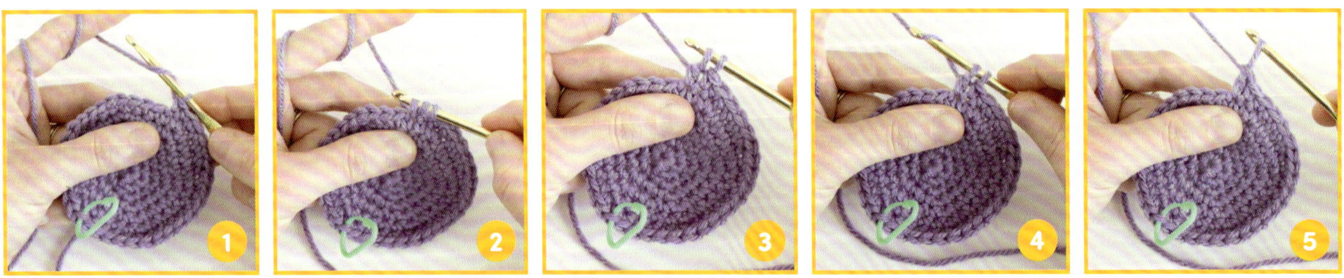

DOPPELSTÄBCHEN:

1. 2 Umschläge um die Nadel legen, sodass 3 Schlaufen darauf liegen *(Foto 1)*.
2. Die Nadel in die Masche führen und 1 Umschlag darumlegen *(Foto 2)*. Die Nadel durch die Masche ziehen. Es liegen 4 Schlaufen auf der Nadel.
3. 1 Umschlag um die Nadel legen und durch 2 Schlaufen ziehen. Es liegen 3 Schlaufen auf der Nadel *(Fotos 3,4)*.
4. Noch 1 Umschlag um die Nadel legen und durch 2 weitere Schlaufen ziehen. Es liegen 2 Schlaufen auf der Nadel *(Fotos 5,6)*.
5. Noch einmal 1 Umschlag um die Nadel legen und durch die verbliebenen 2 Schlaufen ziehen. Es liegt noch 1 Schlaufe auf der Nadel *(Foto 7)*.

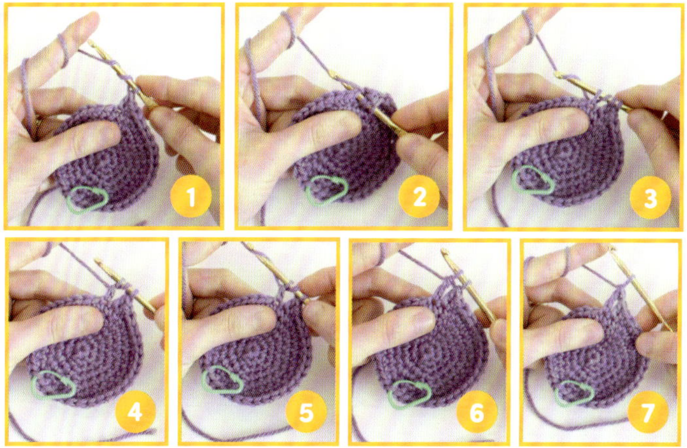

NUR IN DIE VORDEREN ODER HINTEREN MASCHENGLIEDER HÄKELN:

Bei manchen Anleitungen wird diese Technik verwendet. Um herauszufinden, welches das vordere und hintere Maschenglied ist, die Arbeit einfach mit der Oberkante nach vorne halten. Man sieht dort eine Reihe mit Vs. Die Schlaufen, die zu dir schauen, sind die vorderen Maschenglieder *(Foto 1)* und die rückwärtigen die hinteren *(Foto 2)*.

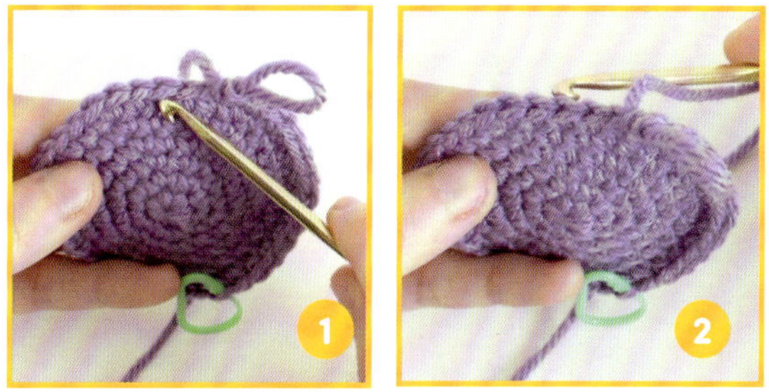

UNSICHTBARE ABNAHME:

1. Die Häkelnadel nur in das vordere Maschenglied der beiden nächsten Maschen einstechen. Es liegen 3 Schlaufen auf der Nadel *(Foto 1)*.
2. 1 Umschlag um die Nadel legen und durch 2 Schlaufen (die 2 vorderen Maschenglieder) ziehen. Es liegen 2 Schlaufen auf der Nadel *(Fotos 2,3)*.
3. 1 Umschlag um die Nadel legen und durch die verbliebenen 2 Schlaufen ziehen. Es liegt 1 Schlaufe auf der Nadel *(Foto 4)*.

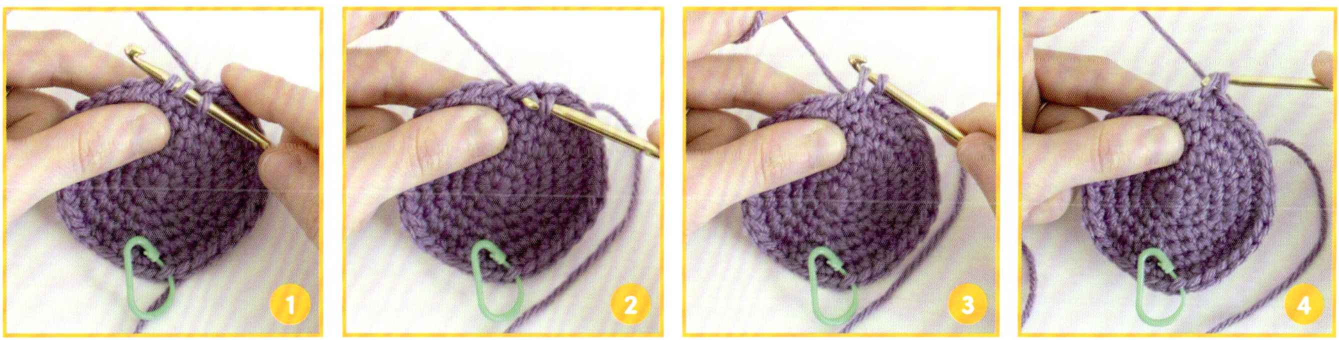

ANFANGSSCHLAUFE:

1. Den Faden zu einer Schlaufe, also den Endfaden über den Arbeitsfaden legen.
2. Die Nadel in die Schlaufe führen und den Endfaden aufnehmen.
3. Den Faden durch die Schlaufe führen und eine weitere Schlaufe bilden.
4. Den Endfaden anziehen und so die Anfangsschlaufe auf der Nadel festziehen.

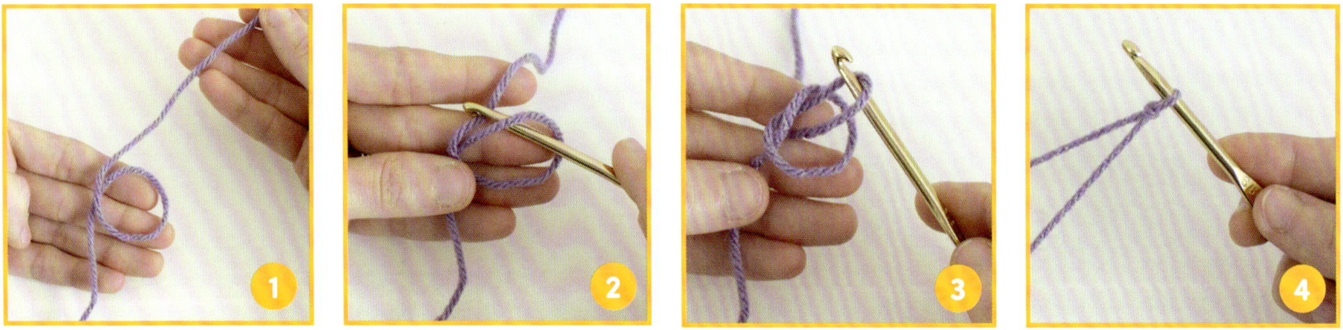

LUFTMASCHE:

1. Wenn die Anfangsschlaufe fertig ist, einfach den Arbeitsfaden um die Nadel legen.
2. Durch die Anfangsschlaufe ziehen. Dies ist die erste Luftmasche. So oft wiederholen, wie in der Anleitung angegeben.

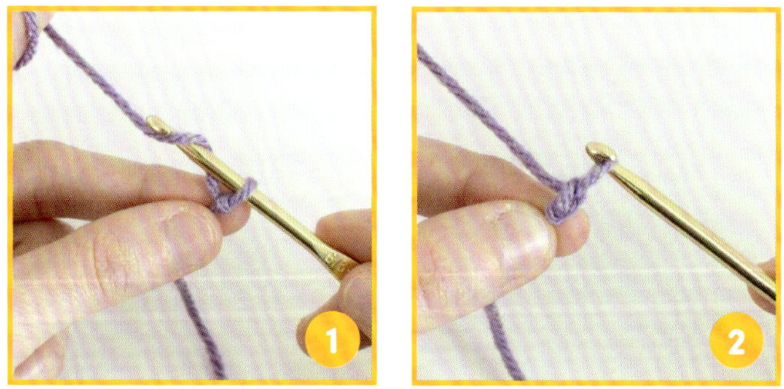

KETTMASCHE:

1. Die Nadel in die Masche oder Luftmasche führen und 1 Umschlag darumlegen.
2. Durch die Masche oder Luftmasche ziehen. Es liegen 2 Schlaufen auf der Nadel.
3. Die Nadel durch die erste Schlaufe ziehen, es bleibt noch 1 Schlaufe auf der Nadel.

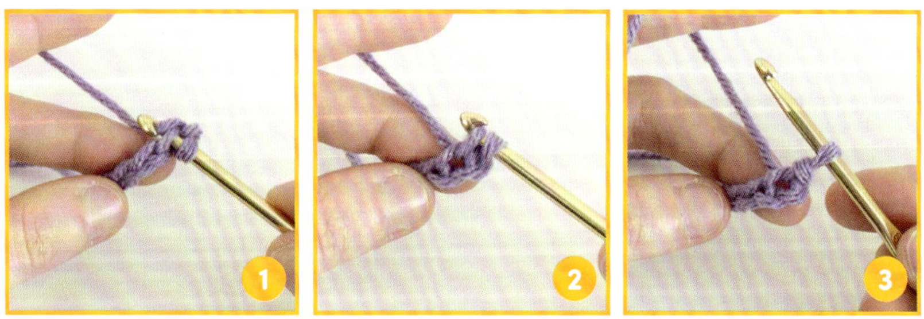

SAUBERER FARBWECHSEL

1. Die letzte Masche in der ersten Farbe als feste Masche arbeiten, sodass 2 Schlaufen auf der Nadel liegen *(Foto 1)*.
2. 1 Umschlag mit der neuen Farbe um die Nadel legen und durch diese 2 Schlaufen ziehen *(Foto 2)*.
3. Mit der neuen Farbe 1 Kettmasche in die nächste Masche arbeiten *(Fotos 3,4)*.
4. Mit der neuen Farbe wie gewohnt fortfahren *(Foto 5)*.
5. Das Fadenende der ersten Farbe zurückschneiden. Die Fäden beider Farben verknoten.

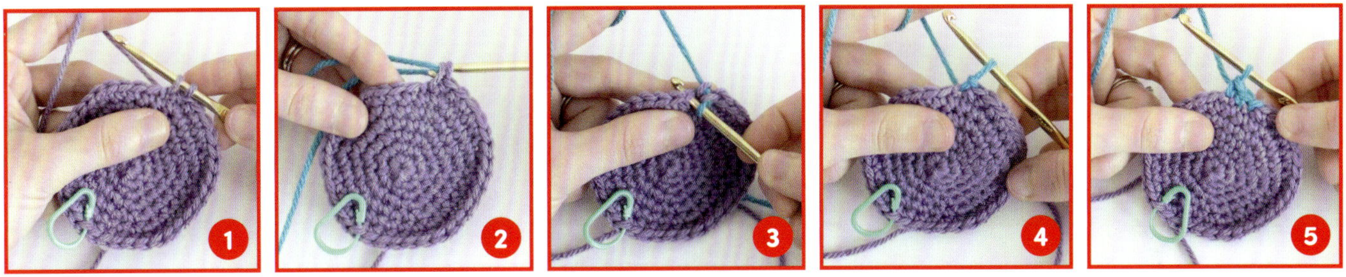

DIE HÄKELARBEIT BEENDEN

Ich beende die Arbeit gerne mit der im Folgenden beschriebenen Methode, um der Arbeit ein sauberes Aussehen zu verleihen:

1. Am Ende der Arbeit den Faden abschneiden und dabei ein Stück zum Vernähen hängen lassen. Das Fadenende durch die Schlaufe auf der Nadel ziehen, anziehen und sichern *(Foto 1)*.
2. Das Fadenende in eine Nähnadel fädeln. Diese von innen nach außen in das vordere Maschenglied der ersten Masche führen und durchziehen. So fortfahren und den Faden durch die vorderen Maschenglieder der verbliebenen Maschen führen *(Foto 2)*.
3. Am Ende den Faden anziehen, dabei schließt sich das Loch *(Foto 3)*.
4. Die Nadel mittig in das Loch stechen und auf der anderen Seite (wo der magische Ring ist) wieder herausziehen. Das Fadenende dicht an der Arbeit abschneiden und im Innern verschwinden lassen *(Fotos 4,5)*.

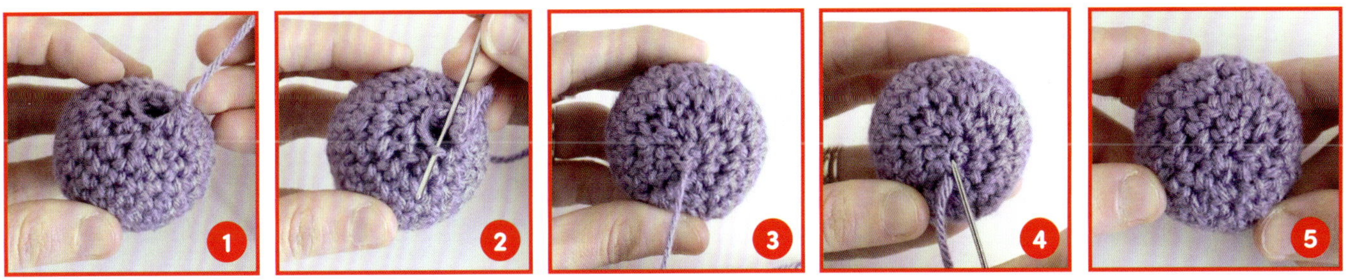

WIMPERN AUFSTICKEN

Stickgarn in die Sticknadel fädeln.

1. Die Nadel vom Inneren der Arbeit nach außen führen. Darauf achten, dass sie dicht am Sicherheitsauge heraustritt *(Foto 1)*.
2. Für die erste Wimper die Nadel etwa 5mm daneben wieder einstechen *(Fotos 2,3)*.
3. Die Nadel wieder auf die rechte Seite führen und für die anderen Wimpern den 2. Schritt wiederholen. Darauf achten, dass die Wimpern nicht zu dicht beieinanderliegen *(Foto 4)*.
4. Wenn die gewünschte Anzahl an Wimpern gestickt ist, das Stickgarn auf der linken Seite der Arbeit mit einem Knoten sichern *(Foto 5)*.

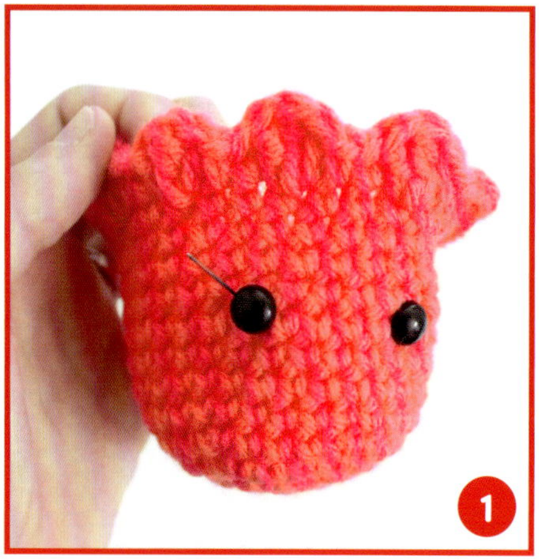

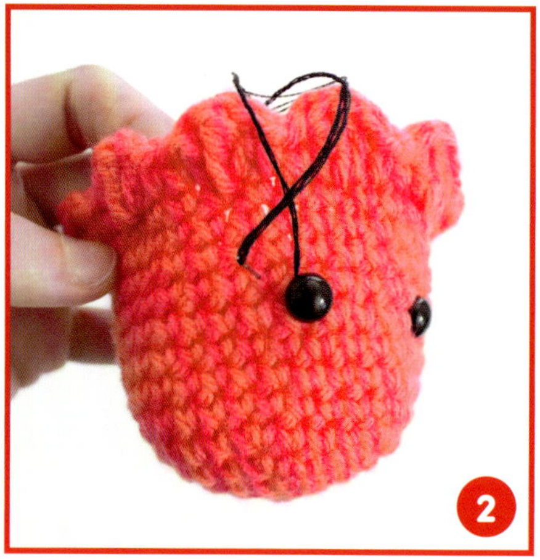

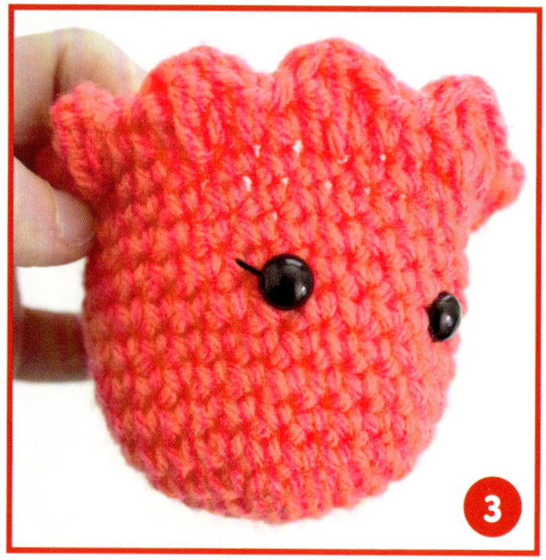

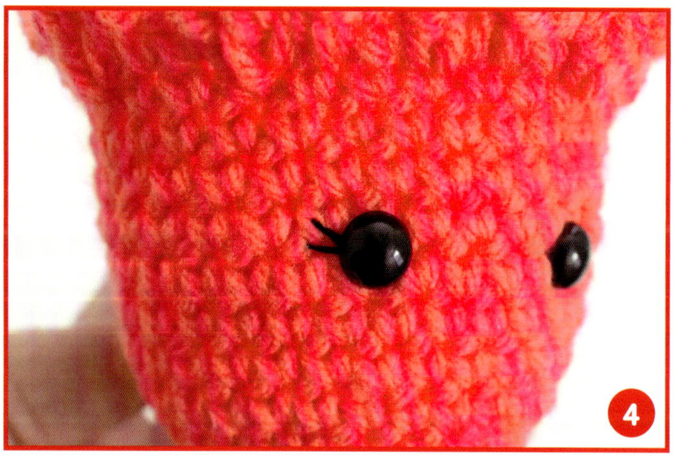

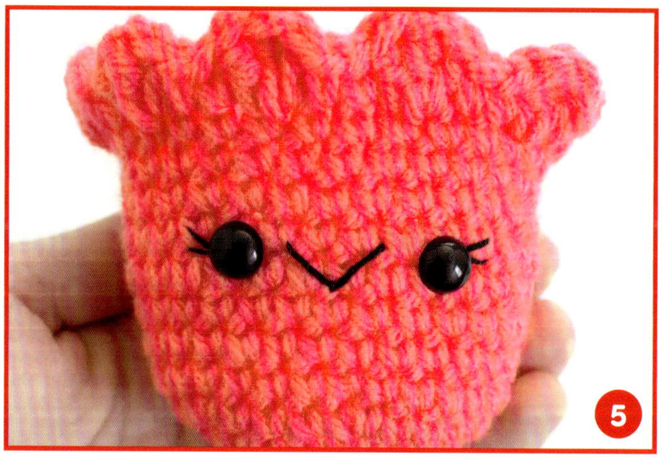

EINEN MUND AUFSTICKEN

Stickgarn in die Sticknadel fädeln.

1. Die Nadel vom Inneren der Arbeit nach außen führen und links neben dem Sicherheitsauge ausstechen *(Foto 1)*.
2. Rechts davon wieder einstechen, aber den Faden nicht festziehen *(Foto 2)*.
3. Den Faden wie zu einem Lächeln nach unten halten und mit der Nadel mittig darüber aus- und 1 oder 2 Maschen darunter wieder einstechen *(Foto 3)*.
4. Den Faden nach unten ziehen, sodass eine V-Form entsteht *(Foto 4)*.
5. Die Nadel dicht an der Stelle des ersten Ausstichs einstechen, sodass ein lächelnder Mund entsteht *(Foto 5)*.
6. Den Faden auf die linke Seite ziehen und dort mit einem Knoten sichern *(Foto 6)*.

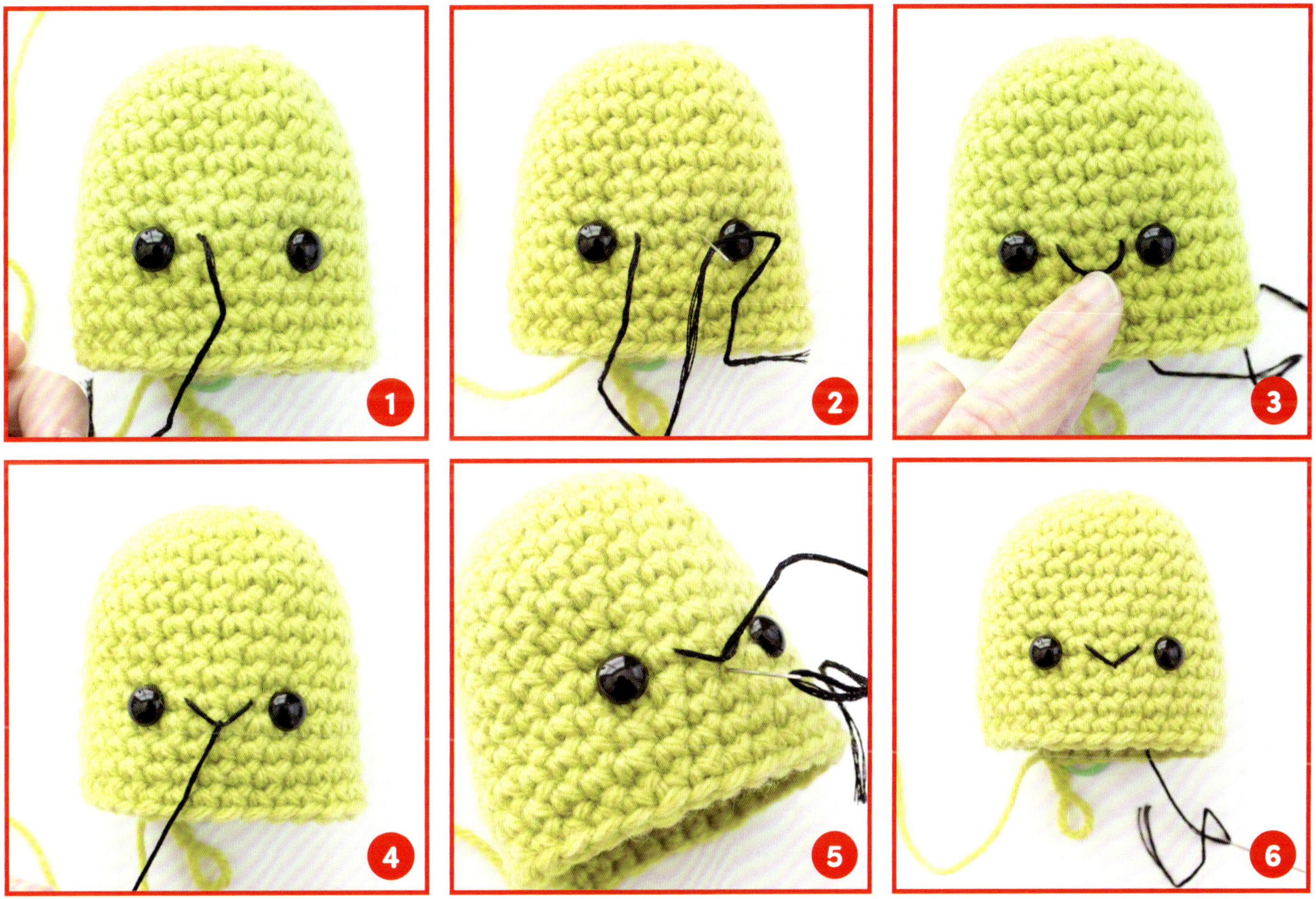

IM GARTEN

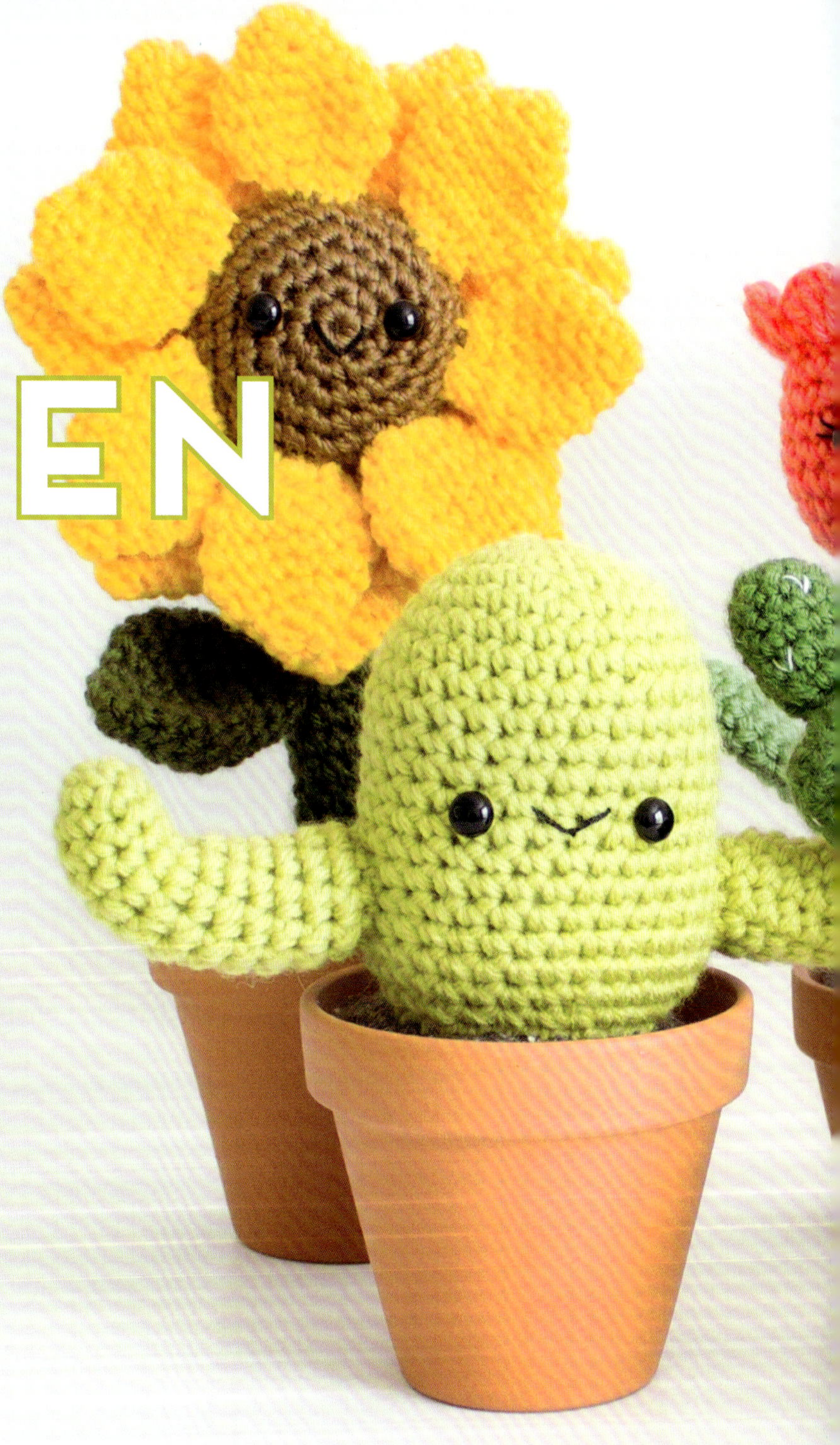

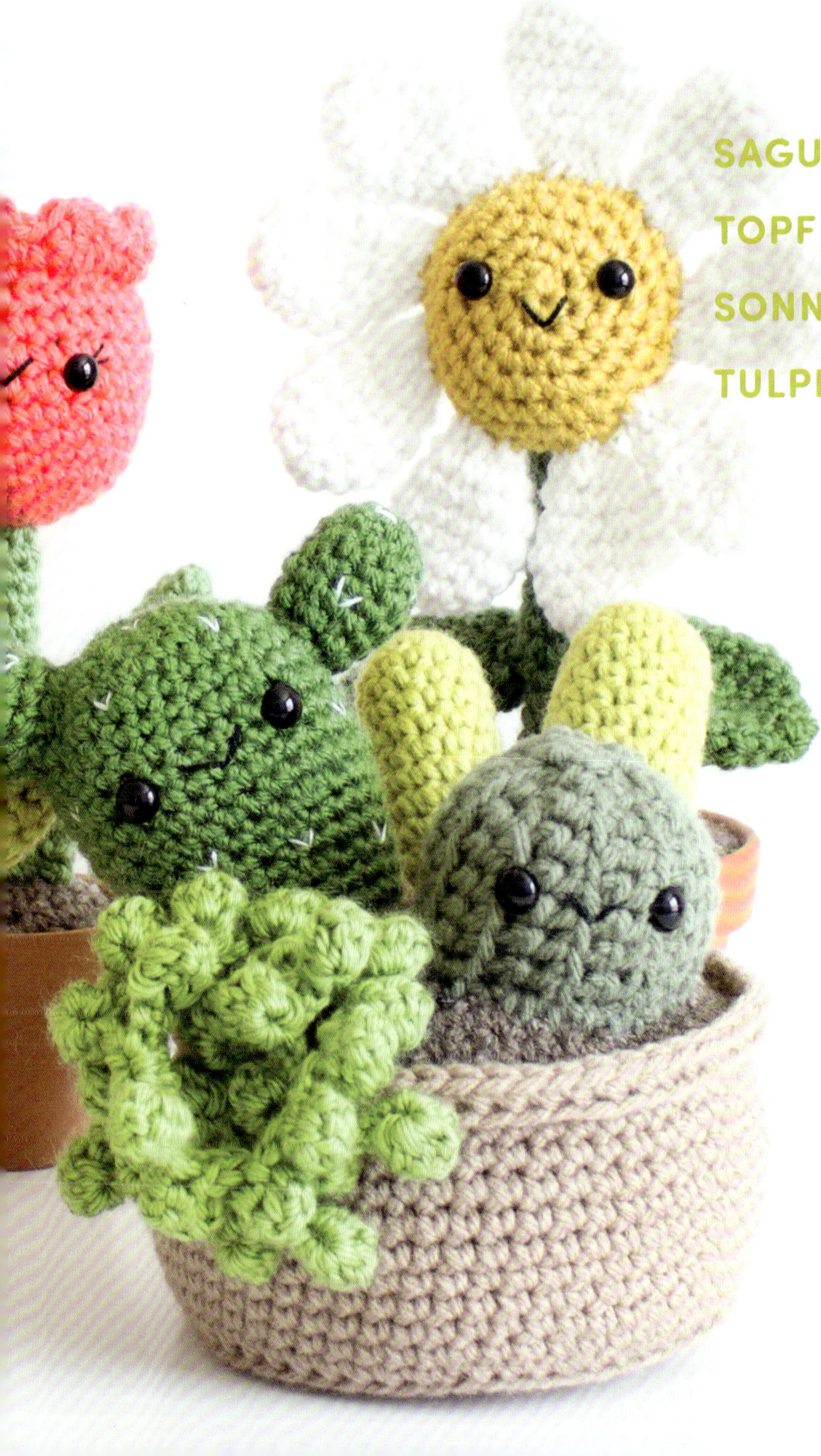

SAGUARO-KAKTUS

MASSE

- Etwa 18cm hoch und 16,5cm breit

MATERIAL

- Häkelgarn (Lauflänge 100–120m/50g), in Grün und Braun
- Häkelnadel 4,25mm
- Sicherheitsaugen, 9mm Ø
- Schwarzes Stickgarn und kleine Sticknadel
- Füllwatte aus Polyester
- Nähnadel
- Terrakottatopf, 7,5cm Ø
- Heißklebepistole
- Etwas brauner Filz
- Schere
- Maschenmarkierer
- Stecknadeln (optional, aber sehr hilfreich beim Zusammenfügen der Einzelteile)

ABKÜRZUNGEN

- fM – feste Masche(n)
- M – Masche(n)
- Rd – Runde(n)

HINWEIS ZUR ANLEITUNG

- Diese Anleitung wird in Spiralrunden gehäkelt.
- Die Einzelteile werden am Ende zusammengesetzt.

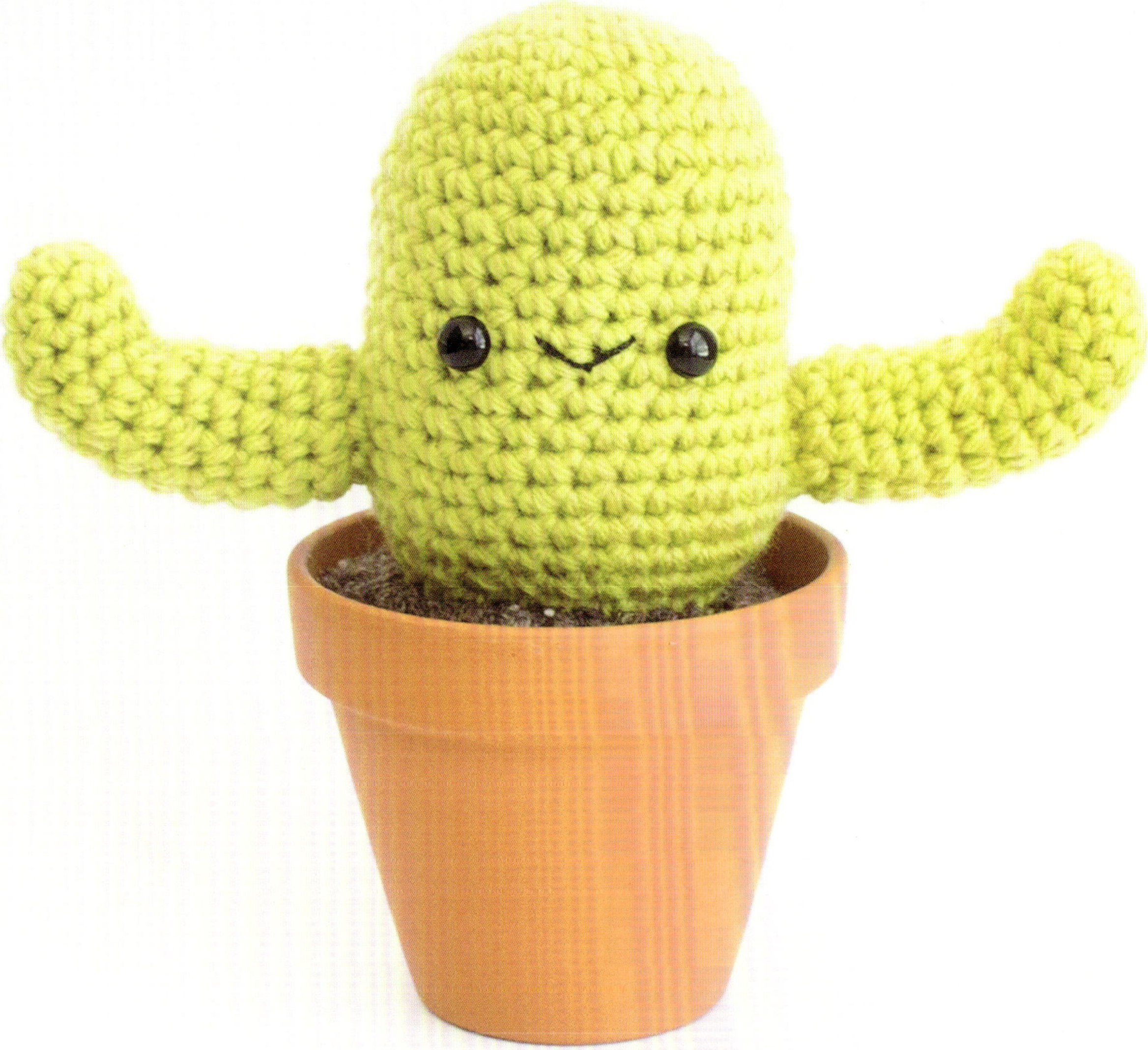

KAKTUS

KÖRPER
In Grün häkeln

1. Rd: 6 fM in einen magischen Ring häkeln (6 M).
2. Rd: 2 fM in jede M (12 M).
3. Rd: *1 fM, 2 fM in die nächste M* 6x (18 M).
4. Rd: *2 fM, 2 fM in die nächste M* 6x (24 M).
5. Rd: *3 fM, 2 fM in die nächste M* 6x (30 M).
6.–19. Rd: 30 fM (30 M).

Die Sicherheitsaugen einsetzen und den Mund aufsticken.

20. Rd: *3 fM, 1 Abn* 6x (24 M).

Den Kaktus ausstopfen. Die Arbeit beenden und ein Fadenende zum Annähen hängen lassen.

ARME: 2X ARBEITEN
In Grün häkeln

1. Rd: 5 fM in einen magischen Ring häkeln (5 M).
2. Rd: 2 fM in jede M (10 M).
3.–13. Rd: 10 fM (10 M).

Die Arme ausstopfen. Die Arbeit beenden und ein Fadenende zum Annähen hängen lassen.

ARME FORMEN:
Einen grünen Faden zurechtschneiden und an einem Ende verknoten. In eine Nähnadel fädeln und zwischen zwei Maschen seitlich in den Arm stechen. Zwischen zwei Maschen zwischen der 6. und 7. Runde ausstechen *(Foto 1)*. In die direkt darunterliegende Masche einstechen *(Foto 2)* und zwischen zwei anderen Maschen auf der Seite wieder ausstechen *(Foto 3)*. Den Faden vorsichtig anziehen, sodass sich der Arm biegt *(Foto 4, 5)*. Das Fadenende verknoten und vernähen.

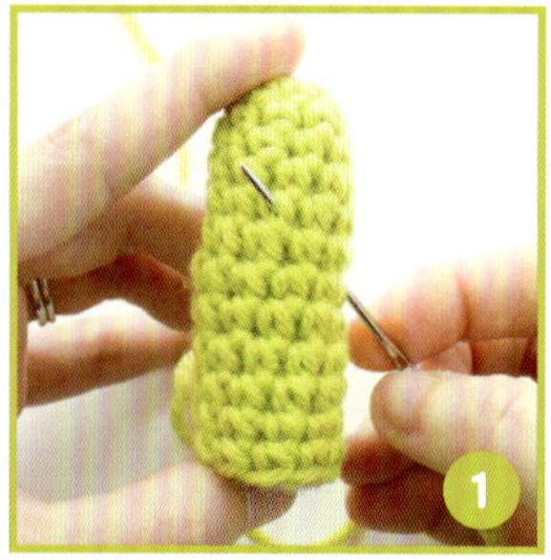

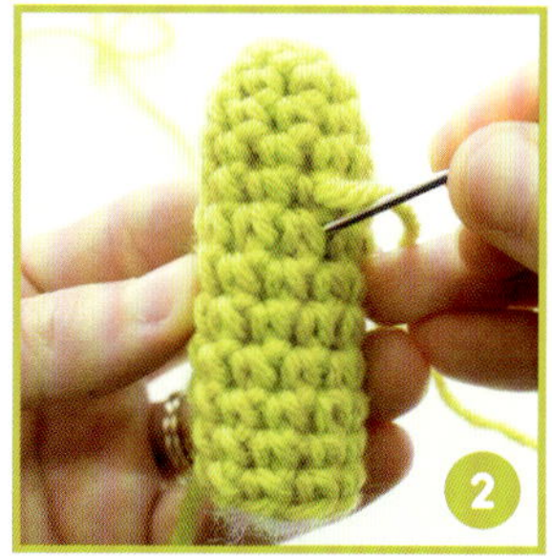

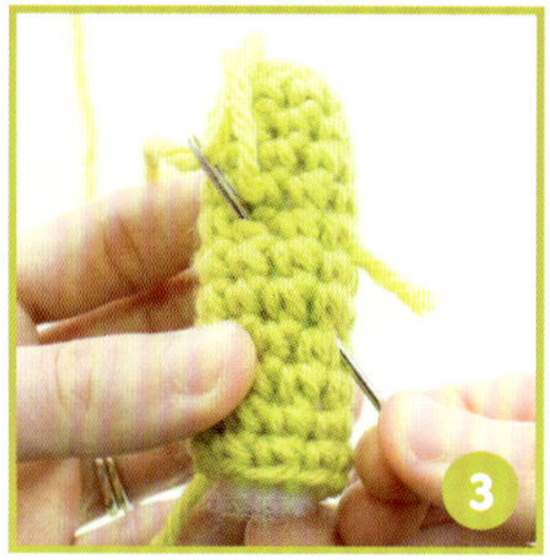

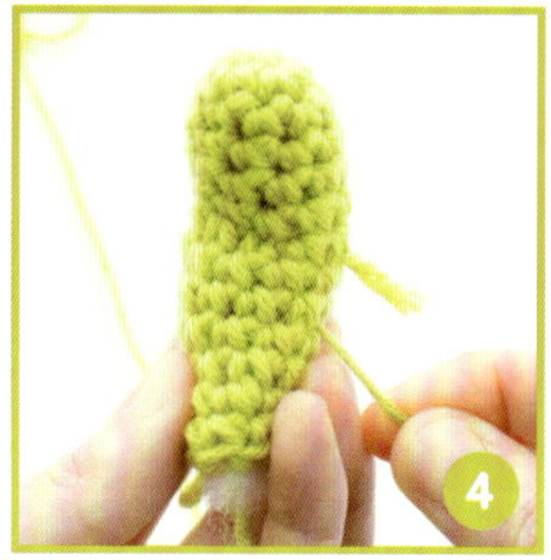

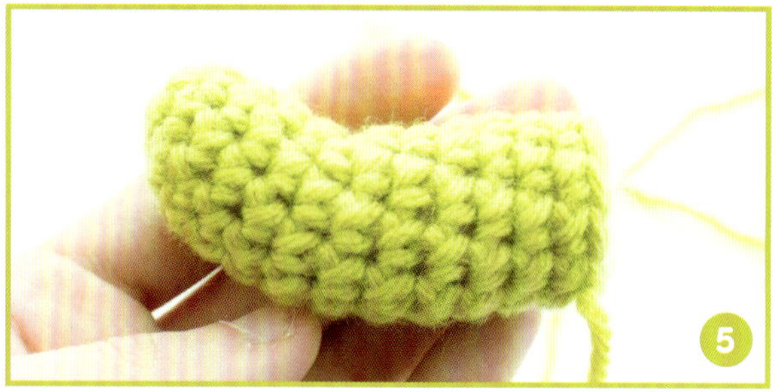

BLUMENERDE

In Braun häkeln

1. Rd: 6 fM in einen magischen Ring häkeln (6 M).
2. Rd: 2 fM in jede M (12 M).
3. Rd: *1 fM, 2 fM in die nächste M* 6x (18 M).
4. Rd: *2 fM, 2 fM in die nächste M* 6x (24 M).
5. Rd: *3 fM, 2 fM in die nächste M* 6x (30 M).
6. Rd: *4 fM, 2 fM in die nächste M* 6x (36 M).
7. Rd: *5 fM, 2 fM in die nächste M* 6x (42 M).
8. Rd: 42 fM in die **hinteren** Maschenglieder (42 M).

Die Arbeit beenden.

ZUSAMMENSETZEN

1. Die Arme mit Stecknadeln seitlich an den Kaktus stecken. Mit einer Nähnadel an den Körper nähen. Den Körper des Kaktus auf die Erde nähen *(Foto 1)*.

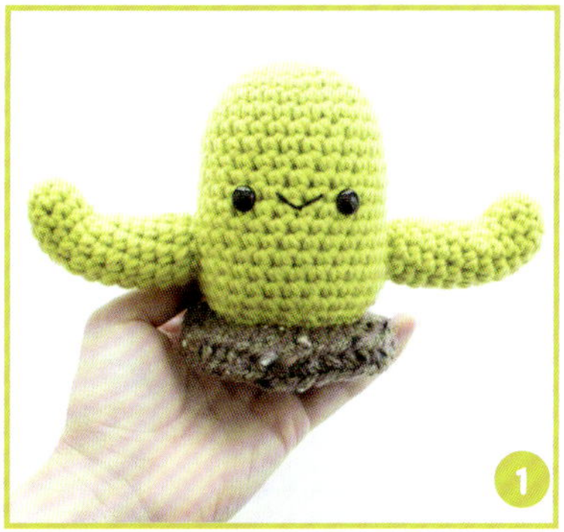

2. Mit der Heißklebepistole ein kleines Stück braunen Filz auf das Loch im Topfboden kleben *(Foto 2)*. Wenn euer Topf kein Loch hat, ist das nicht notwendig. Ich verstecke so von unten Füllwatte, die im nächsten Schritt hinzugefügt wird, und damit es wie Blumenerde aussieht.

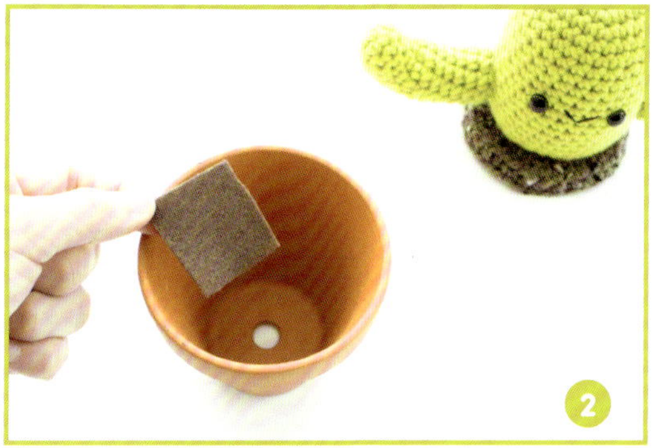

3. Etwas Füllwatte in den Topf stecken *(Foto 3)*.

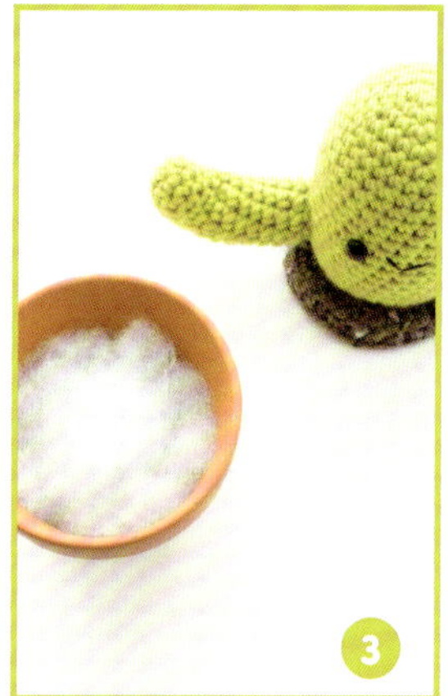

4. Den Kaktus am Topf befestigen, dafür auf der Rückseite beginnen und Kleber auf den Außenrand der Blumenerde geben *(Foto 4)*. Der Außenrand ist die 8. Runde, in der durch die hinteren Maschenglieder gehäkelt wurde. Den Kleber nach und nach auftragen und die Erde an den Topf drücken. Das funktioniert gut, wenn man die Maschen mit einem Holzstäbchen festdrückt, sodass sie gut halten *(Foto 5)*.

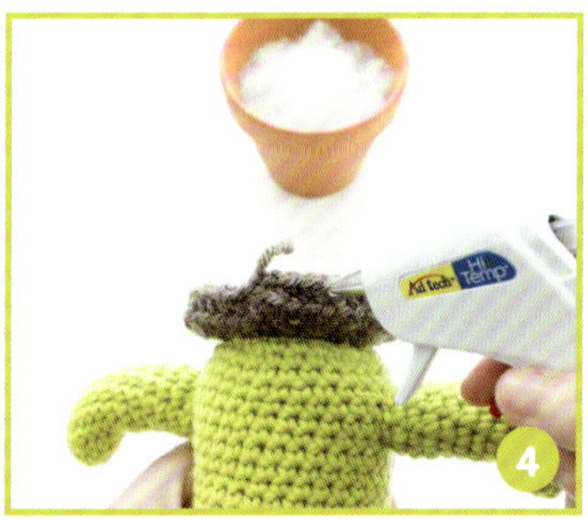

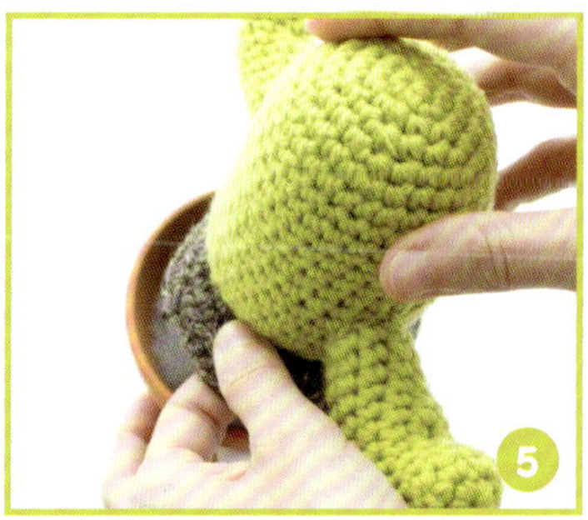

5. So fortfahren: nach und nach Kleber auftragen und andrücken *(Foto 6)*.

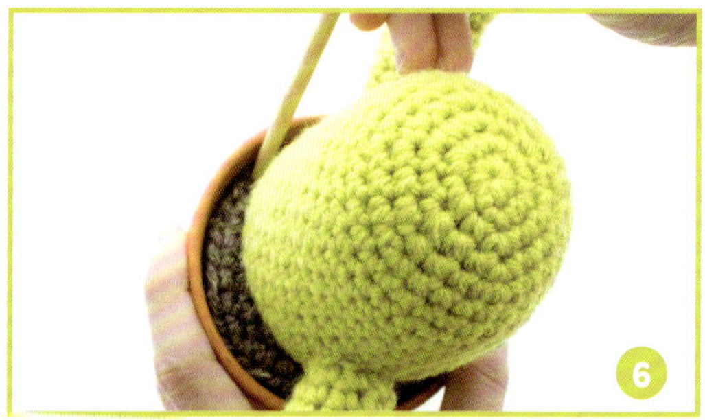

TOPF MIT SUKKULENTEN

MASSE

- Etwa 20cm hoch und 13cm breit

MATERIAL

- Häkelgarn (Lauflänge 100–120m/50g), in verschiedenen Grüntönen, Braun und Taupe
- Häkelnadel 4,25mm
- Sicherheitsaugen, 9mm Ø
- Schwarzes und weißes Stickgarn und kleine Sticknadel
- Füllwatte aus Polyester
- Pappe
- Nähnadel
- Schere
- Maschenmarkierer
- Stecknadeln (optional, aber sehr hilfreich beim Zusammenfügen der Einzelteile)

ABKÜRZUNGEN

- Abn – unsichtbare Abnahme(n)
- fM – feste Masche(n)
- Km – Kettmasche(n)
- Lm – Luftmasche(n)
- M – Masche(n)
- R – Reihe(n)
- Rd – Runde(n)
- Stb – Stäbchen

HINWEIS ZUR ANLEITUNG

- Diese Anleitung wird in Spiralrunden und Reihen gehäkelt.

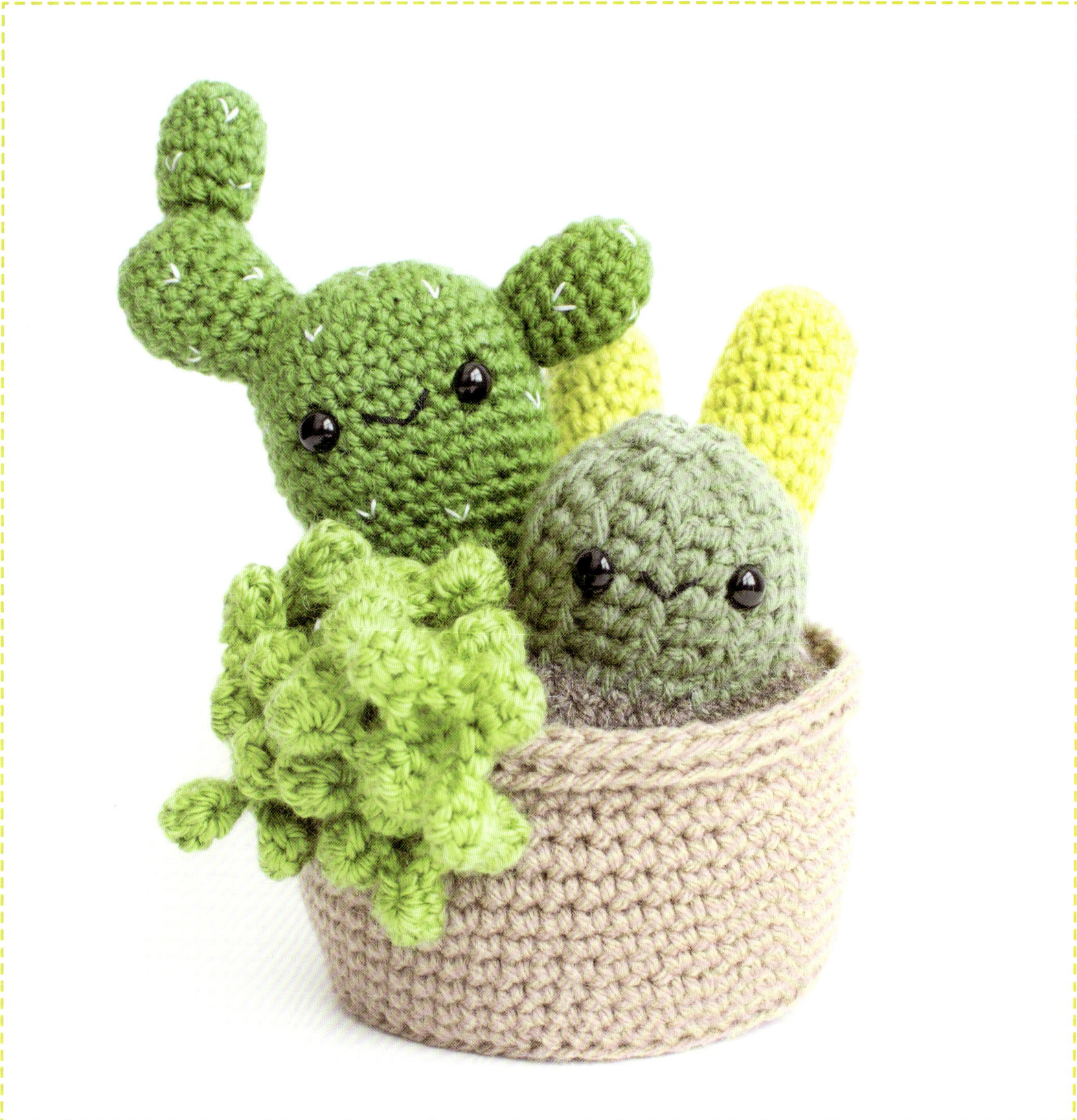

TOPF

In Taupe häkeln

1. Rd: 6 fM in einen magischen Ring häkeln (6 M).
2. Rd: 2 fM in jede M (12 M).
3. Rd: *1 fM, 2 fM in die nächste M* 6x (18 M).
4. Rd: *2 fM, 2 fM in die nächste M* 6x (24 M).
5. Rd: *3 fM, 2 fM in die nächste M* 6x (30 M).
6. Rd: *4 fM, 2 fM in die nächste M* 6x (36 M).
7. Rd: *5 fM, 2 fM in die nächste M* 6x (42 M).
8. Rd: *6 fM, 2 fM in die nächste M* 6x (48 M).
9. Rd: *7 fM, 2 fM in die nächste M* 6x (54 M).
10. Rd: *8 fM, 2 fM in die nächste M* 6x (60 M).
11. Rd: 60 fM in die **hinteren** Maschenglieder (60 M).
12.–20. Rd: 60 fM (60 M).
21. Rd: 60 fM in die **vorderen** Maschenglieder (60 M).
22. Rd: 60 fM in die **hinteren** Maschenglieder (60 M).

Die Arbeit beenden und die Fadenenden vernähen. Den Topf auf Pappe stellen, die Konturen des Bodens aufzeichnen und ausschneiden. Den Pappkreis in den Topf legen *(Foto 1)*.

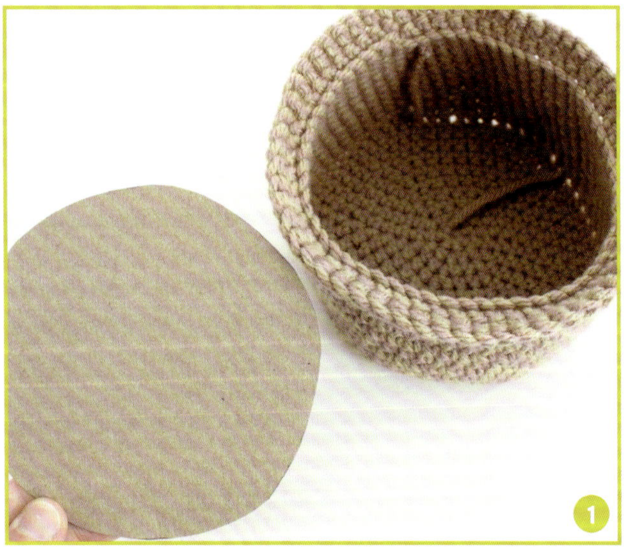

BLUMENERDE

In Braun häkeln

1. Rd: 6 fM in einen magischen Ring häkeln (6 M).
2. Rd: 2 fM in jede M (12 M).
3. Rd: *1 fM, 2 fM in die nächste M* 6x (18 M).
4. Rd: *2 fM, 2 fM in die nächste M* 6x (24 M).
5. Rd: *3 fM, 2 fM in die nächste M* 6x (30 M).
6. Rd: *4 fM, 2 fM in die nächste M* 6x (36 M).
7. Rd: *5 fM, 2 fM in die nächste M* 6x (42 M).
8. Rd: *6 fM, 2 fM in die nächste M* 6x (48 M).
9. Rd: *7 fM, 2 fM in die nächste M* 6x (54 M).
10. Rd: *8 fM, 2 fM in die nächste M* 6x (60 M).

Die Arbeit beenden und ein ziemlich langes Fadenende zum Annähen hängen lassen.

Zur Seite legen.

OPUNTIA-KAKTUS

HAUPTTEIL: 1X ARBEITEN

In Grün häkeln

1. Rd: 6 fM in einen magischen Ring häkeln (6 M).
2. Rd: 2 fM in jede M (12 M).
3. Rd: *1 fM, 2 fM in die nächste M* 6x (18 M).
4. Rd: *2 fM, 2 fM in die nächste M* 6x (24 M).
5. Rd: *3 fM, 2 fM in die nächste M* 6x (30 M).
6.–12. Rd: 30 fM (30 M).

Die Sicherheitsaugen einsetzen und den Mund sticken.

13. Rd: *3 fM, 1 Abn* 6x (24 M).
14.–15. Rd: 24 fM (24 M).
16. Rd: *2 fM, 1 Abn* 6x (18 M).
17.–18. Rd: 18 fM (18 M).

Das Teil ausstopfen. Die Arbeit beenden und ein Fadenende zum Annähen hängen lassen.

MITTELGROSSES TEIL: 1X ARBEITEN

In Grün häkeln

1. Rd: 6 fM in einen magischen Ring häkeln (6 M).
2. Rd: 2 fM in jede M (12 M).
3. Rd: *1 fM, 2 fM in die nächste M* 6x (18 M).
4.–5. Rd: 18 fM (18 M).
6. Rd: *1 fM, 1 Abn* 6x (12 M).
7.–8. Rd: 12 fM (12 M).

Das Teil ausstopfen. Die Arbeit beenden und ein Fadenende zum Annähen hängen lassen.

KLEINES TEIL: 2X ARBEITEN

In Grün häkeln

1. Rd: 6 fM in einen magischen Ring häkeln (6 M).
2. Rd: 2 fM in jede M (12 M).
3.–6. Rd: 12 fM (12 M).
7. Rd: *1 fM, 1 Abn* 4x (8 M).

Das Teil ausstopfen. Die Arbeit beenden und ein Fadenende zum Annähen hängen lassen.

WEISSE STACHELN:

Diese mit weißem Stickgarn (jeweils 3 Fäden) V-förmig an einzelnen Stellen aufsticken.

ZUSAMMENSETZEN:

Ein kleines Teil an ein mittelgroßes nähen. Dann das mittelgroße an das Hauptteil nähen. Zum Schluss das letzte kleine Teil an das Hauptteil nähen.

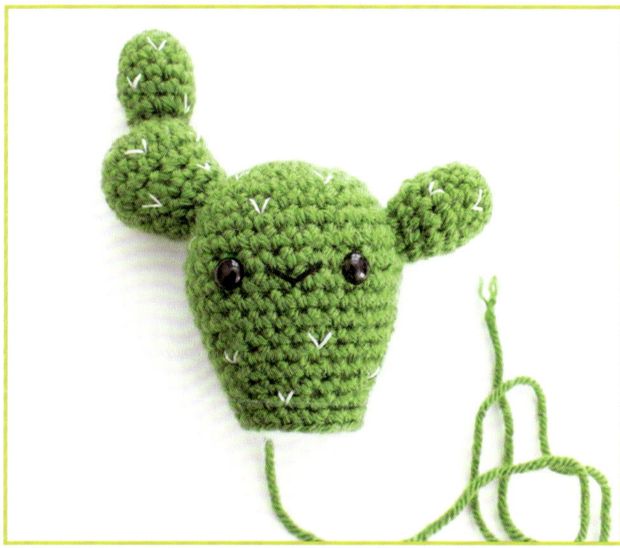

KUGEL-KAKTUS

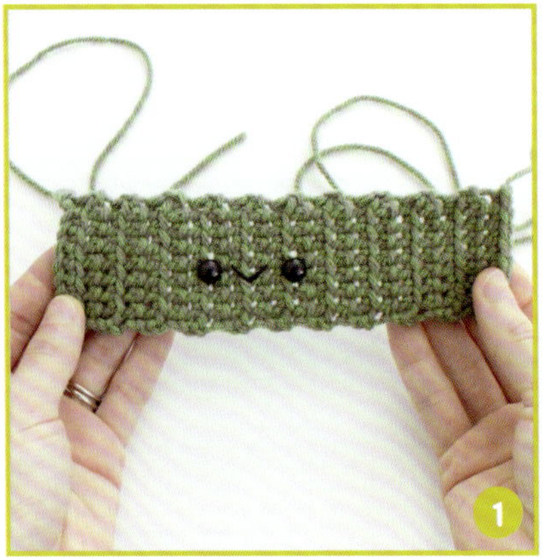

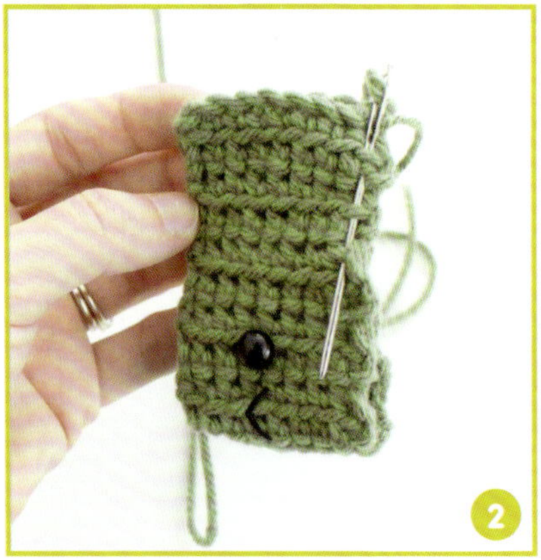

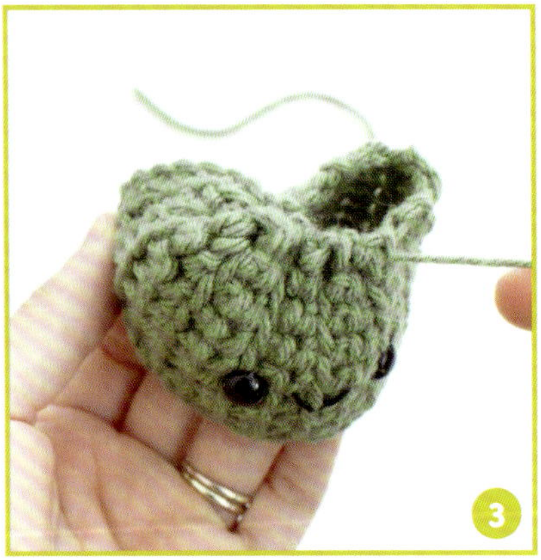

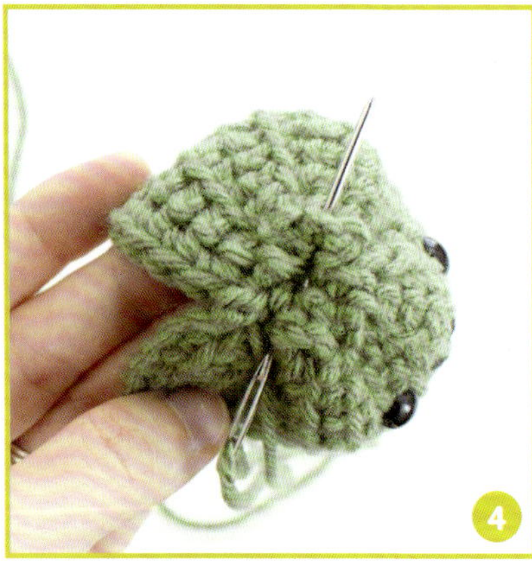

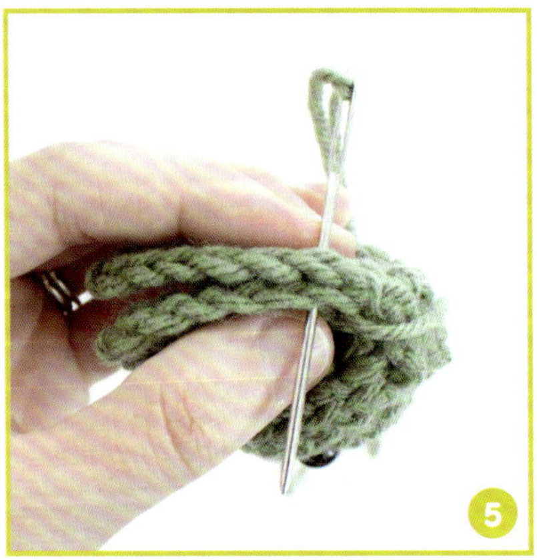

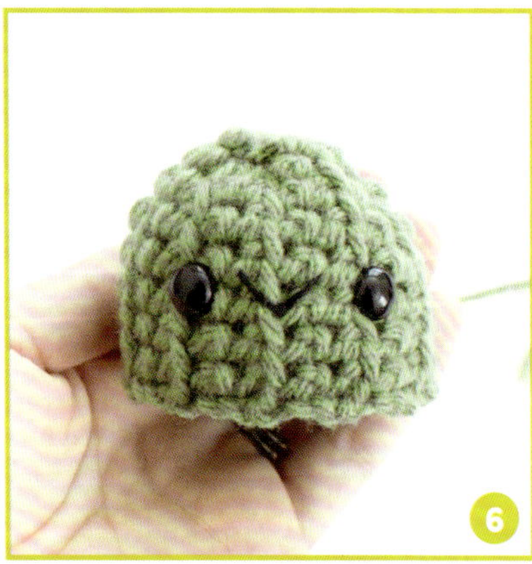

In Grün häkeln

Eine Lm-Kette mit 9 Lm häkeln.

1. R: 2 fM in die 2. Lm von der Häkelnadel aus und in jede folgende Lm, insgesamt 8 M. 1 Lm, wenden.
2.–21. R: fM in die **vorderen** Maschenglieder jeder fM, insgesamt 8 M. 1 Lm, wenden.

Die Arbeit beenden und ein langes Fadenende zum Annähen hängen lassen. Die Sicherheitsaugen einsetzen und den Mund aufsticken *(Foto 1)*.

Zum Zusammennähen einen Faden in eine Nähnadel fädeln und durch die Oberkante führen *(Foto 2)*. Am Ende festziehen, sodass die Kanten aneinanderstoßen *(Foto 3)*. Das Loch in der Mitte zunähen *(Foto 4)*. Die offenen Kanten zusammennähen *(Foto 5)*. Am Ende ein langes Fadenende hängen lassen, um den Kaktus an die Blumenerde zu nähen.

ERBSENPFLANZE

5x arbeiten, in Grün häkeln

Eine Lm-Kette mit 20 Lm häkeln *(Foto 1)*.

1. R: *5 Stb in die 2. Lm von der Häkelnadel aus, dann Km in das 1. Stb *(Fotos 2,3)*, 2 fM (in die Lm-Kette, *Foto 4*)* 6x. So bilden sich kleine „Erbsen" *(Foto 5)*. Am Ende der Reihe fM in die 3 restlichen Lm.

Die Arbeit beenden und ein Fadenende zum Annähen hängen lassen *(Foto 6)*. Jeweils ein Ende in die Hände nehmen und den gehäkelten Strang in sich verdrehen *(Foto 7)*.

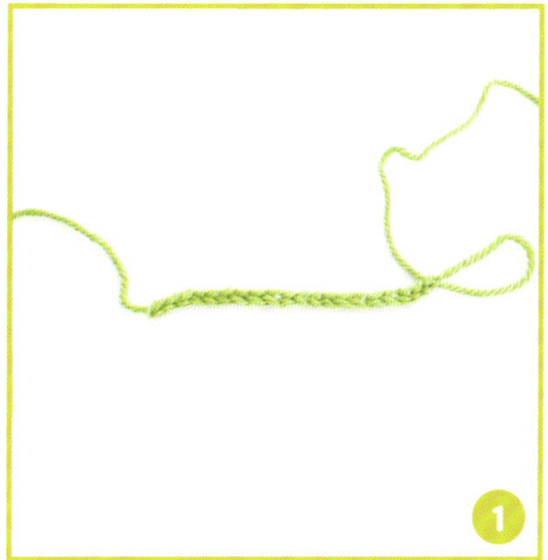

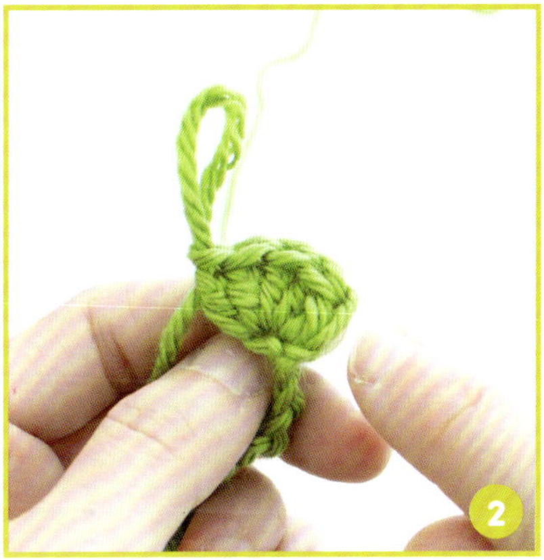

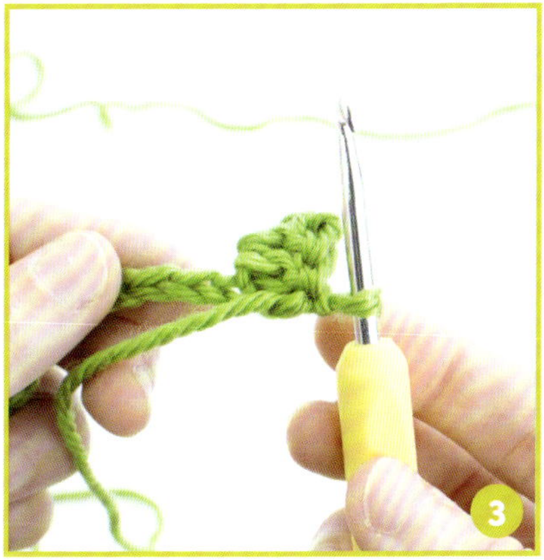

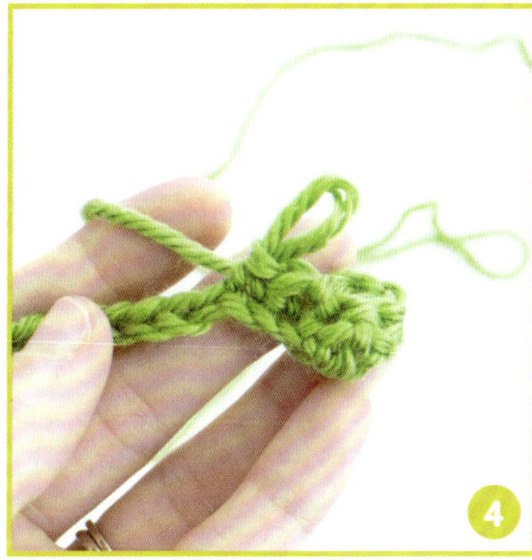

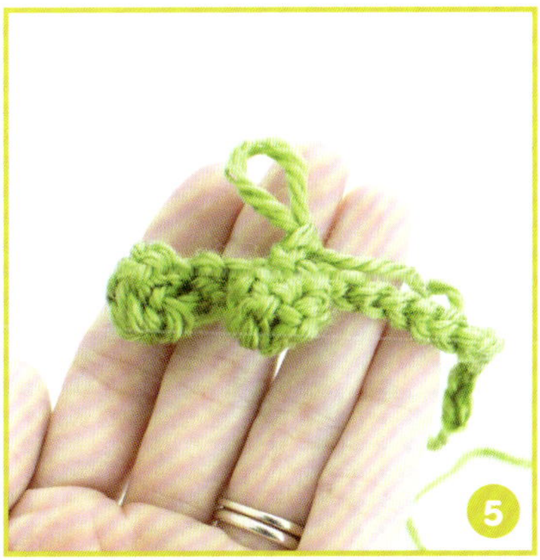

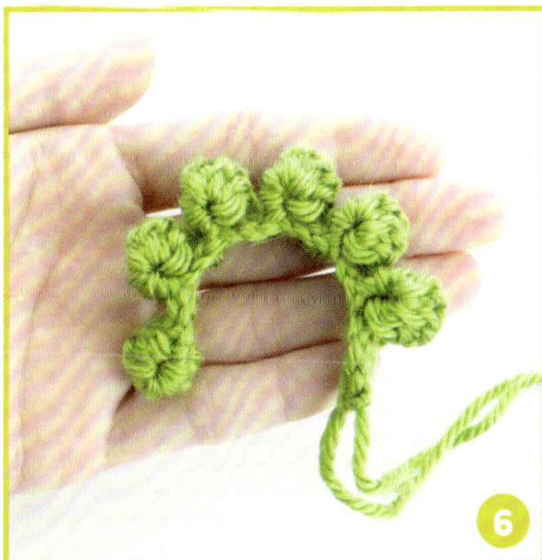

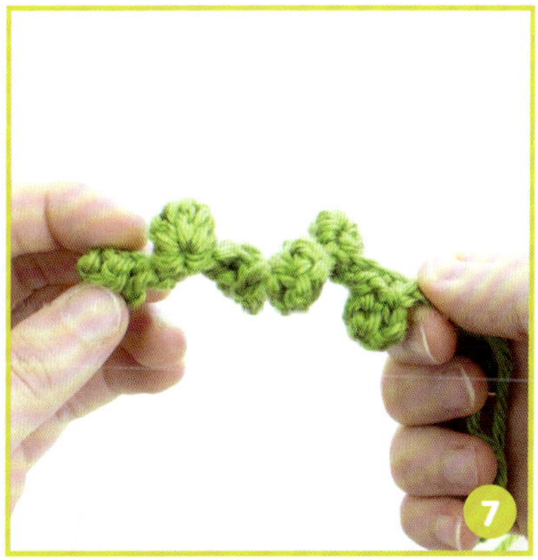

LADY-FINGER-KAKTUS

KLEINER KAKTUS: 1X ARBEITEN

In Grün häkeln

1. Rd: 6 fM in einen magischen Ring häkeln (6 M).
2. Rd: 2 fM in jede M (12 M).
3.–11. Rd: 12 fM (12 M).
12. Rd: *1 fM, 1 Abn* 4x (8 M).

Den Kaktus ausstopfen. Die Arbeit beenden und ein Fadenende zum Annähen hängen lassen.

GROSSER KAKTUS: 1X ARBEITEN

In Grün häkeln

1. Rd: 7 fM in einen magischen Ring häkeln (7 M).
2. Rd: 2 fM in jede M (14 M).
3.–13. Rd: 14 fM (14 M).
14. Rd: *1 fM, 1 Abn* 4x, 1fM, Km in die letzte fM (10 M).

Den Kaktus ausstopfen. Die Arbeit beenden und ein Fadenende zum Annähen hängen lassen.

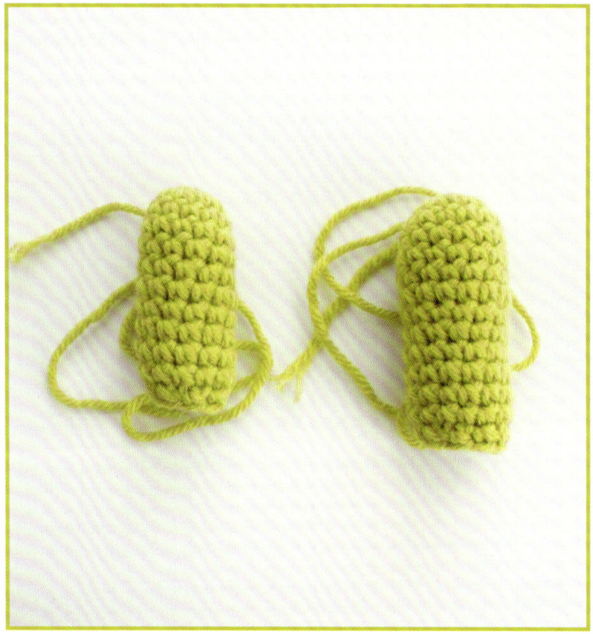

ZUSAMMENSETZEN

1. Den Opuntia- und den Kugelkaktus auf die Blumenerde nähen. Vor dem endgültigen Verschließen der Naht Füllwatte nachfüllen. Den Lady-Finger-Kaktus hinter den Kugel- und Opuntia-Kaktus nähen *(Foto 2)*.

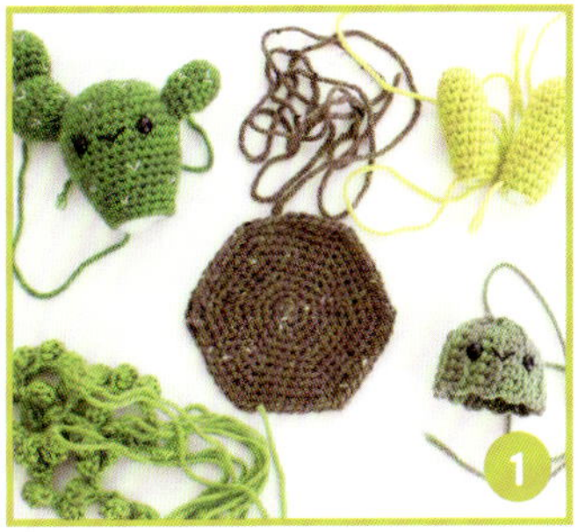

1

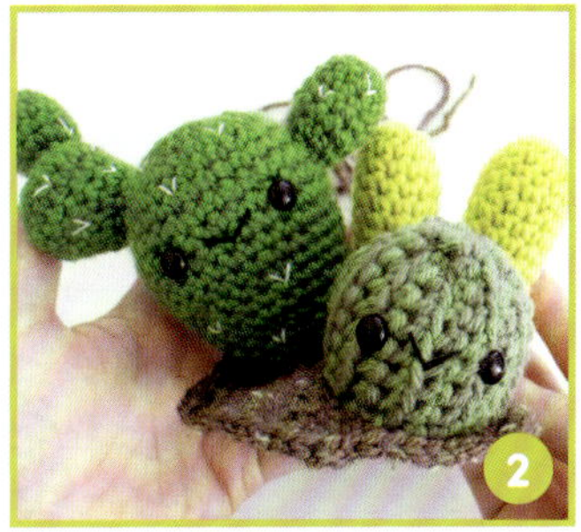

2

2. Drei Stränge der Erbsenpflanze nebeneinander vor den Opuntia-Kaktus nähen *(Foto 3)*. Die beiden anderen mittig auf die Blumenerde in die Zwischenräume nähen *(Foto 4)*.

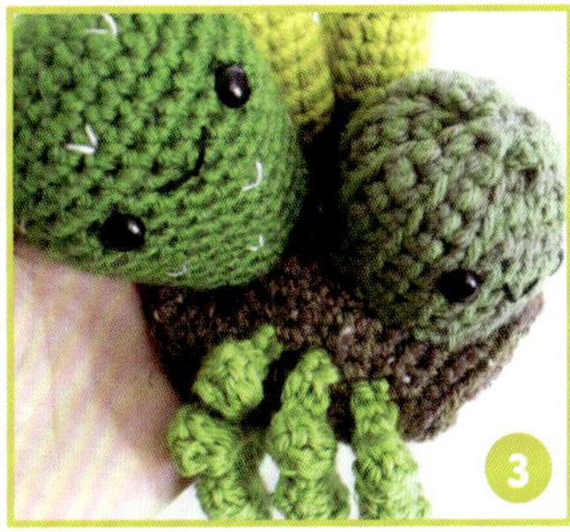

3

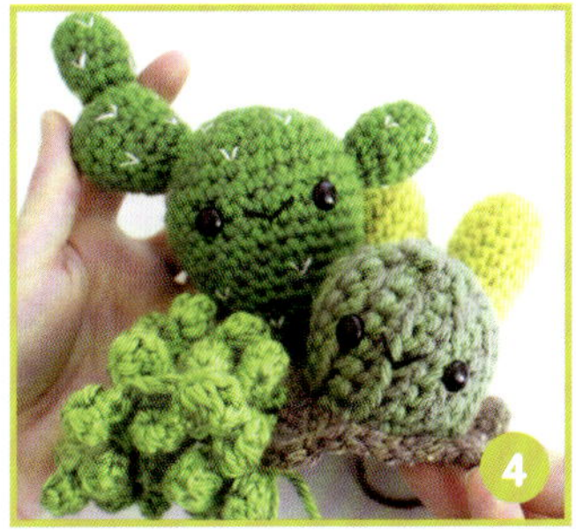

4

3. Garn in eine Nähnadel fädeln und damit die Blumenerde an den Topf nähen. Für eine unsichtbare Naht die Nadel durch die letzte Reihe der Blumenerde und die hinteren Maschenglieder der 21. Reihe des Topfes führen *(Fotos 5,6)*. So sieht man das dunklere Garn der Erde nicht außen auf dem Topf.

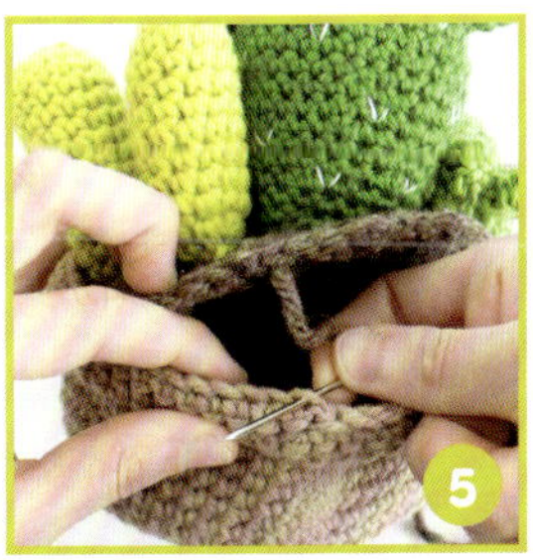

5

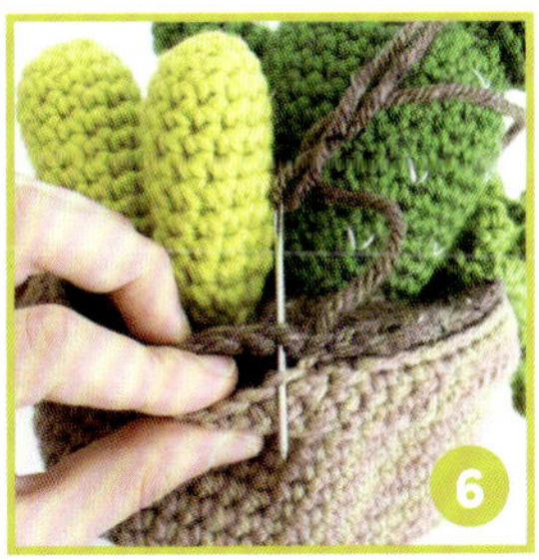

6

4. Vor dem Schließen der Naht den Topf ausstopfen *(Foto 7)*.

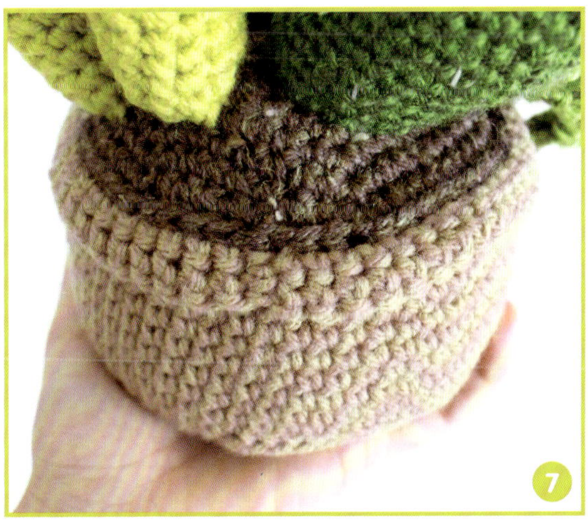

7

SONNENBLUME

MASSE

- Etwa 27cm hoch und 14cm breit

MATERIAL

- Häkelgarn (Lauflänge 100–120m/50g), in Gelb, Kastanienbraun, Grün und Braun; für die Gänseblümchen-Variante außerdem Weiß für die Blüten
- Häkelnadel 4,25mm
- Sicherheitsaugen, 9mm Ø
- Schwarzes Stickgarn und kleine Sticknadel
- Füllwatte aus Polyester
- Nähnadel
- Terrakottatopf, 7,5cm Ø
- Heißklebepistole
- Holzdübel, 20cm lang (1cm dick)
- Kleines Stück Pappe
- Kleines Stück brauner Filz
- Schere
- Maschenmarkierer
- Stecknadeln (optional, aber sehr hilfreich beim Zusammenfügen der Einzelteile)

ABKÜRZUNGEN

- Abn – unsichtbare Abnahme(n)
- fM – feste Masche(n)
- M – Masche(n)
- Rd – Runde(n)

HINWEIS ZUR ANLEITUNG

- Diese Anleitung wird in Spiralrunden gehäkelt.
- Die Teile nacheinander arbeiten und dann zusammensetzen.

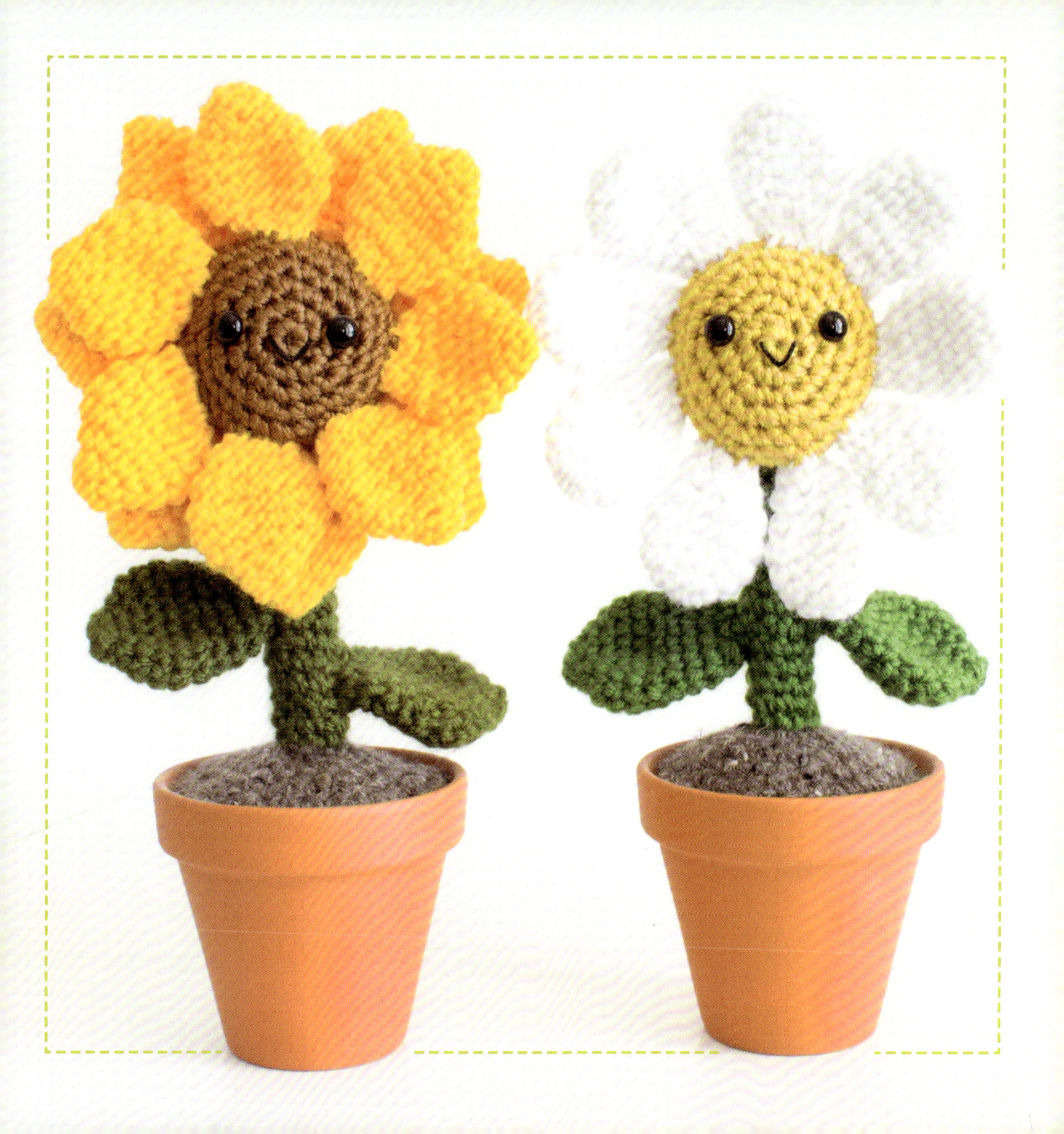

BLÜTENMITTE

In Kastanienbraun häkeln (für das Gänseblümchen in Gelb)

1. Rd: 6 fM in einen magischen Ring häkeln (6 M).
2. Rd: 2 fM in jede M (12 M).
3. Rd: *1 fM, 2 fM in die nächste M* 6x (18 M).
4. Rd: *2 fM, 2 fM in die nächste M* 6x (24 M).
5. Rd: *3 fM, 2 fM in die nächste M* 6x (30 M).

Die Sicherheitsaugen einsetzen und den Mund aufsticken.

6.–8. Rd: 30 fM (30 M).
9. Rd: *3 fM, 1 Abn* 6x (24 M).
10. Rd: *3 fM, 1 Abn* 6x (18 M).
11. Rd: *3 fM, 1 Abn* 6x (12 M).

Ausstopfen und nach und nach weiteres Füllmaterial hinzufügen.

12. Rd: 6 Abn (6 M).

Die Arbeit beenden und das Teil schließen.

BLÜTENBLÄTTER

14x arbeiten, in Gelb häkeln

1. Rd: 5 fM in einen magischen Ring häkeln (5 M).
2. Rd: 5 fM (5 M).
3. Rd: 2 fM in jede M (10 M).
4. Rd: *1 fM, 2 fM in die nächste M* 5x (15 M).
5.–6. Rd: 15 fM (5 M).
7. Rd: *1 fM, 1 Abn* 5x (10 M).
8. Rd: 5 Abn (5 M).

Die Arbeit beenden und ein Fadenende zum Annähen hängen lassen.

BLUMENERDE

In Braun häkeln

1. Rd: 6 fM in einen magischen Ring häkeln (6 M).

Den Dübel in die Mitte des magischen Rings schieben und diesen festziehen. Nun um den Dübel herumhäkeln.

2. Rd: 2 fM in jede M (12 M).
3. Rd: *1 fM, 2 fM in die nächste M* 6x (18 M).
4. Rd: *2 fM, 2 fM in die nächste M* 6x (24 M).
5. Rd: *3 fM, 2 fM in die nächste M* 6x (30 M).
6. Rd: *4 fM, 2 fM in die nächste M* 6x (36 M).
7. Rd: *5 fM, 2 fM in die nächste M* 6x (42 M).
8. Rd: 42 fM nur in die hinteren Maschenglieder.

Die Arbeit beenden.

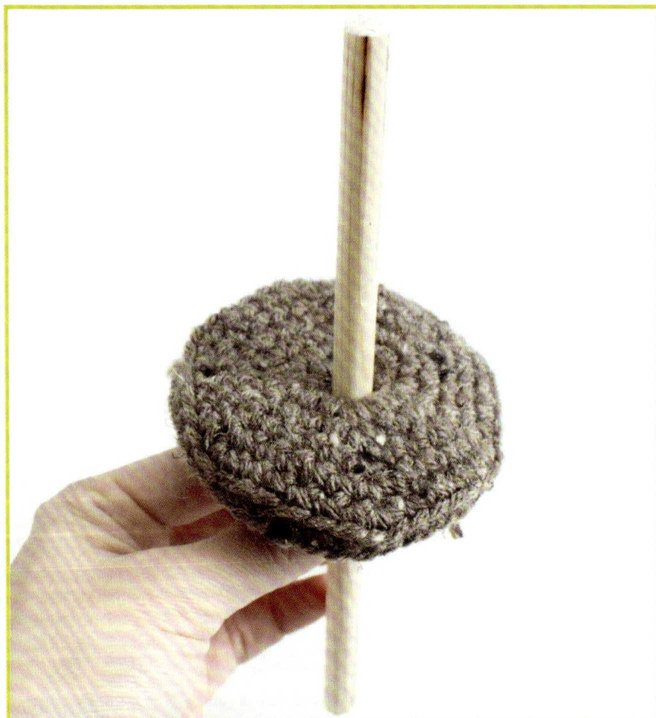

STIEL

In Grün häkeln

1. Rd: 5 fM in einen magischen Ring häkeln (5 M).
2. Rd: 2 fM in jede M (10 M).
3. Rd: 10 fM in jede M, bis der Stiel etwa 11cm lang ist.

Die Arbeit beenden und ein Fadenende zum Annähen hängen lassen.

KREIS AUF DER RÜCKSEITE

(Wird oben auf dem Stiel hinter der Blüte angebracht.)

In Grün häkeln

1. Rd: 6 fM in einen magischen Ring häkeln (6 M).
2. Rd: 2 fM in jede M (12 M).
3. Rd: *1 fM, 2 fM in die nächste M* 6x (18 M).
4. Rd: *2 fM, 2 fM in die nächste M* 6x (24 M).
5. Rd: 24 fM (24 M).

Die Arbeit beenden und ein langes Fadenende zum Annähen hängen lassen.

BLATT

2x arbeiten, in Grün häkeln

1. Rd: 6 fM in einen magischen Ring häkeln (6M).
2. Rd: 6 fM (6 M).
3. Rd: 2 fM in jede M (12 M).
4. Rd: *1 fM, 2 fM in die nächste M* 6x (18 M).
5.–6. Rd: 18 fM (18 M).
7. Rd: *1 fM, 1 Abn* 6x (12 M).
8.–10. Rd: 12 fM (12 M).
11. Rd: 6 Abn (6 M).

Die Arbeit beenden und ein Fadenende zum Annähen hängen lassen.

FÜR EIN GÄNSEBLÜMCHEN

Die Blütenblätter in Weiß und die Blütenmitte in Gelb häkeln. Alle Teile wie für die Sonnenblume arbeiten, die Blütenblätter jedoch nach folgender Anleitung:

BLÜTENBLÄTTER

9x arbeiten, in Weiß häkeln

1. Rd: 6 fM in einen magischen Ring häkeln (6 M).
2. Rd: 2 fM in jede M (12 M).
3.–5. Rd: 12 fM (12 M).
6. Rd: *1 fM, 1 Abn* 4x (8 M).
7. Rd: 8 fM (8 M).
8. Rd: *1 fM, 1 Abn* 2x, 1 fM und Km in die letzte M (5 M).

Die Arbeit beenden und ein Fadenende zum Annähen hängen lassen.

BLUME ZUSAMMENSETZEN

1. Die Blütenblätter an die Blütenmitte nähen *(Fotos 1,2)*.

   Sonnenblume: 7 Blütenblätter mit Stecknadeln gleichmäßig verteilt an die Blütenmitte stecken. Diese Blütenblätter annähen, danach die hinteren Blütenblätter anbringen. Dafür die restlichen 7 Blütenblätter versetzt zwischen die ersten stecken, sodass die Blüte voller wirkt, und festnähen.

   Gänseblümchen: Alle 9 Blütenblätter gleichmäßig mit Stecknadeln verteilt um die Blütenmitte stecken und festnähen.

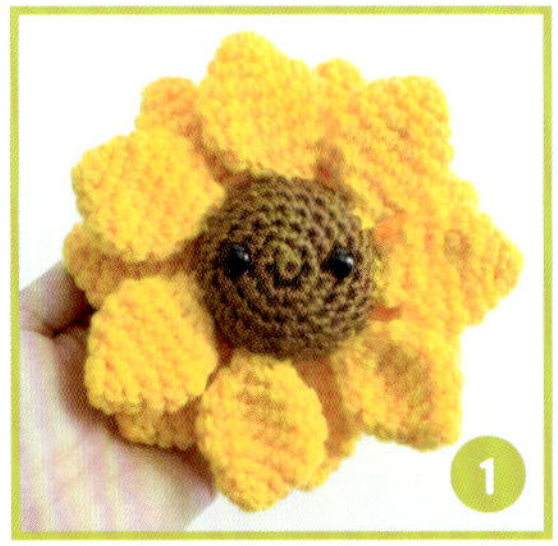
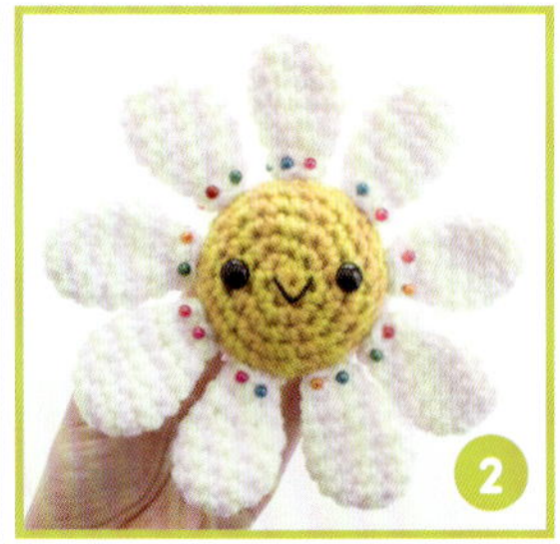

2. Den Stiel über den Dübel ziehen und an die Blumenerde nähen *(Foto 3)*.

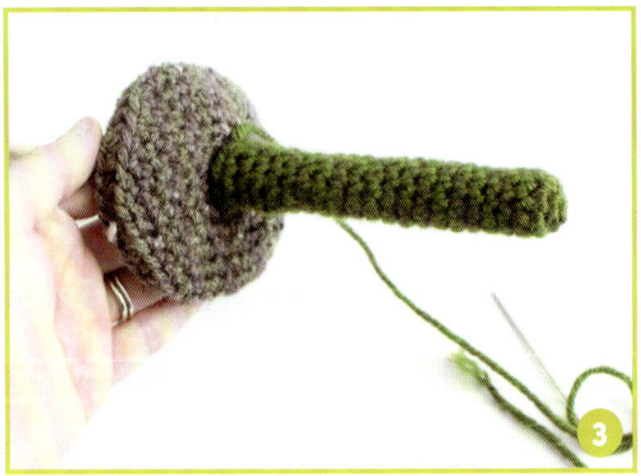

3. Einen Faden vom grünen Garn abschneiden und an einem Ende verknoten. Darauf achten, dass die Blume mittig auf dem Stiel sitzt. Diesen dann mit dem grünen Faden hinten an die Blütenmitte nähen. Den Faden dafür durch den Stiel und die Blütenmitte führen und sicherstellen, dass der Stiel fest sitzt *(Fotos 4–6)*.

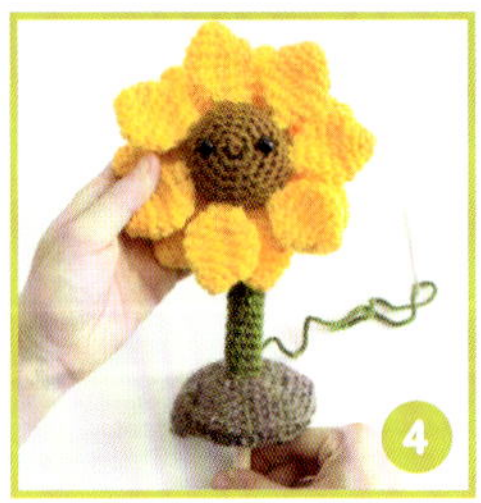
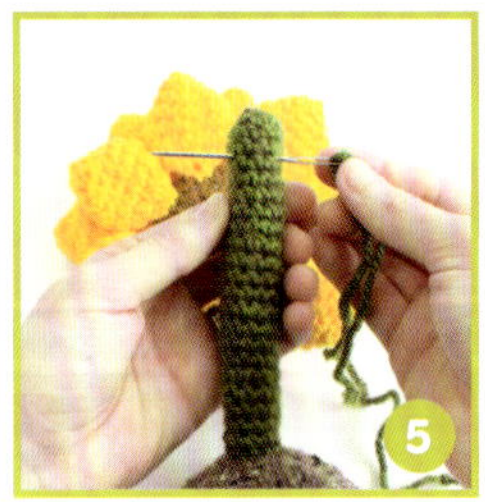
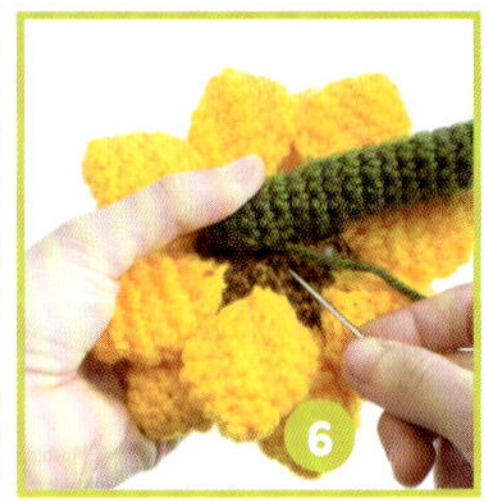

4. Den Kreis für die Rückseite oben auf den Stiel nähen *(Fotos 7,8)*.

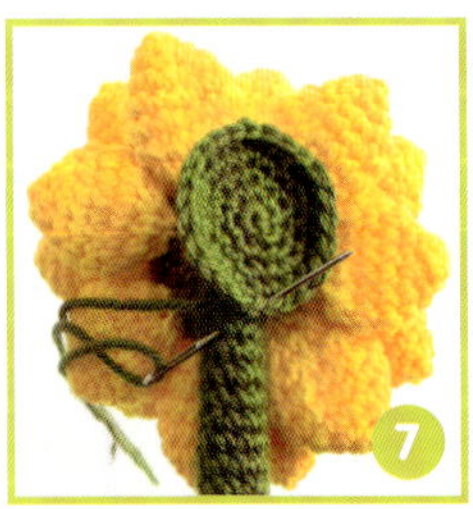
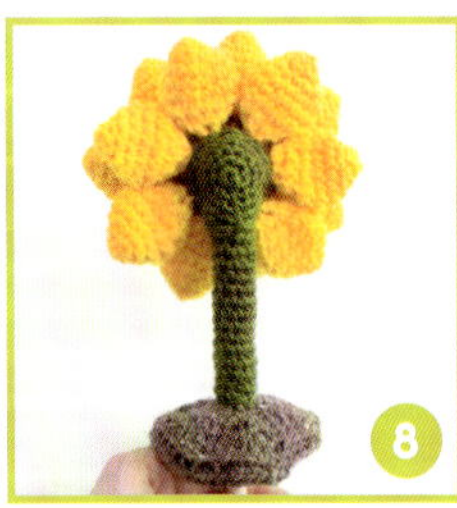

5. Die Blätter seitlich an den Stiel nähen.

DEN TERRAKOTTATOPF BEFESTIGEN

1. Die Pappe und den braunen Filz mit Heißkleber aufeinanderkleben *(Foto 9)*. Einen großen Klecks Kleber auf die Pappe geben und den Dübel mittig daraufkleben *(Foto 10)*. Die Blume in den Terrakottatopf kleben, solange der Kleber trocknet, und darauf achten, dass sie gerade steht *(Foto 11)*. Danach etwas Kleber auf dem Topfboden verstreichen und die Pappbasis darauflegen. Blume und Topf fest aneinanderdrücken.

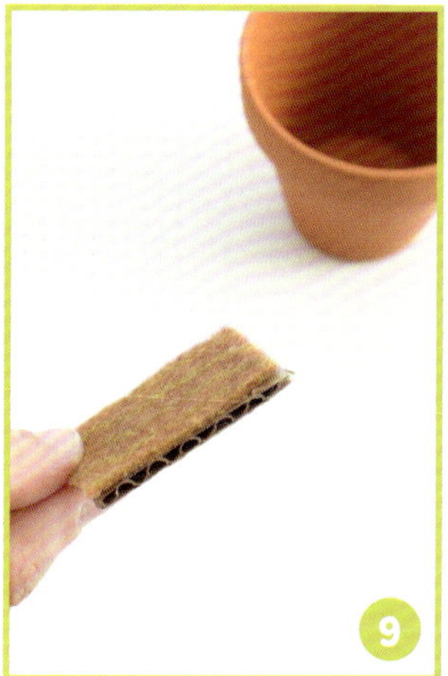

9

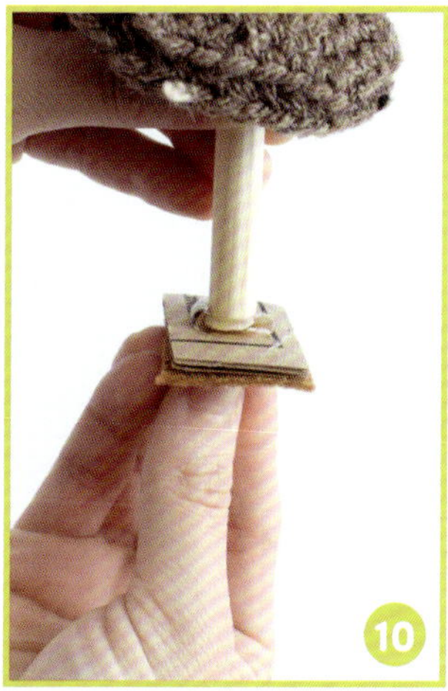

10

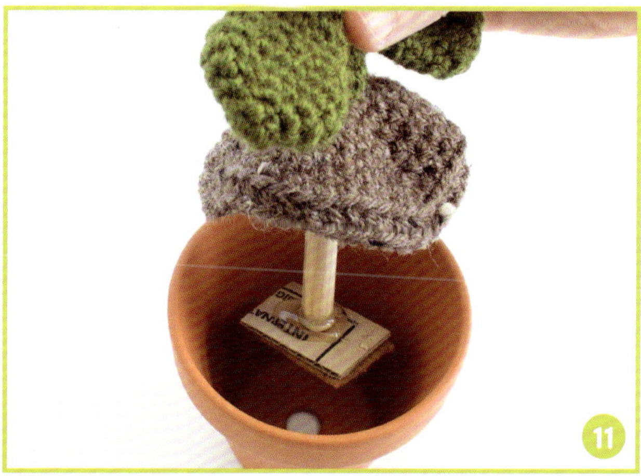

11

2. Rund um den Dübel Füllwatte in den Topf legen, um der Blume Stabilität zu geben. So wirkt später auch die Blumenerde um die Blume herum etwas plastischer. Jetzt die Blume am Topf befestigen.

3. Dafür hinten beginnen und nach und nach etwas Kleber an der Außenkante der Blumenerde entlang verstreichen und festdrücken. Die Außenkante befindet sich an der 8. Runde der Blumenerde, in der nur durch die hinteren Maschenglieder gehäkelt wurde. Mit einem Holzstäbchen die Maschen vorsichtig an den Topf drücken. So fortfahren, bis die Erde rundum befestigt ist *(Foto 12)*.

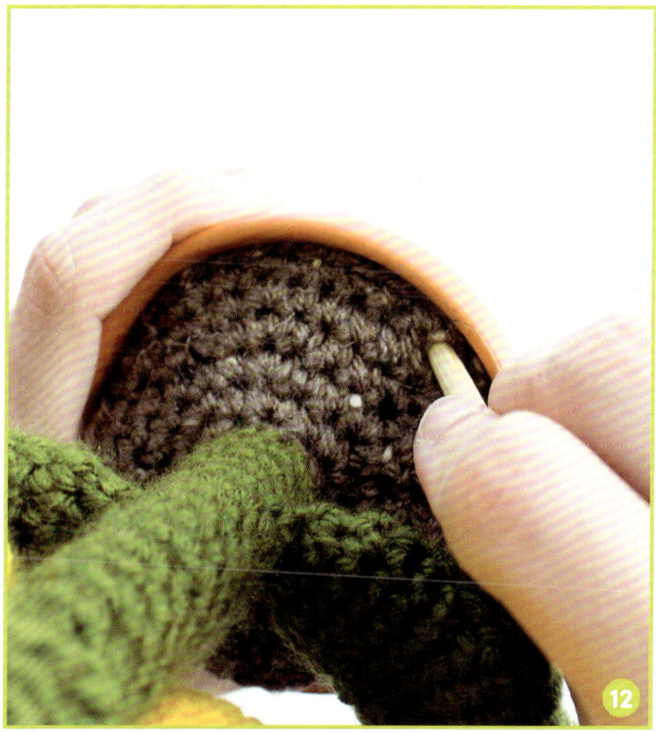

12

TULPE

MASSE

- Etwa 22cm hoch und 6cm breit

MATERIAL

- Häkelgarn (Lauflänge 100–120m/50g), in Rosa, Grün und Braun
- Häkelnadel 4,25mm
- Sicherheitsaugen, 9mm Ø
- Schwarzes Stickgarn und kleine Sticknadel
- Füllwatte aus Polyester
- Terrakottatopf, 5cm Ø
- 3 Pfeifenreiniger, 30cm lang
- Nähnadel
- Schere
- Maschenmarkierer

ABKÜRZUNGEN

- Abn – unsichtbare Abnahme(n)
- DStb – Doppelstäbchen
- fM – feste Masche(n)
- M – Masche(n)
- Rd –Runde(n)
- Stb – Stäbchen

HINWEIS ZUR ANLEITUNG

- Diese Anleitung wird in Spiralrunden gehäkelt.
- Die Blume wird in einem Stück gearbeitet.

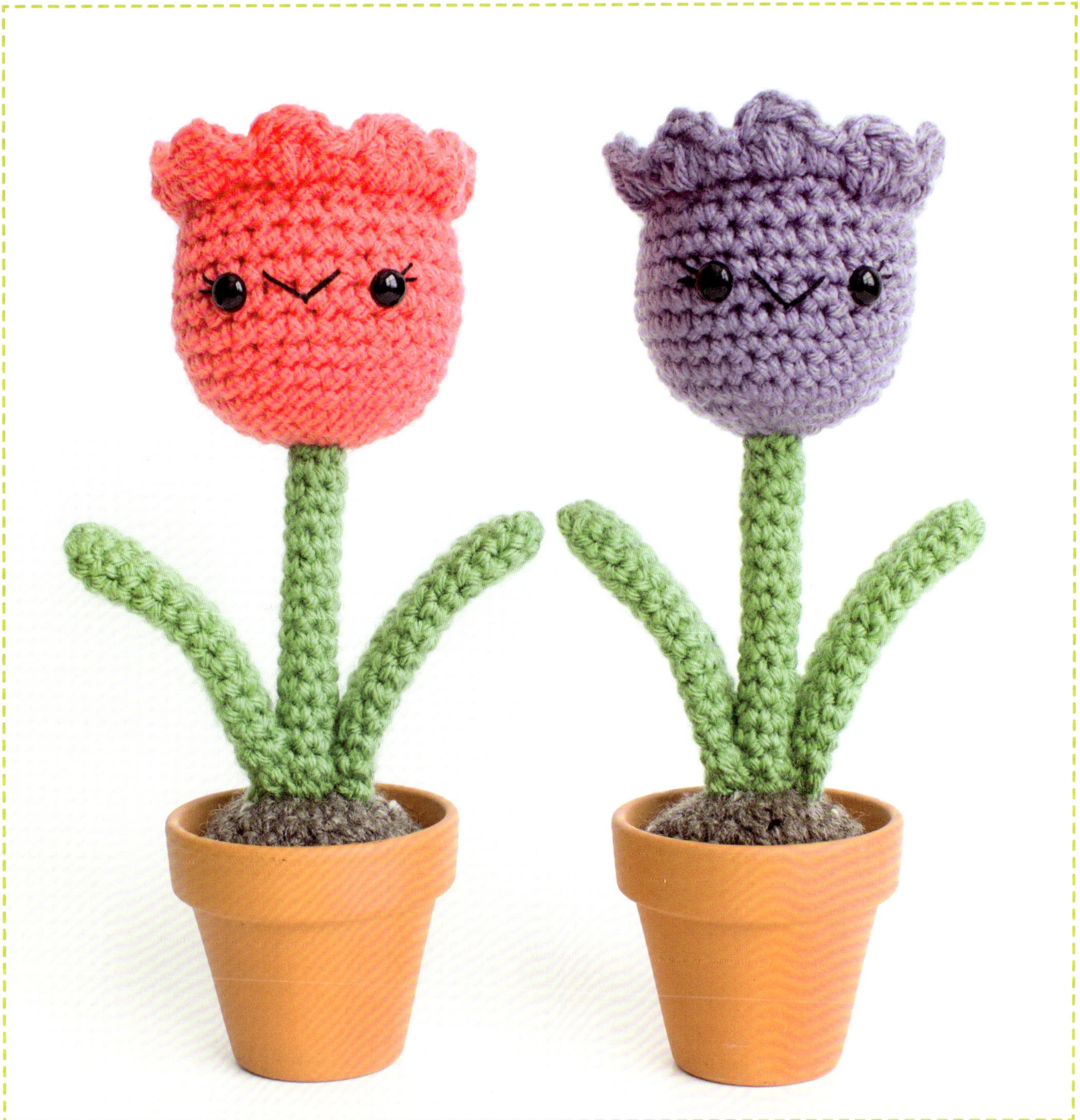

BLÜTEN-UNTERSEITE

In Rosa häkeln

1. Rd: 6 fM in einen magischen Ring häkeln (6 M).
2. Rd: 2 fM in jede M (12 M).
3. Rd: *1 fM, 2 fM in die nächste M* 6x (18 M).
4. Rd: *2 fM, 2 fM in die nächste M* 6x (24 M).
5. Rd: *3 fM, 2 fM in die nächste M* 6x (30 M).

Die Arbeit beenden und ein langes Fadenende zum Annähen hängen lassen. Zur Seite legen.

BLUME

In Rosa häkeln

1. Rd: 6 fM in einen magischen Ring häkeln (6 M).
2. Rd: 2 fM in jede M (12 M).
3. Rd: *1 fM, 2 fM in die nächste M* 6x (18 M).
4. Rd: *2 fM, 2 fM in die nächste M* 6x (24 M).
5. Rd: *3 fM, 2 fM in die nächste M* 6x (30 M).
6.–13. Rd: 30 fM (30 M).
14. Rd: *1 Stb, 1 DStb, 1 Stb in 1 M, 2 fM* 10x (50 M).

Die Arbeit beenden und das Fadenende vernähen. Die Sicherheitsaugen einsetzen, Mund und Wimpern aufsticken.

STIEL

In Grün häkeln

1. Rd: 7 fM in einen magischen Ring häkeln (7 M).
2.–14. Rd: 7 fM (7 M).

Nach der 3. Rd 3 Pfeifenreiniger mittig falten *(Foto 1)* und die Enden in die Mitte des magischen Rings stecken, sodass 4cm herausschauen *(Foto 2)*. Bis zur 14. Rd rund um die Pfeifenreiniger häkeln *(Foto 3)*.

Die Arbeit beenden und ein Fadenende zum Annähen hängen lassen.

Die Pfeifenreiniger durch das Loch des magischen Rings in der Unterseite der Blüte schieben *(Foto 4)*. Alle 6 Enden der Pfeifenreiniger hineinstecken und dann ineinander verdrehen. Mit grünem Garn den Stiel an die Blüte nähen und den Faden verknoten *(Foto 5)*.

Die Blume ausstopfen und die Blütenmitte an die Oberkante nähen. Dafür die Nähnadel dicht unter der 14. Runde der Blüte durch die waagerechten Maschenglieder führen *(Fotos 6,7)*.

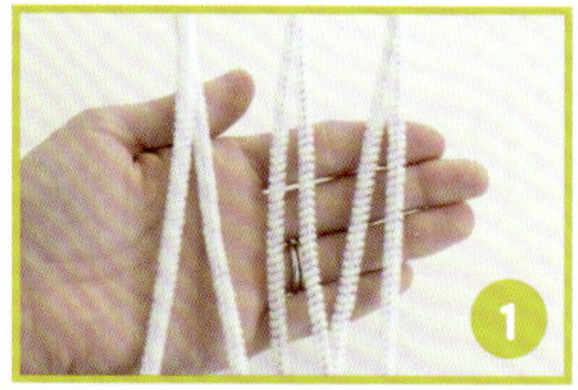
1

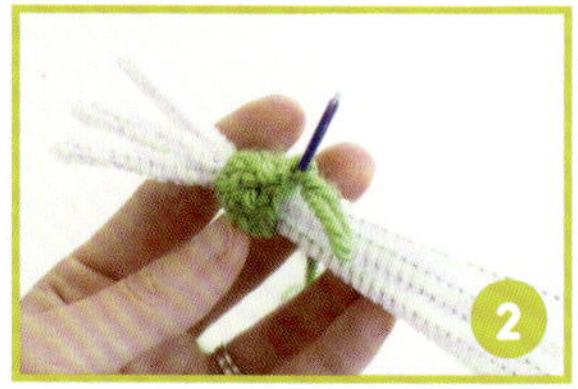
2

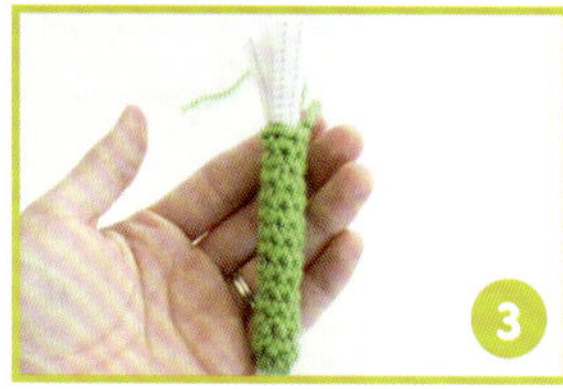
3

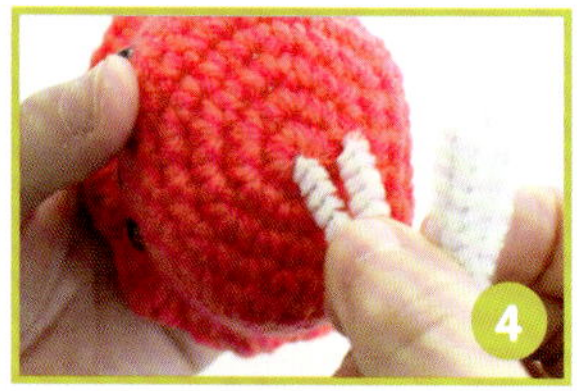
4

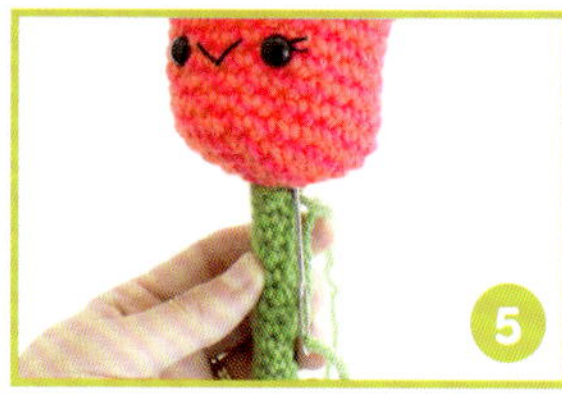
5

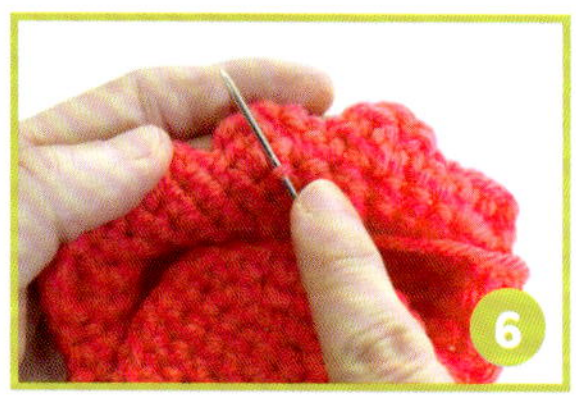
6

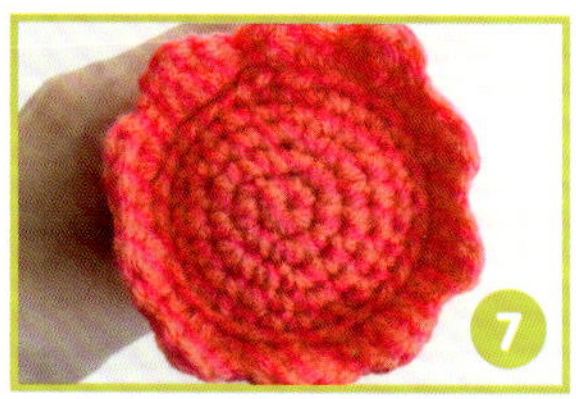
7

BLUMENERDE

In Braun häkeln

1. Rd: 6 fM in einen magischen Ring häkeln (6 M).
2. Rd: 2 fM in jede M (12 M).
3. Rd: *1 fM, 2 fM in die nächste M* 6x (18 M).
4. Rd: *2 fM, 2 fM in die nächste M* 6x (24 M).
5. Rd: *3 fM, 2 fM in die nächste M* 6x (30 M).

Die anderen Enden der Pfeifenreiniger durch das Loch des magischen Rings schieben. Mit einem grünen Faden den Stiel an die Blumenerde nähen *(Foto 8)*.

6.–7. Rd: 30 fM (30 M).
8. Rd: *3 fM, 1 Abn* 6x (24 M).
9. Rd: 24 fM (24 M).
10. Rd: *2 fM, 1 Abn* 6x (18 M).
11.–12. Rd: 18 fM (18 M).

Ausstopfen und nach und nach weiteres Füllmaterial hinzufügen.

13. Rd: *1 fM, 1 Abn* 6x (12 M).
14. Rd: 6 Abn (6 M).

Die Arbeit beenden und schließen.

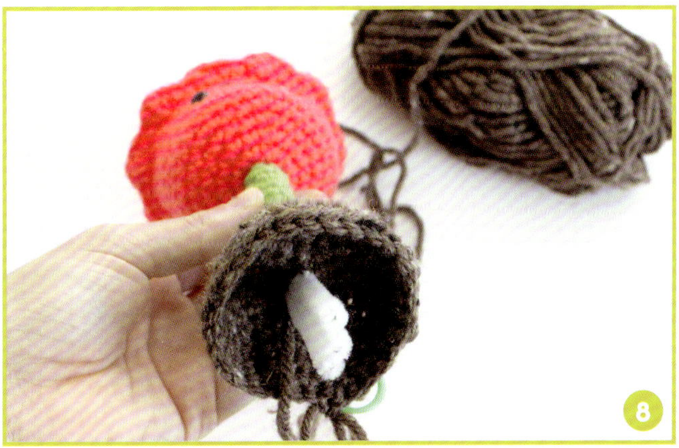
8

BLATT

2x arbeiten, in Grün häkeln

1. Rd: 4 fM in einen magischen Ring häkeln (4 M).
2. Rd: 2 fM in jede M (8 M).
3.–14. Rd: 8 fM (8 M).
15. Rd: 4 Abn (4 M).

Die Arbeit beenden und ein Fadenende zum Annähen hängen lassen.

Die Blätter neben dem Stiel anbringen, dabei an die Blumenerde und über ungefähr 1cm des Stiels nähen *(Foto 9)*.

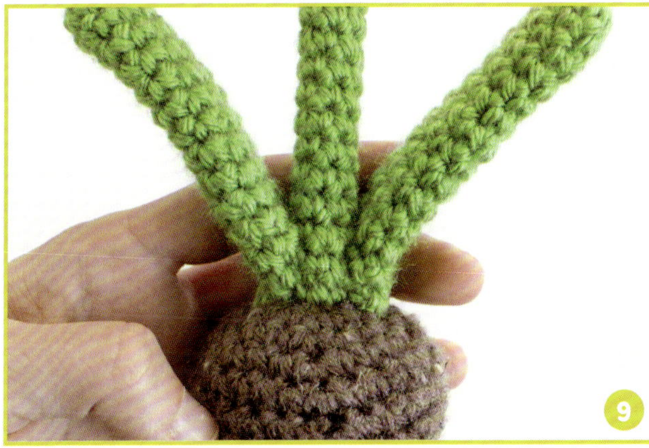
9

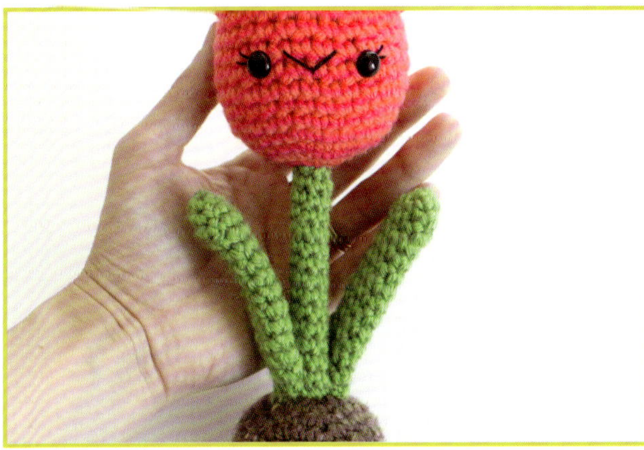

IM AQUARIUM

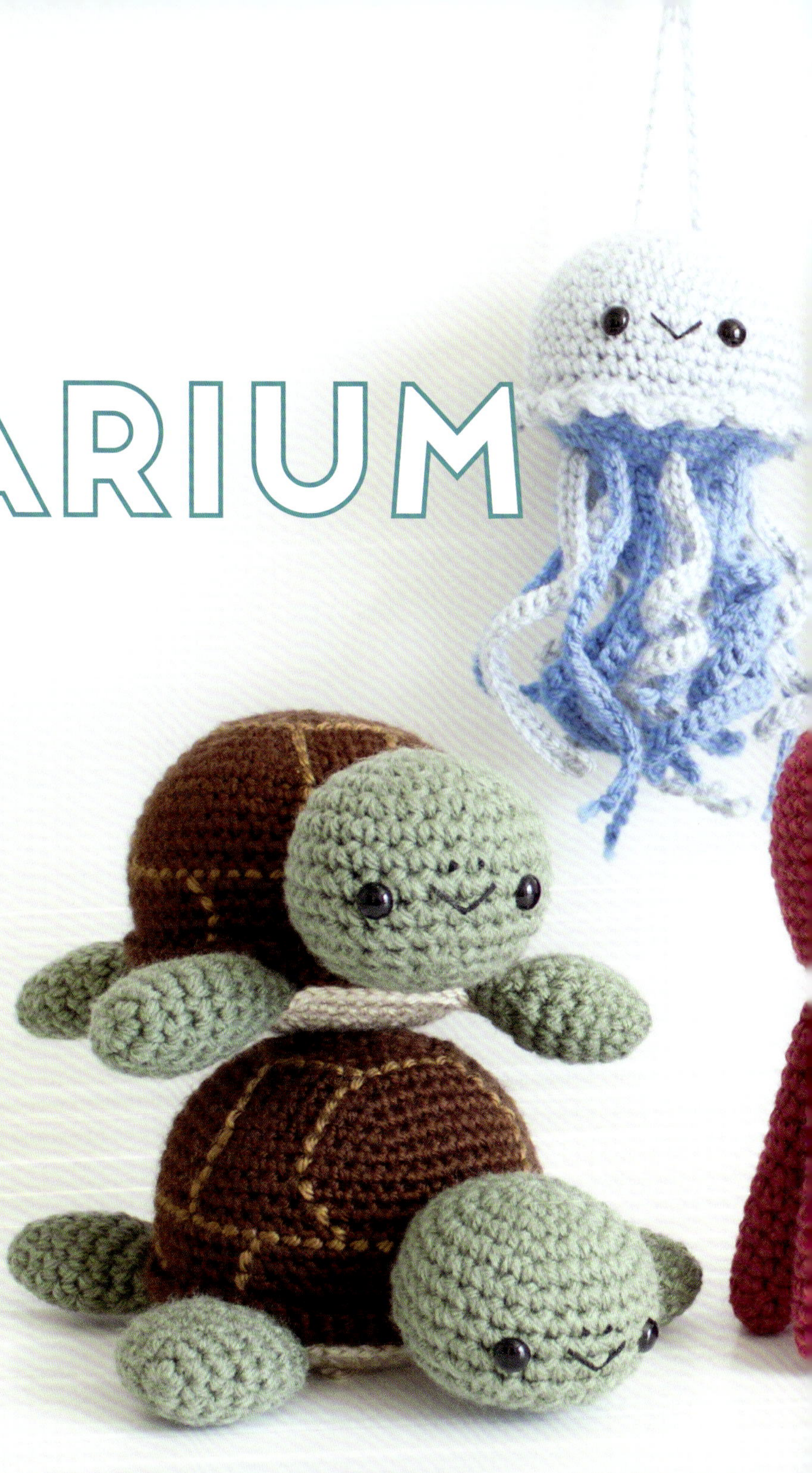

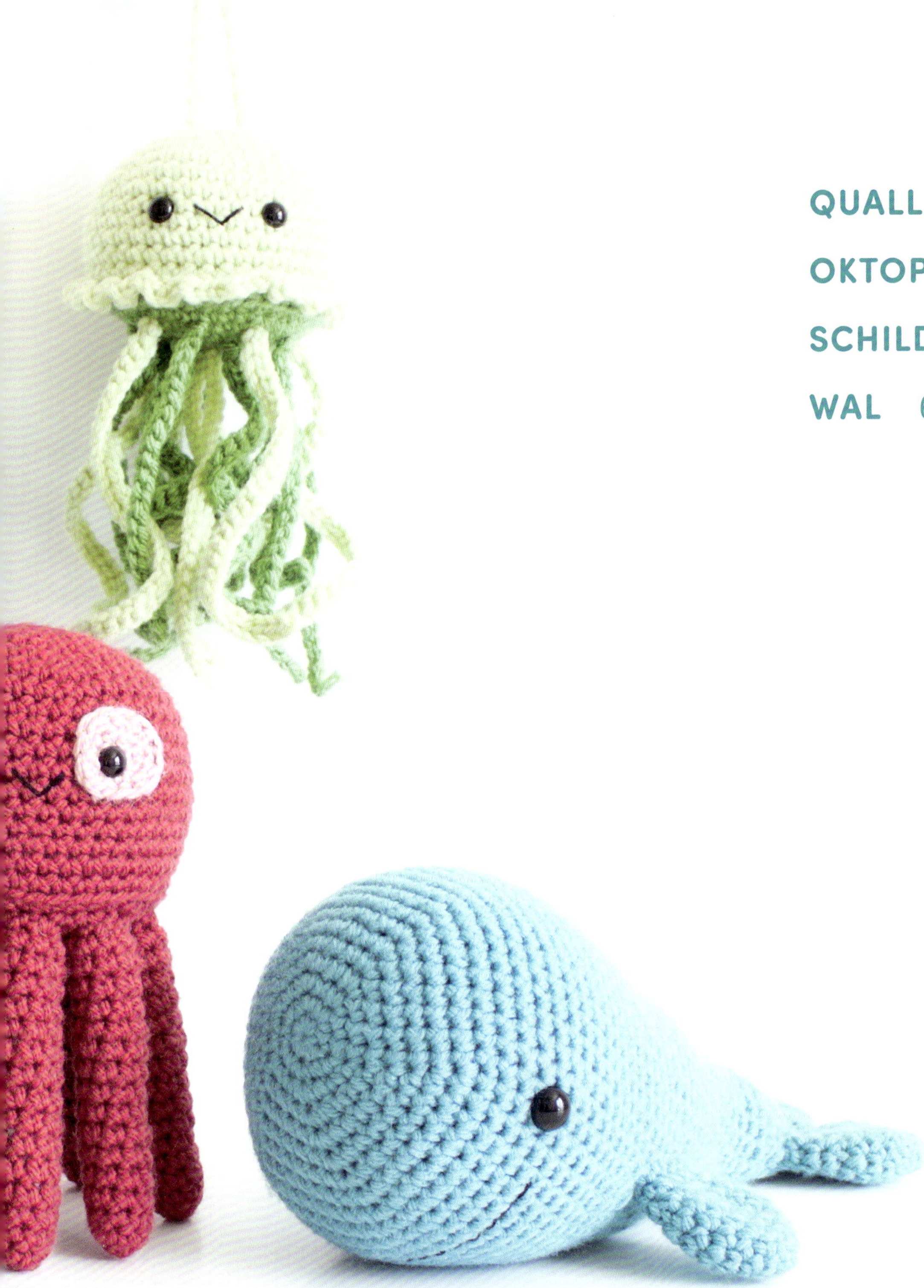

QUALLE

MASSE

- Etwa 18cm hoch und 9cm breit

MATERIAL

- Häkelgarn (Lauflänge 100–120m/50g), in Hellgrün und Dunkelgrün
- Häkelnadel 4,25mm
- Sicherheitsaugen, 9mm Ø
- Schwarzes Stickgarn und kleine Sticknadel
- Füllwatte aus Polyester
- Nähnadel
- Schere
- Maschenmarkierer

ABKÜRZUNGEN

- fM – feste Masche(n)
- hStb – halbe(s) Stäbchen
- Km – Kettmasche(n)
- Lm – Luftmasche(n)
- M – Masche(n)
- Rd – Runde(n)

HINWEIS ZUR ANLEITUNG

- Diese Anleitung wird in Spiralrunden gehäkelt.

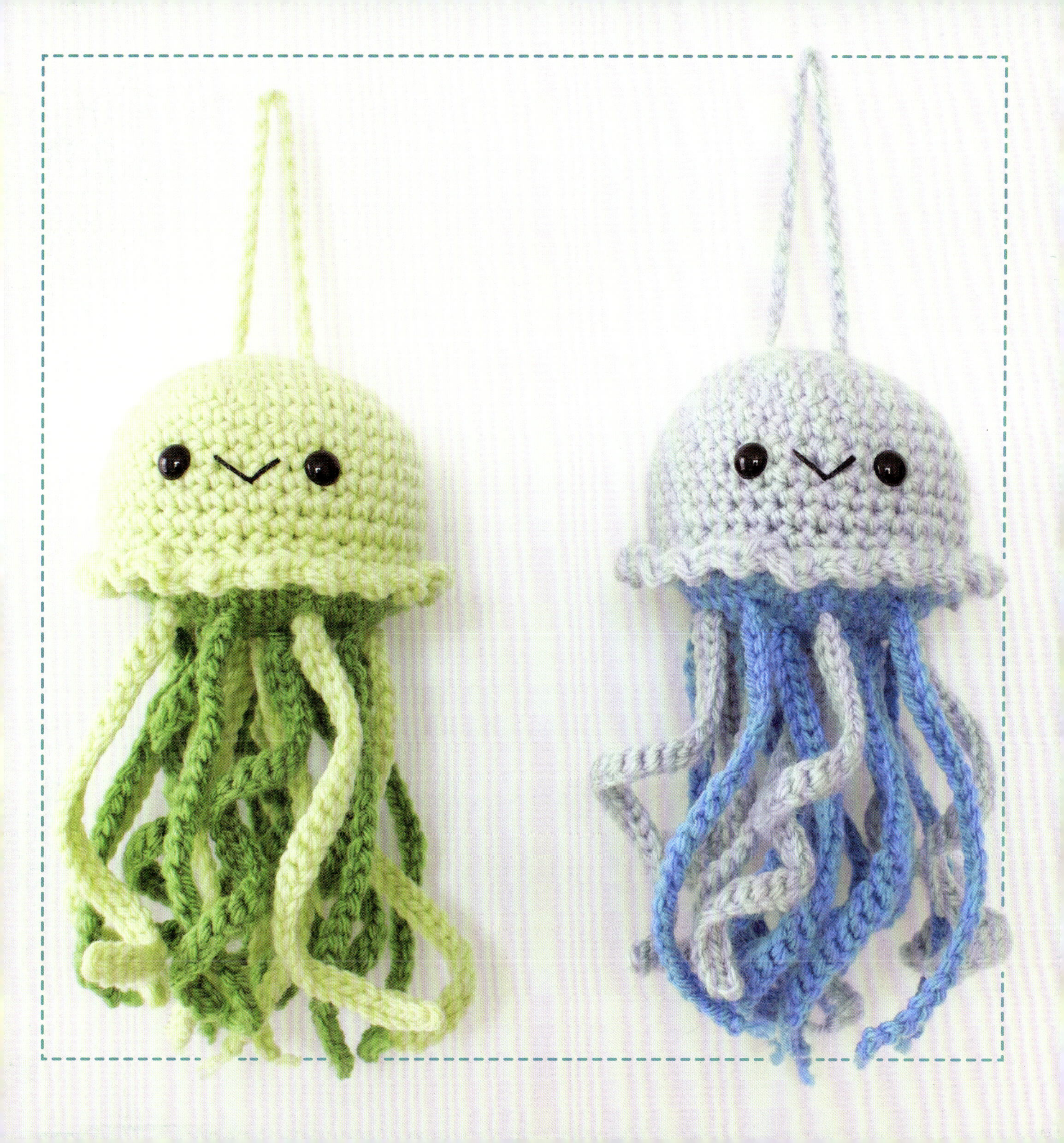

KÖRPER

In Hellgrün häkeln

1. Rd: 6 fM in einen magischen Ring häkeln (6 M).
2. Rd: 2 fM in jede M (12 M).
3. Rd: *1 fM, 2 fM in die nächste M* 6x (18 M).
4. Rd: *2 fM, 2 fM in die nächste M* 6x (24 M).
5. Rd: *3 fM, 2 fM in die nächste M* 6x (30 M).
6. Rd: *4 fM, 2 fM in die nächste M* 6x (36 M).
7. Rd: *5 fM, 2 fM in die nächste M* 6x (42 M).
8.–14. Rd: 42 fM (42 M).
15. Rd: nur in die **vorderen** Maschenglieder, *1 fM, 1 hStb, 1 fM in 1 M, 1 fM* 21x (84 M).

Die Arbeit mit 1 Km beenden.
Die Sicherheitsaugen einsetzen und den Mund aufsticken *(Foto 1)*.

BAUCH

In Dunkelgrün häkeln

1. Rd: 6 fM in einen magischen Ring häkeln (6 M).
2. Rd: 2 fM in jede M (12 M).
3. Rd: *1 fM, 2 fM in die nächste M* 6x (18 M).
4. Rd: *2 fM, 2 fM in die nächste M* 6x (24 M).
5. Rd: *3 fM, 2 fM in die nächste M* 6x (30 M).
6. Rd: *4 fM, 2 fM in die nächste M* 6x (36 M).
7. Rd: *5 fM, 2 fM in die nächste M* 6x (42 M).

Die Arbeit beenden und ein Fadenende zum Annähen hängen lassen *(Foto 2)*.

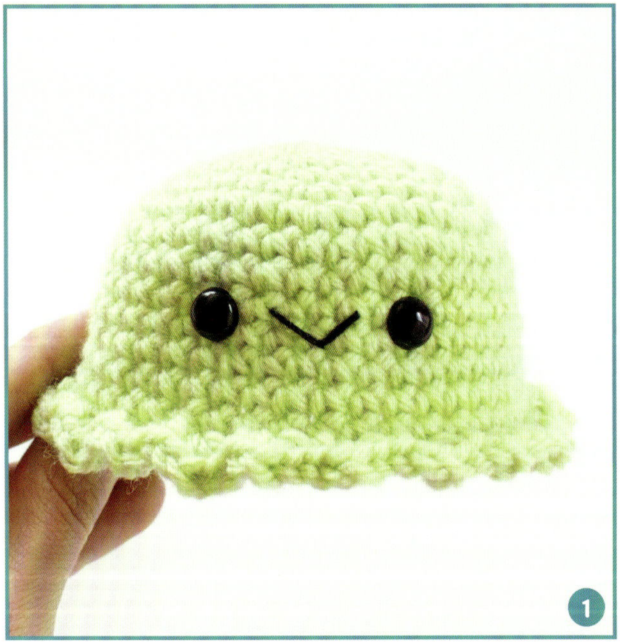

1

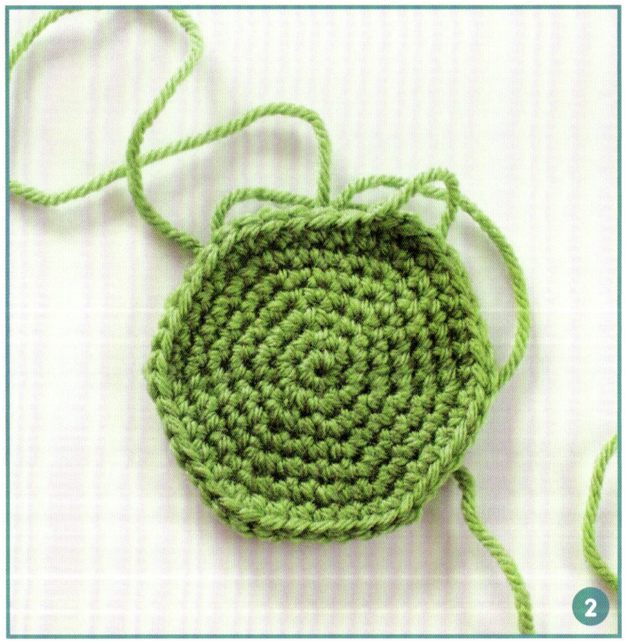

2

TENTAKEL

DICKER TENTAKEL: 10x arbeiten (5 in jeder Farbe) *(Foto 3)*
30 Lm, dann Km in die 2. Lm von der Häkelnadel aus bis zum Rundenende (29 M insgesamt). Die Arbeit beenden und ein Fadenende hängen lassen.

DÜNNER TENTAKEL: 8x arbeiten (5 in Dunkelgrün, 3 in Hellgrün) *(Foto 4)*
24 Lm, dann die Arbeit beenden. Ein Fadenende hängen lassen.

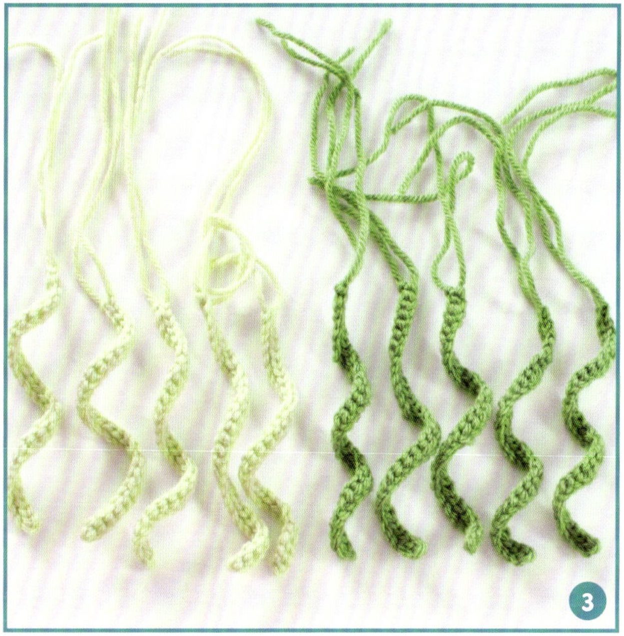

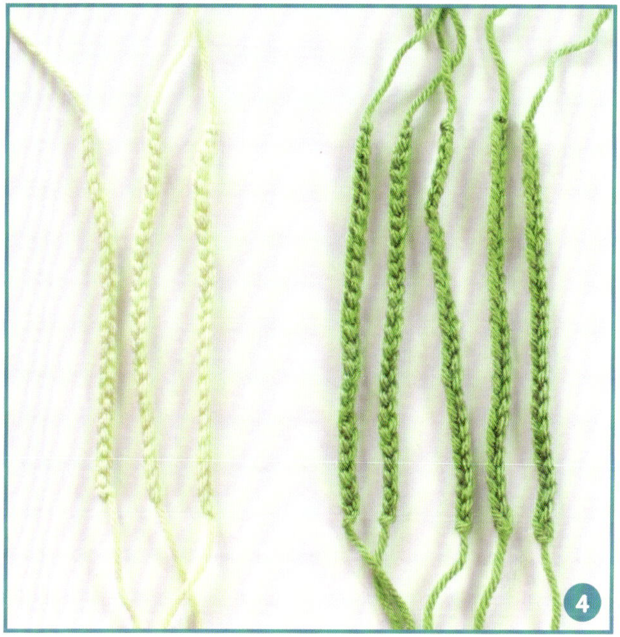

QUALLE ZUSAMMENSETZEN

TENTAKELN ANBRINGEN (in der Bauchmitte beginnen):

1. 3 dünne hellgrüne Tentakeln gleichmäßig um den magischen Ring des Bauchs anbringen *(Foto 1)*.

2. Dann 5 dicke dunkelgrüne Tentakeln gleichmäßig um die 3 dünnen herum platzieren *(Foto 2)*.

3. Die restlichen 5 dicken hellgrünen Tentakeln gleichmäßig um den Bauch herum anbringen (im Abstand von etwa 2 Reihen zur Außenkante, *Foto 3*).

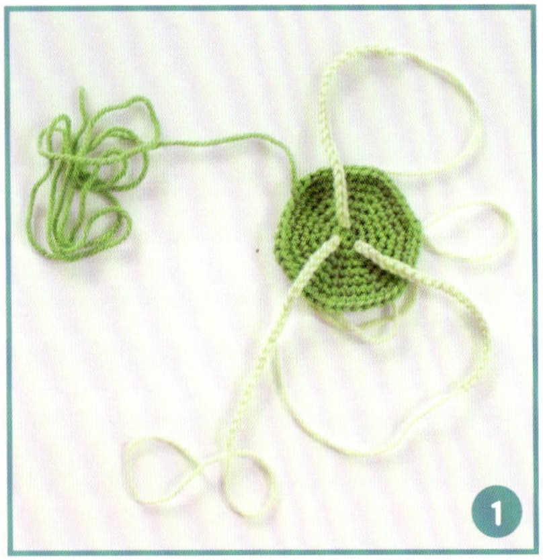

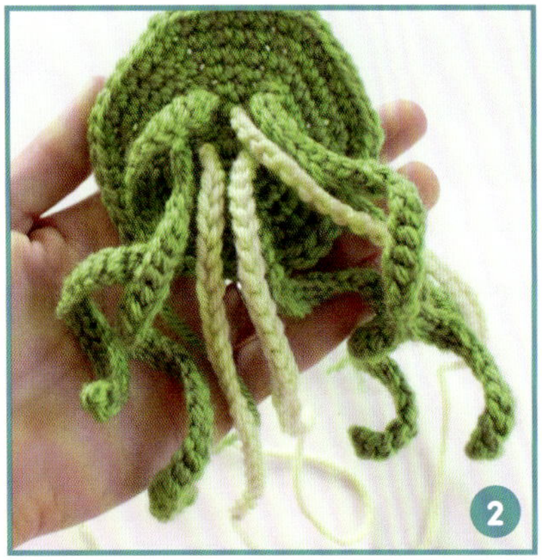

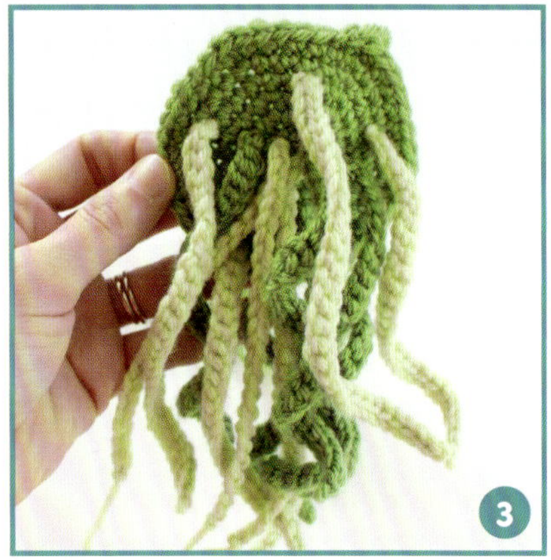

4. Die restlichen 5 dünnen dunkelgrünen Tentakeln mittig zwischen den dicken hellgrünen platzieren *(Foto 4)*.

5. Die Fadenenden auf der Innenseite des Bauchs fest verknoten und dann zurückschneiden *(Foto 5)*.

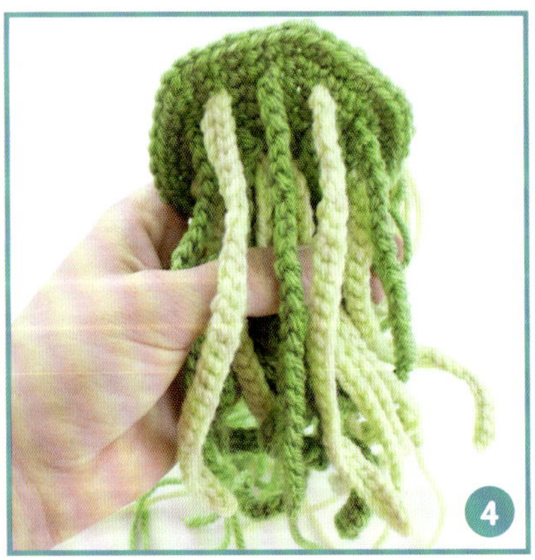

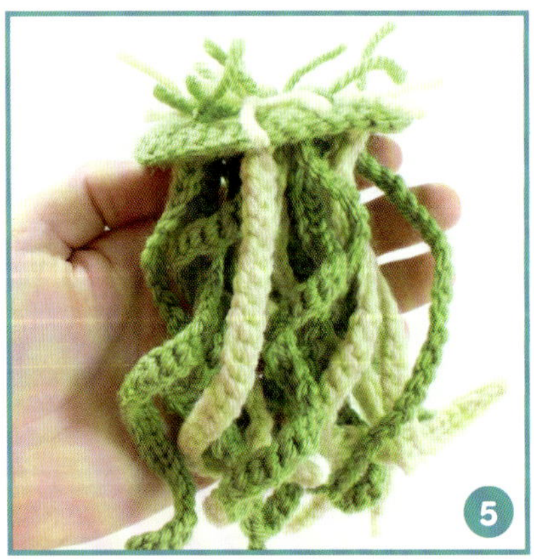

QUALLE FERTIGSTELLEN:

1. Den Bauch am Körper befestigen, dafür einen Faden in eine Nähnadel fädeln und durch die letzte Reihe des Bauchs sowie die **hinteren** Maschenglieder der 15. Rd des Körpers führen *(Fotos 6–9)*.
2. Bevor die Naht geschlossen wird, mit Füllwatte ausstopfen.

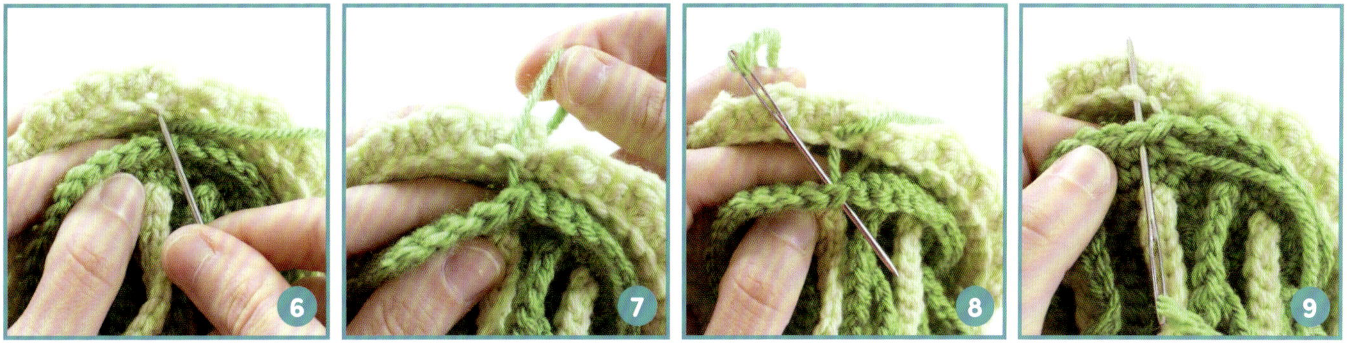

OPTIONAL:

Wenn die Qualle aufgehängt werden soll, einfach noch einen weiteren dünnen Tentakel häkeln. Diesen mithilfe einer Nähnadel zwischen zwei Maschen neben dem magischen Ring einführen und auf der gegenüberliegenden Seite wieder herausziehen *(Fotos 10,11)*. Das Fadenende verknoten und zurückschneiden *(Foto 12)*. Dann die Luftmaschenkette vorsichtig durch die Maschen ziehen, sodass das Ende im Körperinneren verschwindet *(Fotos 13,14)*.

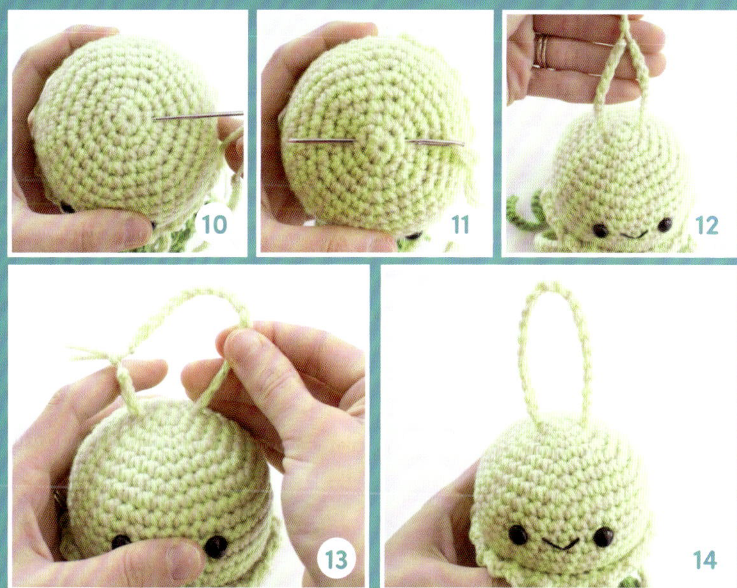

OKTOPUS

MASSE

- Etwa 18cm hoch und 9cm breit

MATERIAL

- Häkelgarn (Lauflänge 100–120m/50g), in Magenta und Rosa
- Häkelnadel 4,25mm
- Sicherheitsaugen, 9mm Ø
- Schwarzes Stickgarn und kleine Sticknadel
- Füllwatte aus Polyester
- Nähnadel
- Schere
- Maschenmarkierer
- Stecknadeln (optional, aber sehr hilfreich beim Zusammenfügen der Einzelteile)

ABKÜRZUNGEN

- Abn – unsichtbare Abnahme(n)
- fM – feste Masche(n)
- M – Masche(n)
- Rd – Runde(n)

HINWEIS ZUR ANLEITUNG

- Diese Anleitung wird in Spiralrunden gehäkelt.

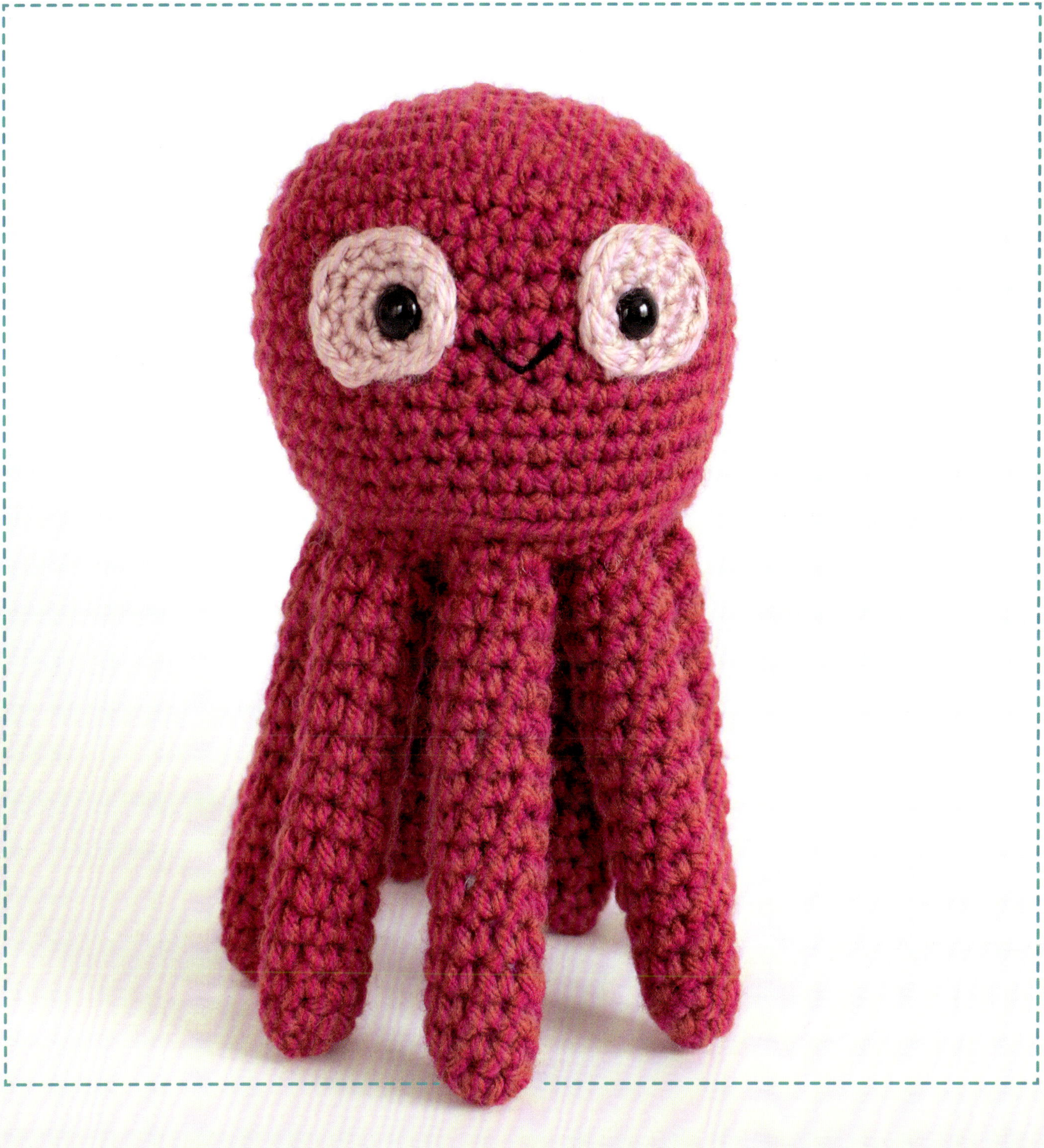

AUGENHÖHLE

2x arbeiten, in Rosa häkeln

1. Rd: 4 fM in einen magischen Ring häkeln (4 M).
2. Rd: 2 fM in jede M (8 M).
3. Rd: *1 fM, 2 fM in die nächste M* 4x (12 M).

Die Arbeit beenden und ein Fadenende zum Annähen hängen lassen.
Die Sicherheitsaugen zwischen der 1. und 2. Rd einsetzen, aber auf der Rückseite noch nicht befestigen *(Foto 1)*.

Zur Seite legen.

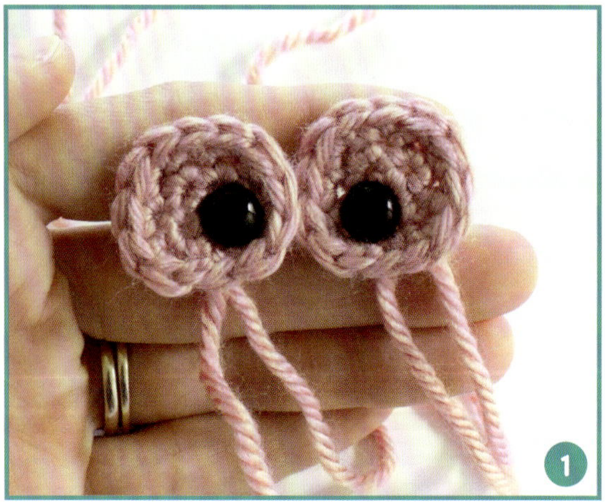

KÖRPER

In Magenta häkeln

1. Rd: 6 fM in einen magischen Ring häkeln (6 M).
2. Rd: 2 fM in jede M (12 M).
3. Rd: *1 fM, 2 fM in die nächste M* 6x (18 M).
4. Rd: *2 fM, 2 fM in die nächste M* 6x (24 M).
5. Rd: *3 fM, 2 fM in die nächste M* 6x (30 M).
6. Rd: *4 fM, 2 fM in die nächste M* 6x (36 M).
7. Rd: *5 fM, 2 fM in die nächste M* 6x (42 M).
8.–18. Rd: 42 fM (42 M).

Die Augenhöhlen anbringen *(Foto 2)*.
Das Fadenende vom Beginn des magischen Rings vernähen, dann die Augenhöhlen mit dem Endfaden annähen. Die Sicherheitsaugen befestigen. Dazwischen den Mund aufsticken *(Foto 3)*.

19. Rd: nur in die **hinteren** Maschenglieder, *5 fM, 1 Abn* 6x (36 M).
20. Rd: *4 fM, 1 Abn* 6x (30 M).
21. Rd: *3 fM, 1 Abn* 6x (24 M).
22. Rd: *2 fM, 1 Abn* 6x (18 M).
Den Körper ausstopfen.
23. Rd: *1 fM, 1 Abn* 6x (12 M).
24. Rd: 6 Abn (6 M).

Die Arbeit beenden und den Körper schließen *(Foto 4)*.

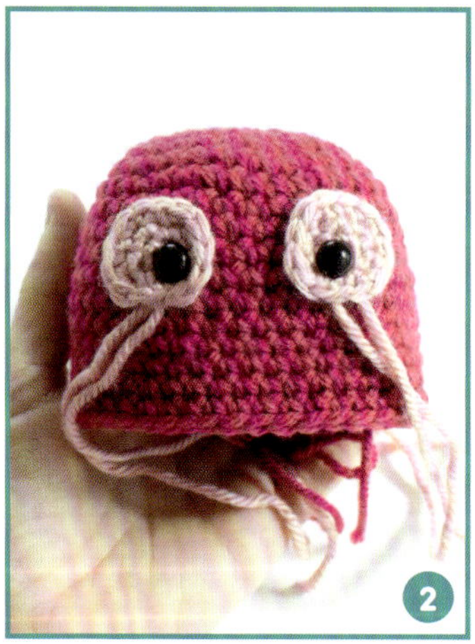

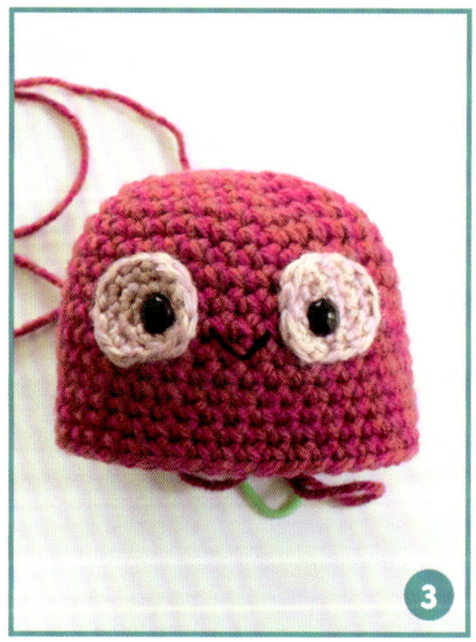

ARME

8x arbeiten, in Magenta häkeln

1. Rd: 4 fM in einen magischen Ring häkeln (4 M).
2. Rd: 2 fM in jede M (8 M).
3.–16. Rd: 8 fM (8 M). Nach und nach mit Füllwatte ausstopfen.

Die Arbeit beenden und ein Fadenende zum Annähen hängen lassen. Die Arme rundum unten an die Unterkante des Körpers nähen. Darauf achten, dass sie gleichmäßig verteilt werden *(Fotos 5–8)*.

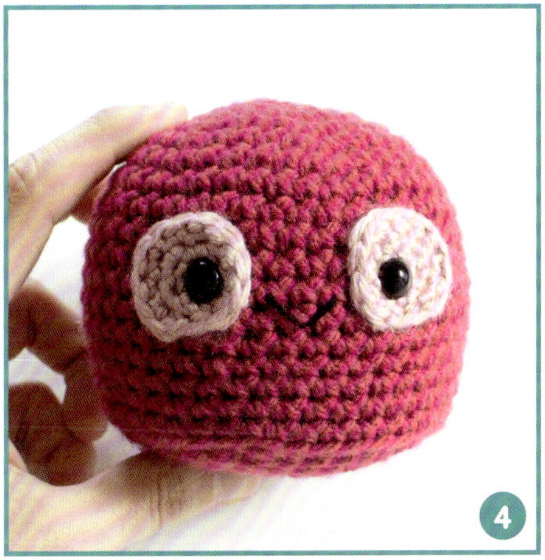

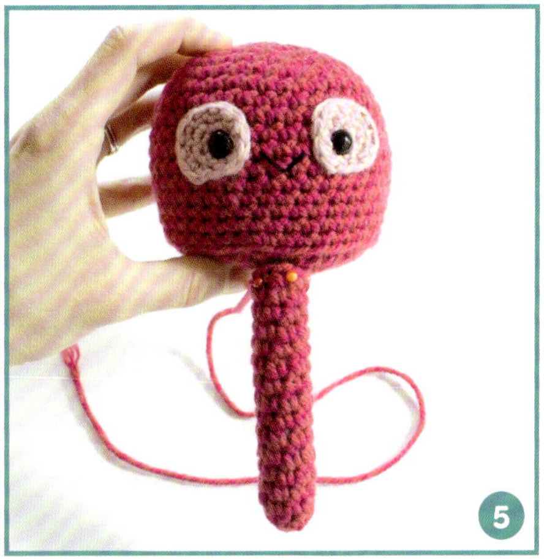

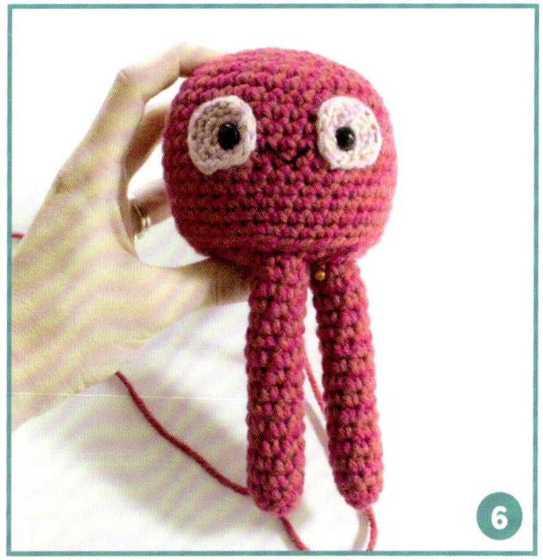

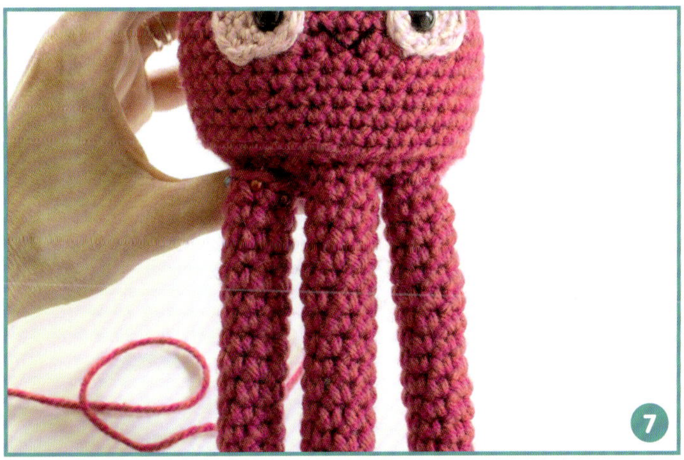

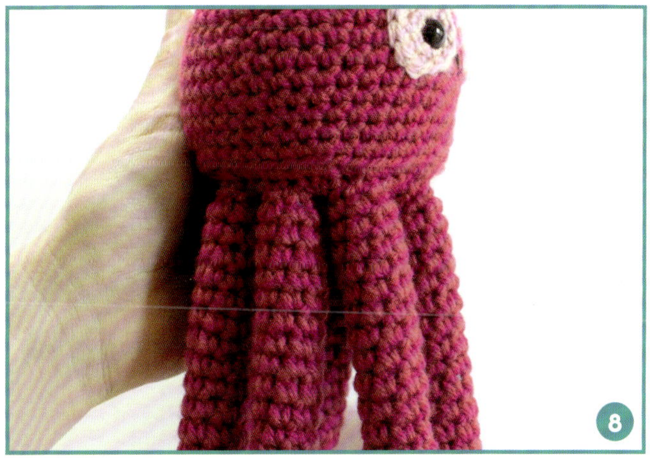

SCHILDKRÖTE

MASSE

- Etwa 16,5cm lang und 18cm breit

MATERIAL

- Häkelgarn (Lauflänge 100–120m/50g), in Grün, Dunkelbraun, Hellbraun und Beige
- Häkelnadel 4,25mm
- Sicherheitsaugen, 9mm Ø
- Schwarzes Stickgarn und kleine Sticknadel
- Füllwatte aus Polyester
- Nähnadel
- Schere
- Maschenmarkierer

ABKÜRZUNGEN

- Abn – unsichtbare Abnahme(n)
- fM – feste Masche(n)
- Km – Kettmasche(n)
- M – Masche(n)
- Rd – Runde(n)

HINWEIS ZUR ANLEITUNG

- Diese Anleitung wird in Spiralrunden gehäkelt.

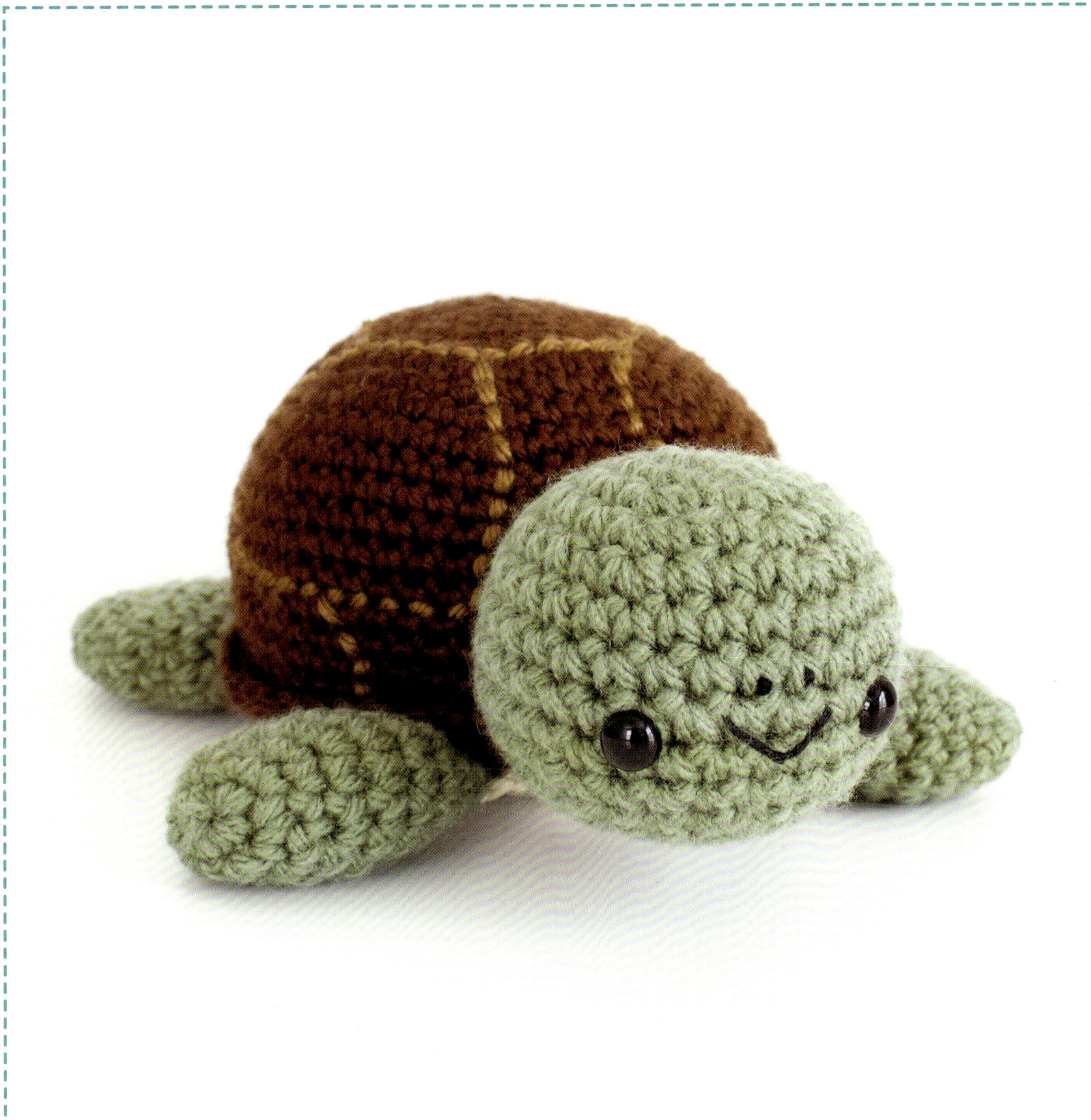

BAUCH

In Beige häkeln

1. Rd: 6 fM in einen magischen Ring häkeln (6 M).
2. Rd: 2 fM in jede M (12 M).
3. Rd: *1 fM, 2 fM in die nächste M* 6x (18 M).
4. Rd: *2 fM, 2 fM in die nächste M* 6x (24 M).
5. Rd: *3 fM, 2 fM in die nächste M* 6x (30 M).
6. Rd: *4 fM, 2 fM in die nächste M* 6x (36 M).
7. Rd: *5 fM, 2 fM in die nächste M* 6x (42 M).
8. Rd: *6 fM, 2 fM in die nächste M* 6x (48 M).
9. Rd: *7 fM, 2 fM in die nächste M* 6x (54 M).

Die Arbeit beenden und ein langes Fadenende zum Annähen hängen lassen.

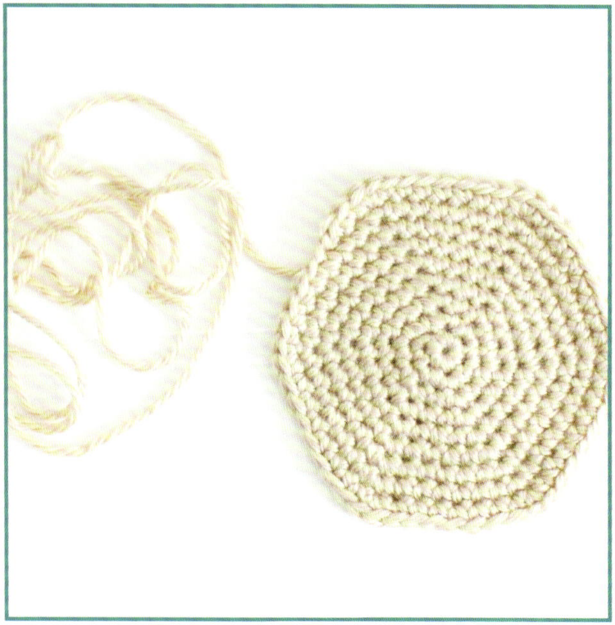

KOPF

In Grün häkeln

1. Rd: 6 fM in einen magischen Ring häkeln (6 M).
2. Rd: 2 fM in jede M (12 M).
3. Rd: *1 fM, 2 fM in die nächste M* 6x (18 M).
4. Rd: *2 fM, 2 fM in die nächste M* 6x (24 M).
5. Rd: *3 fM, 2 fM in die nächste M* 6x (30 M).
6.–10. Rd: 30 fM (30 M).
11. Rd: *3 fM, 1 Abn* 6x (24 M).

Die Sicherheitsaugen einsetzen und den Mund aufsticken. Für die Nase oberhalb des Mundes zwei kleine Knötchen sticken.

12. Rd: *2 fM, 1 Abn* 6x (18 M).
13. Rd: *1 fM, 1 Abn* 6x (12 M).

Den Kopf ausstopfen.

14. Rd: 6 Abn (6 M).

Die Arbeit beenden und den Kopf schließen.

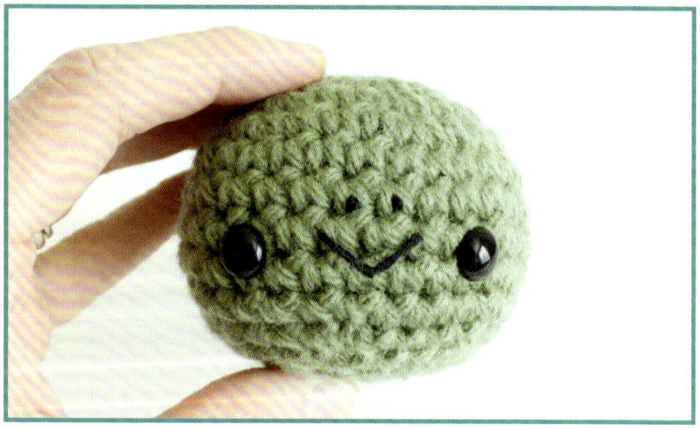

VORDERBEINE

2x arbeiten, in Grün häkeln

1. Rd: 6 fM in einen magischen Ring häkeln (6 M).
2. Rd: 2 fM in jede M (12 M).
3. Rd: 12 fM (12 M).
4. Rd: *1 fM, 2 fM in die nächste M* 6x (18 M).
5.–7. Rd: 18 fM (18 M).
8. Rd: *1 fM, 1 Abn* 6x (12 M).
9. Rd: 12 fM (12 M).
10. Rd: *1 fM, 1 Abn* 4x (8 M).

Die Arbeit beenden und den Endfaden zurückschneiden. Noch etwas Füllwatte hinzufügen.

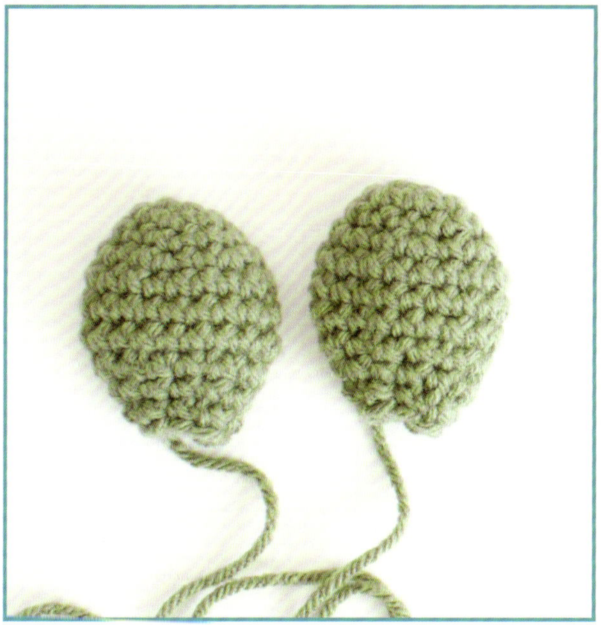

HINTERBEINE

2x arbeiten, in Grün häkeln

1. Rd: 5 fM in einen magischen Ring häkeln (5 M).
2. Rd: 2 fM in jede M (10 M).
3. Rd: 10 fM (10 M).
4. Rd: *1 fM, 2 fM in die nächste M* 5x (15 M).
5.–7. Rd: 15 fM (15 M).
8. Rd: *1 fM, 1 Abn* 5x (10 M).
9. Rd: 10 fM (10 M).
10 Rd: *1 fM, 1 Abn* 3x, Km in die letzte M (7 M).

Die Arbeit beenden und den Endfaden zurückschneiden. Noch etwas Füllwatte hinzufügen.

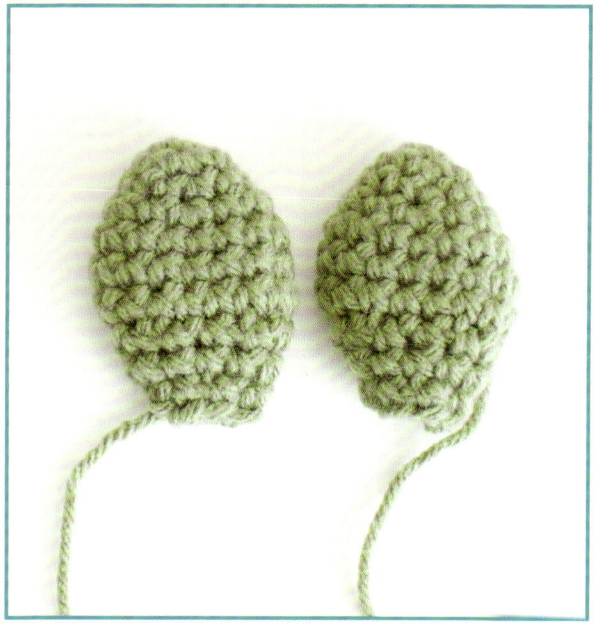

PANZER

In Dunkelbraun häkeln

1. Rd: 6 fM in einen magischen Ring häkeln (6 M).
2. Rd: 2 fM in jede M (12 M).
3. Rd: *1 fM, 2 fM in die nächste M* 6x (18 M).
4. Rd: *2 fM, 2 fM in die nächste M* 6x (24 M).
5. Rd: *3 fM, 2 fM in die nächste M* 6x (30 M).
6. Rd: *4 fM, 2 fM in die nächste M* 6x (36 M).
7. Rd: *5 fM, 2 fM in die nächste M* 6x (42 M).
8. Rd: *6 fM, 2 fM in die nächste M* 6x (48 M).
9. Rd: *7 fM, 2 fM in die nächste M* 6x (54 M).
10.–19. Rd: 54 fM (54 M).
20. Rd: 54 fM in die **vorderen** Maschenglieder (54 M).
21. Rd: 54 fM (54 M).

Die Arbeit beenden und das Fadenende vernähen.

MASERUNG AUF DEM PANZER:

1. Hellbraunes Garn in eine Nähnadel fädeln und mit Rückstichen zwischen der 5. und 6. Runde ein Sechseck aufsticken *(Foto 1)*.

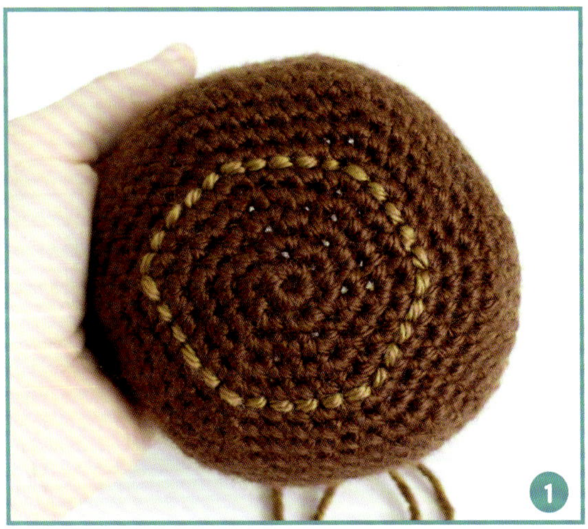

2. Dann 8 Reihen bis zur 13. und 14. Runde abzählen. Eine gerade Linie in Rückstichen rund um den Panzer sticken und den Endfaden verknoten *(Foto 2)*.

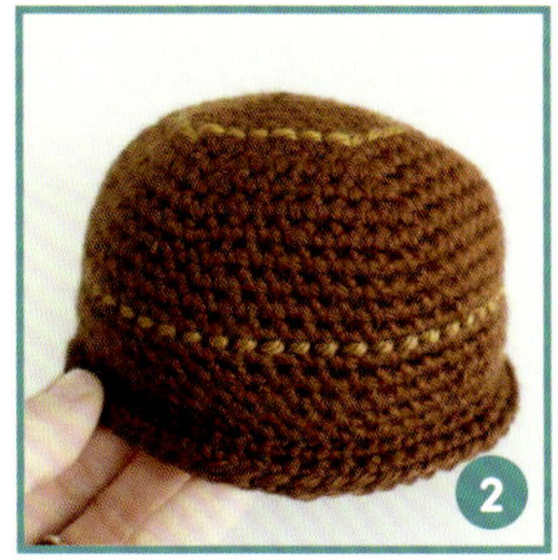

3. Von jeder Ecke des Sechsecks aus eine leicht schräg verlaufende Linie in etwa 4 Rückstichen aufsticken. Dann in einer leicht schrägverlaufenden Linie in die andere Richtung weiter zur waagerechten Linie sticken *(Foto 3)*. Im Prinzip wird so eine breite V-Form gestickt. Darauf achten, dass die nebeneinanderliegenden Linien in die entgegengesetzte Richtung verlaufen, sodass zwischen den waagerechten Linien ein weiteres Sechseck entsteht (*Fotos 4,5)*.

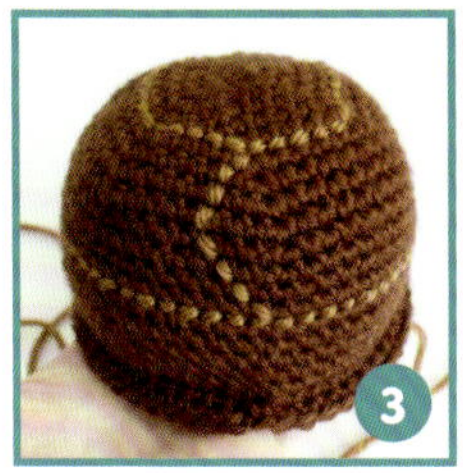

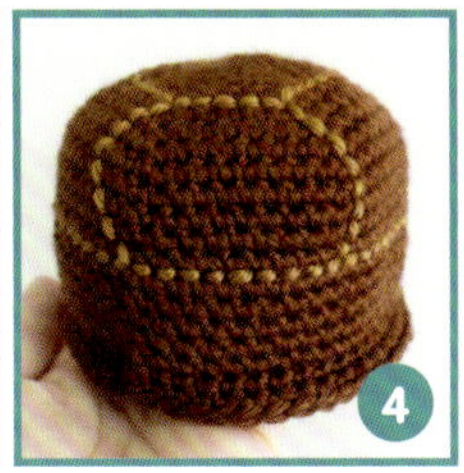

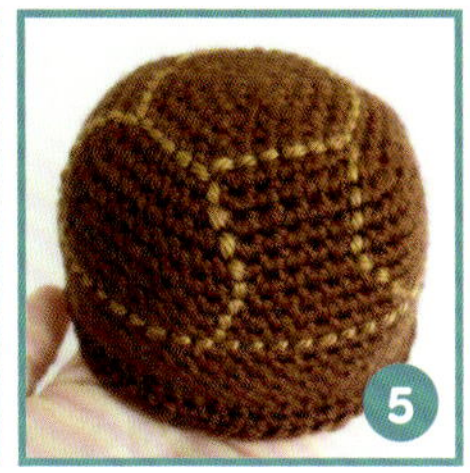

4. Für die letzte Reihe diese Schritte wiederholen und noch eine leicht schräg verlaufende Linie sticken, diesmal von der waagerechten Linie aus nach unten. Darauf achten, dass sie in die andere Richtung als im 3. Schritt zeigen. In Rückstichen sticken und die Linien an der 20. Rd des Panzers beenden (*Fotos 6,7)*.

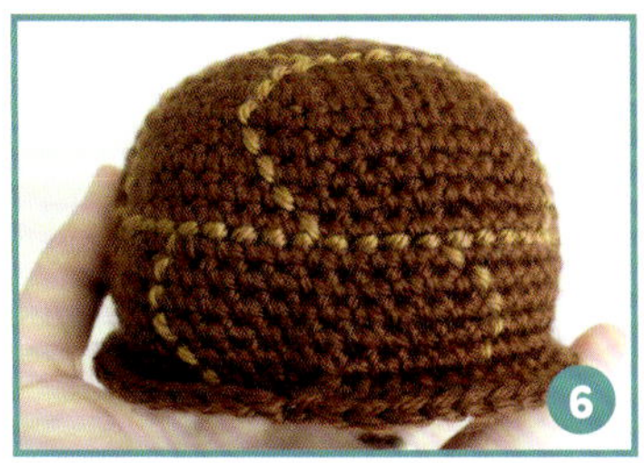

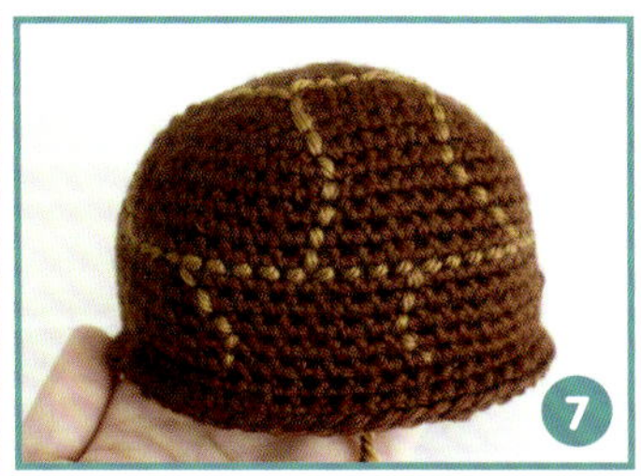

SCHILDKRÖTE ZUSAMMENSETZEN

1. Grünes Garn in eine Nähnadel fädeln und den Kopf etwa 2 Reihen über der 20. Rd des Panzers annähen *(Foto 1)*.

2. Die Vorderbeine zwischen einer geraden Seite oben an die Ecken des Bauchs platzieren *(Foto 2)*. Mit beigem Garn die Beine mit einem Rückstich annähen. Darauf achten, dass sie innen an den Körper genäht werden (den nicht sichtbaren Bereich, *Fotos 3,4*).

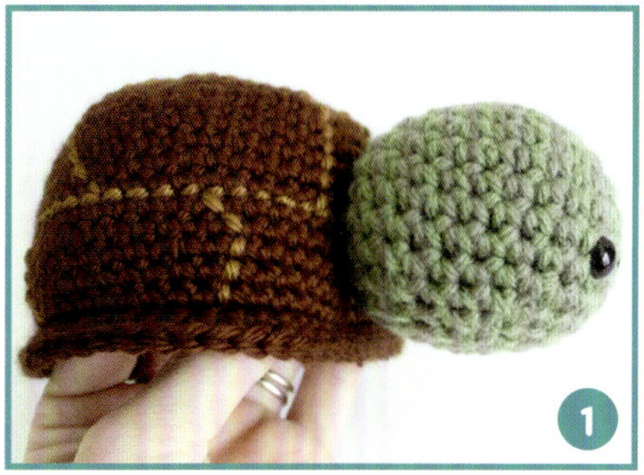
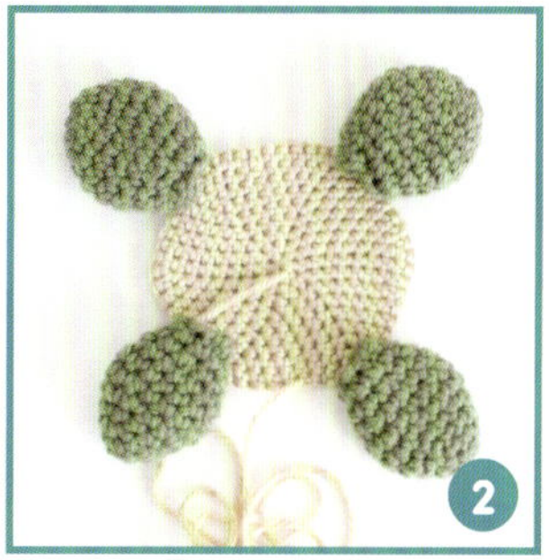
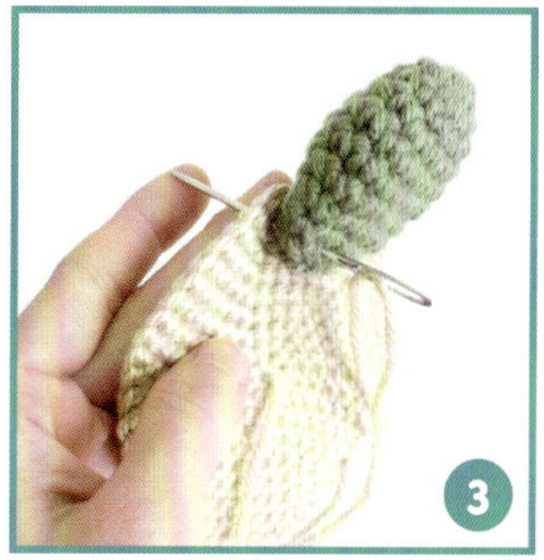
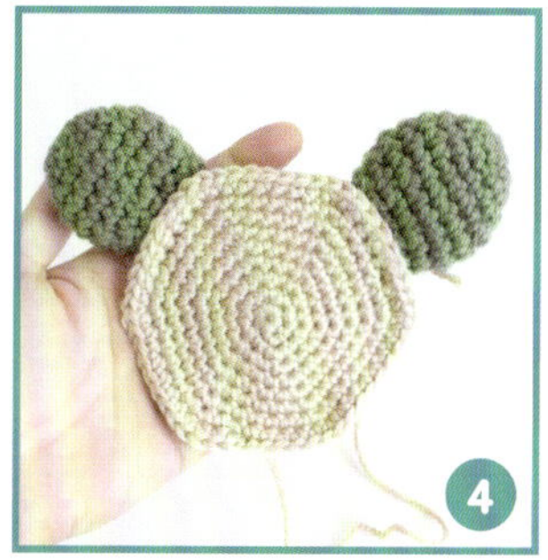

3. Auf dieselbe Weise die Hinterbeine anbringen, jedoch an der unteren Körperhälfte. Wie bei den Vorderbeinen sollte eine gerade Seite zwischen ihnen liegen *(Foto 5)*.

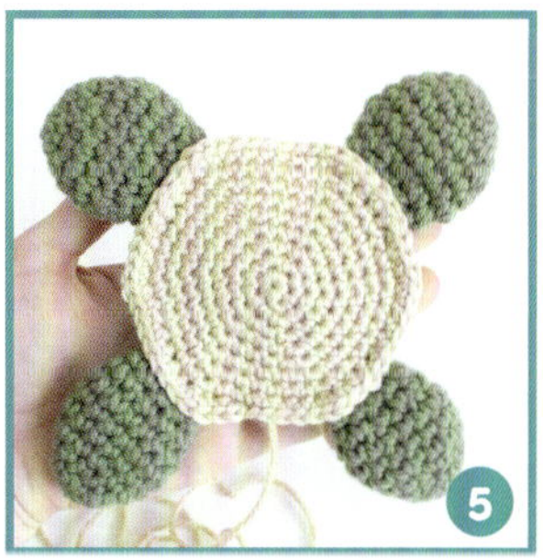

4. Den Bauch am Panzer anbringen, dafür den Kopf mittig zwischen den Vorderbeinen platzieren *(Foto 6)*. Eine Nähnadel mit beigem Garn durch Bauch und Panzer und wieder zurück führen. Damit der Stich unsichtbar wird, die Nadel durch die letzte Reihe des Bauchs und die hinteren Maschenglieder der 20. Rd des Panzers stechen *(Fotos 7,8)*. An den Beinen mit derselben Technik verfahren, dabei jedoch diese jeweils mitfassen *(Fotos 9–11)*.

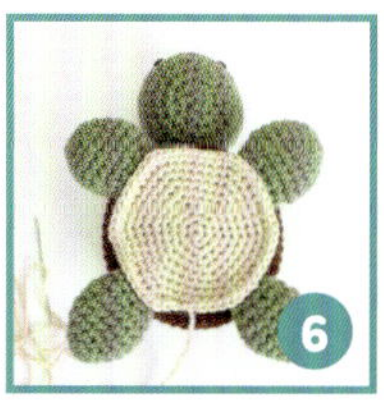
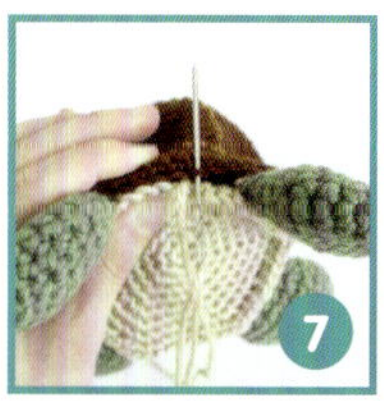
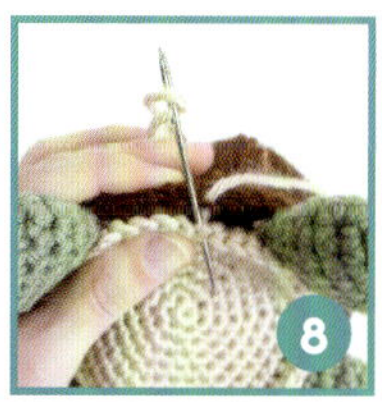
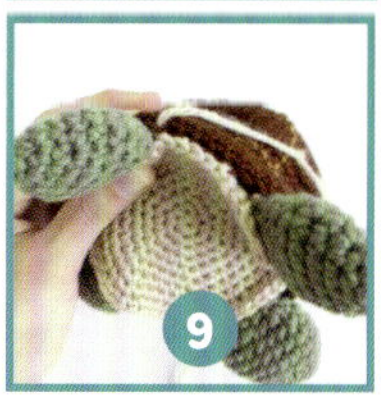
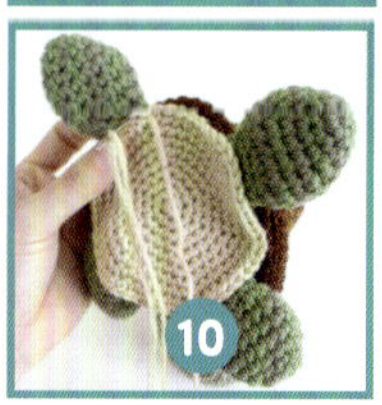
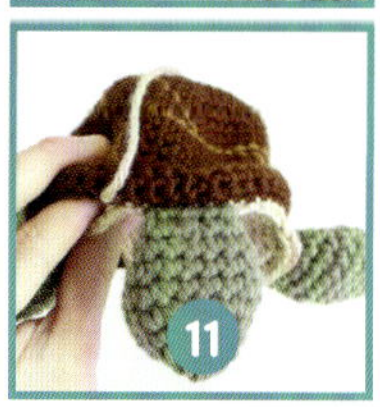

5. Vor dem endgültigen Schließen der Naht den Panzer ausstopfen *(Fotos 12,13)*.

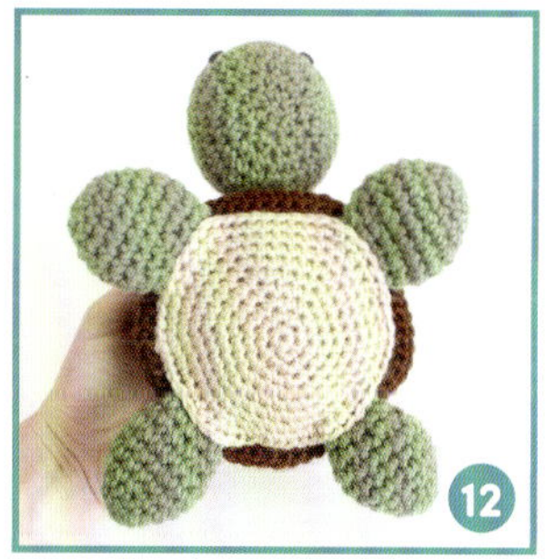
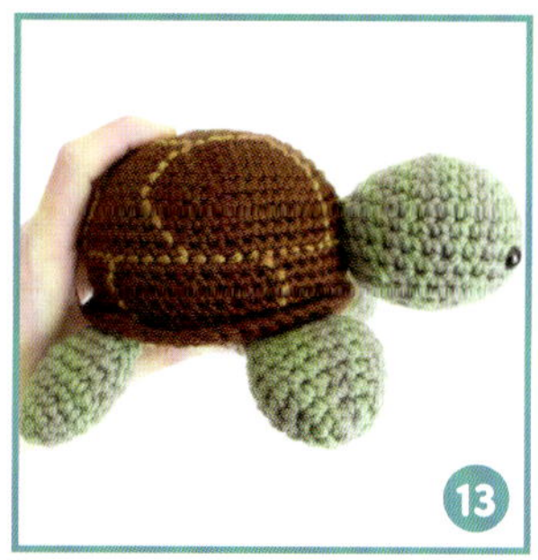

WAL

MASSE

- Etwa 23cm lang und 10cm breit

MATERIAL

- Häkelgarn (Lauflänge 100–120m/50g), in Türkis; für einen Narwal außerdem Weiß für den Fangzahn.
- Häkelnadel 4,25mm
- Sicherheitsaugen, 12mm Ø
- Schwarzes Stickgarn und kleine Sticknadel
- Füllwatte aus Polyester
- Nähnadel
- Schere
- Maschenmarkierer
- Stecknadeln (optional, aber sehr hilfreich beim Zusammenfügen der Einzelteile)

ABKÜRZUNGEN

- Abn – unsichtbare Abnahme(n)
- fM – feste Masche(n)
- M – Masche(n)
- Rd – Runde(n)

HINWEIS ZUR ANLEITUNG

- Diese Anleitung wird in Spiralrunden gehäkelt.

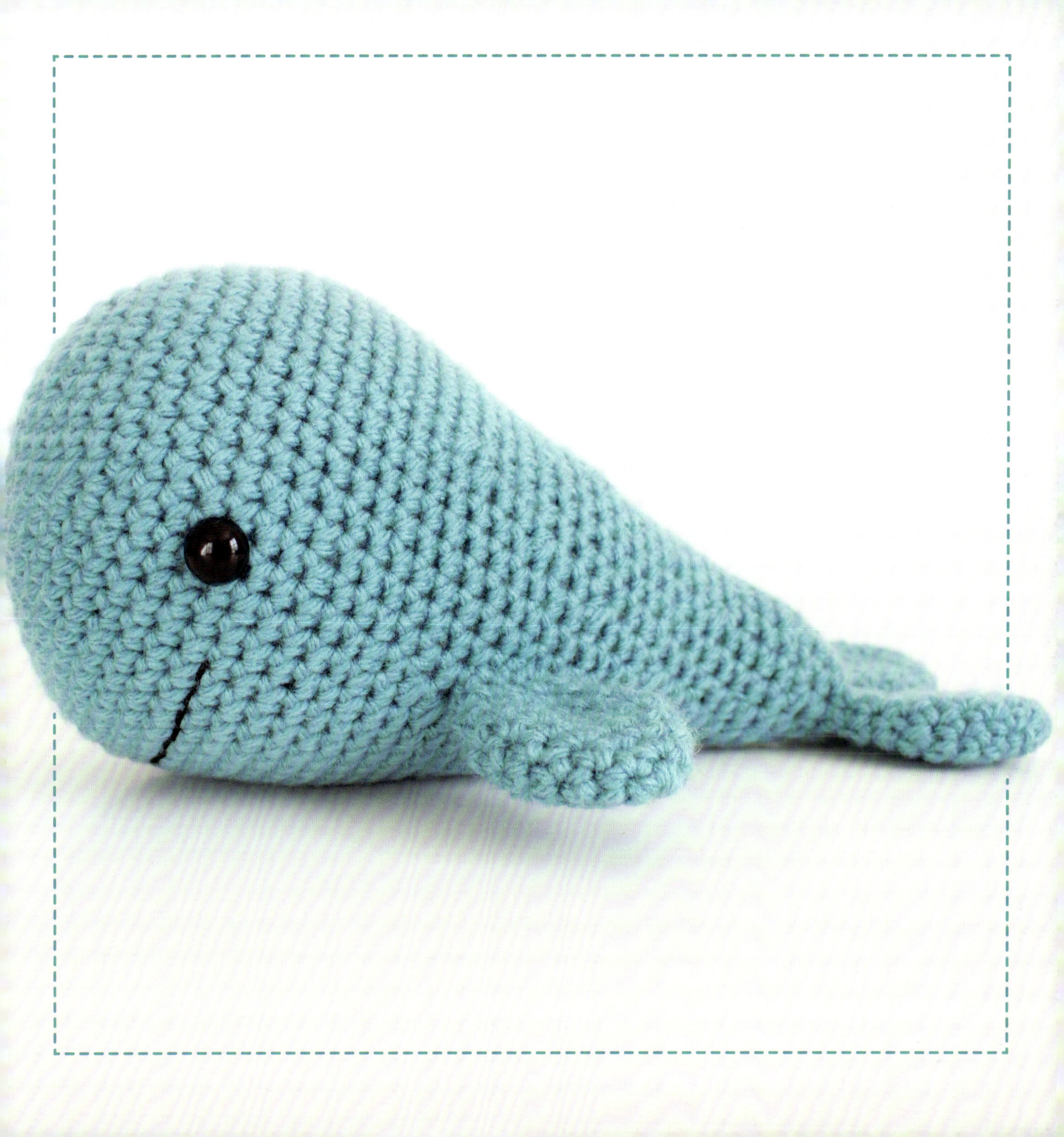

KÖRPER

In Türkis häkeln

1. Rd: 6 fM in einen magischen Ring häkeln (6 M).
2. Rd: 2 fM in jede M (12 M).
3. Rd: *1 fM, 2 fM in die nächste M* 6x (18 M).
4. Rd: *2 fM, 2 fM in die nächste M* 6x (24 M).
5. Rd: *3 fM, 2 fM in die nächste M* 6x (30 M).
6. Rd: *4 fM, 2 fM in die nächste M* 6x (36 M).
7. Rd: *5 fM, 2 fM in die nächste M* 6x (42 M).
8. Rd: *6 fM, 2 fM in die nächste M* 6x (48 M).
9. Rd: *7 fM, 2 fM in die nächste M* 6x (54 M).
10.–21. Rd: 54 fM (54 M).

Nun zuerst das rechte Auge zwischen der 12. und 13. Runde unter dem magischen Ring einsetzen *(Foto 1)*. Für die Position des linken Auges 25 Maschen nach rechts abzählen *(Fotos 2,3)*.

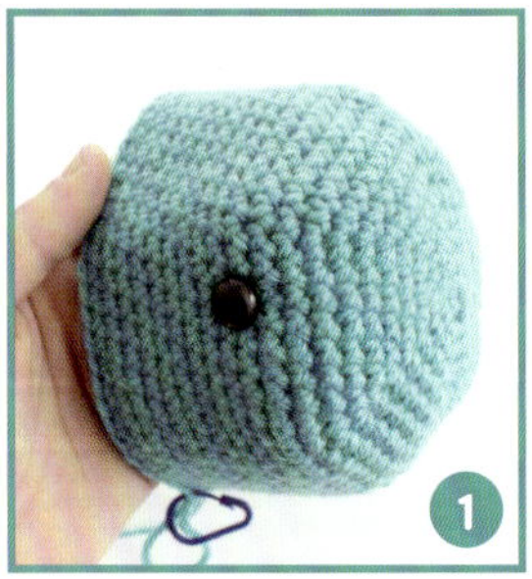

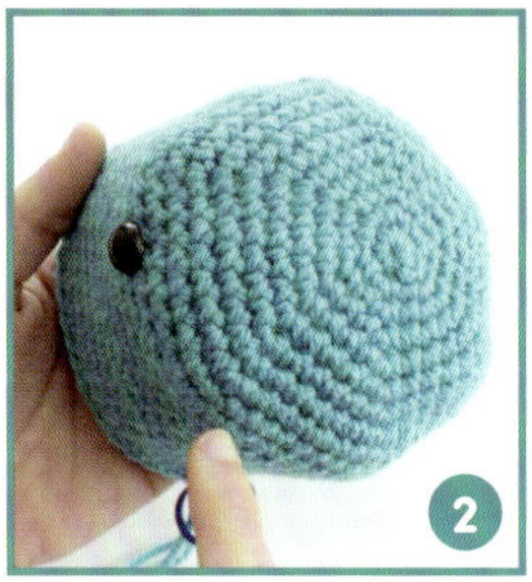

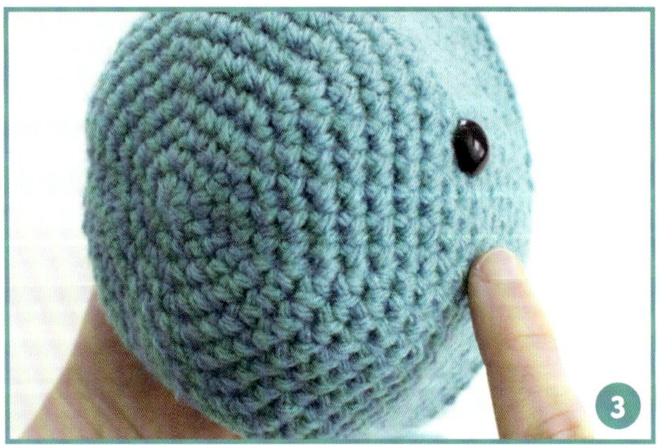

Den Mund mit schwarzem Stickgarn und Rückstichen 2 M neben einem Auge beginnen und bis 2 M vor das andere sticken *(Fotos 4–6)*.

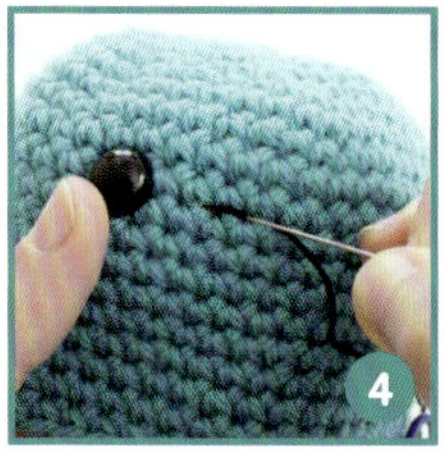

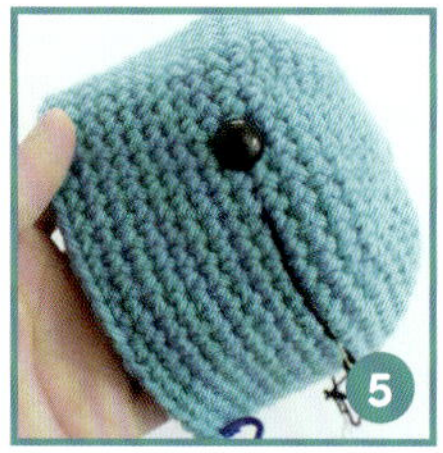

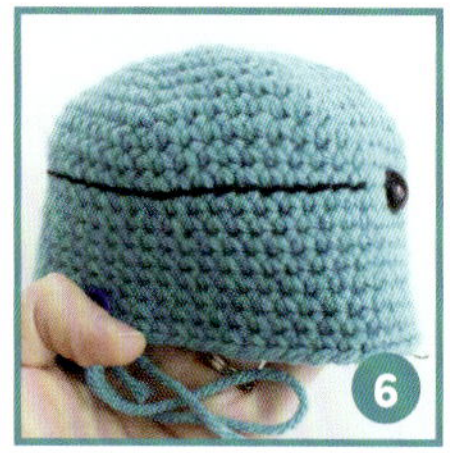

22. Rd: *7 fM, 1 Abn* 6x (48 M).
23. Rd: *6 fM, 1 Abn* 6x (42 M).
24.–25. Rd: 42 fM (42 M).
26. Rd: *5 fM, 1 Abn* 6x (36 M).
27.–28. Rd: 36 fM (36 M).
29. Rd: *4 fM, 1 Abn* 6x (30 M).

Ausstopfen und nach und nach weiteres Füllmaterial hinzufügen.

30.–32. Rd: 30 fM (30 M).
33. Rd: *3 fM, 1 Abn* 6x (24 M).
34.–35. Rd: 24 fM (24 M).
36. Rd: *2 fM, 1 Abn* 6x (18 M).
37.–40. Rd: 18 fM (18 M).
41. Rd: *1 fM, 1 Abn* 6x (12 M).
42.–44. Rd: 12 fM (12 M).

Die Arbeit beenden und ein Fadenende zum Annähen hängen lassen. Den Schwanz flach drücken und die Kanten zusammennähen *(Fotos 7,8)*.

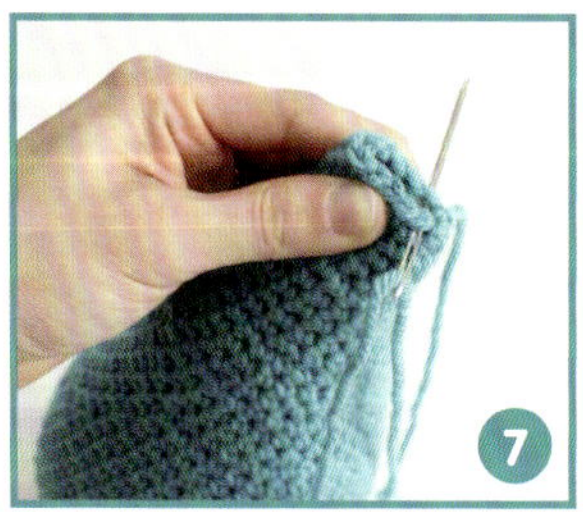

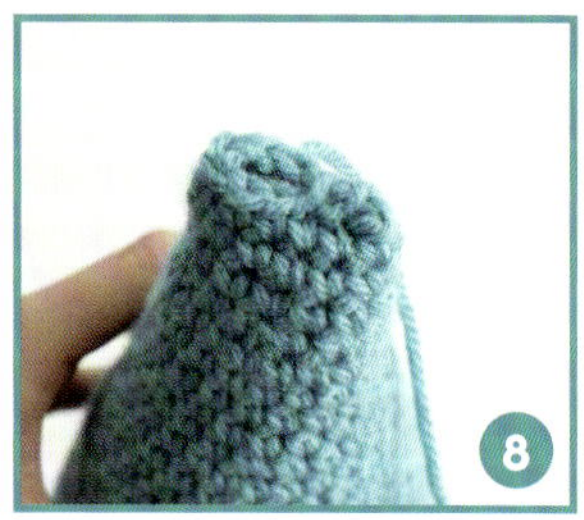

FLOSSEN

4x arbeiten, in Türkis häkeln

1. Rd: 5 fM in einen magischen Ring häkeln (5 M).
2. Rd: 2 fM in jede M (10 M).
3. Rd: 10 fM (10 M).
4. Rd: *1 fM, 2 fM in die nächste M* 5x (15 M).
5.–7. Rd: 15 fM (15 M).
8. Rd: *1 fM, 1 Abn* 5x (10 M).
9. Rd: 10 fM (10 M).

Die Arbeit beenden und ein Fadenende zum Annähen hängen lassen.
Zwei Flossen am Schwanz leicht schräg nach außen zeigend annähen *(Fotos 9,10)*.
Die beiden anderen Flossen seitlich an den Körper nähen *(Fotos 11–13)*.

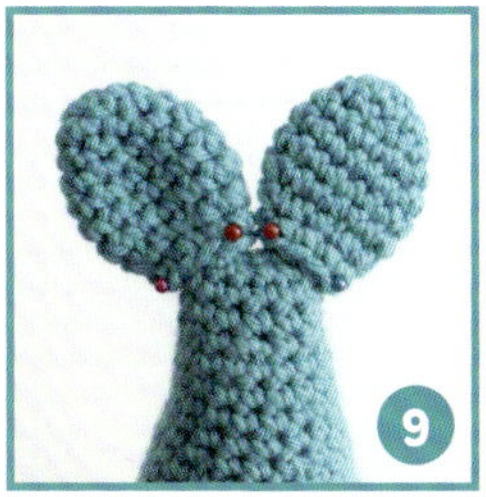

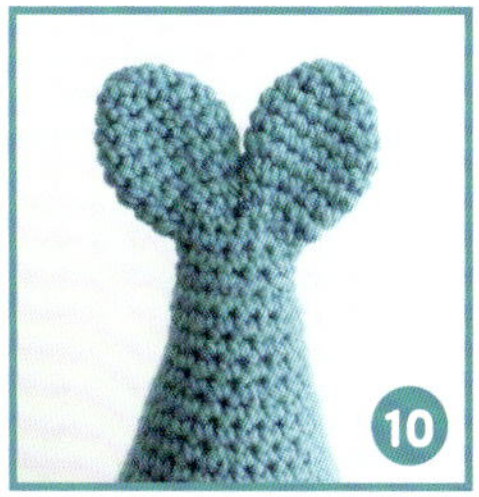

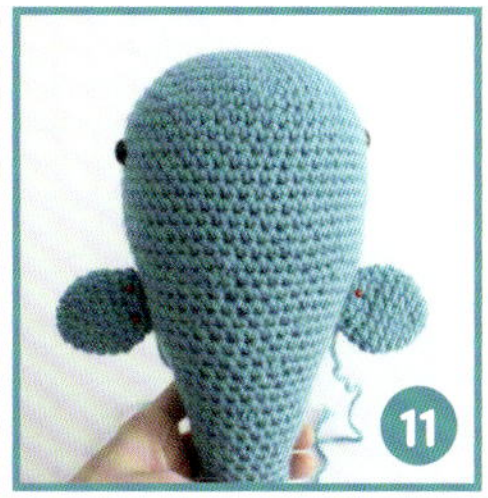

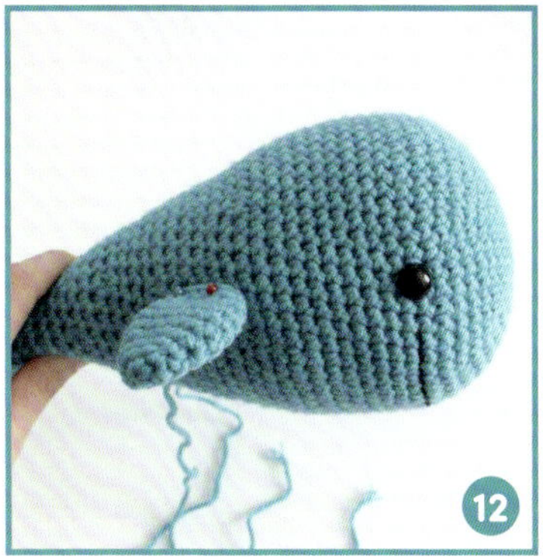

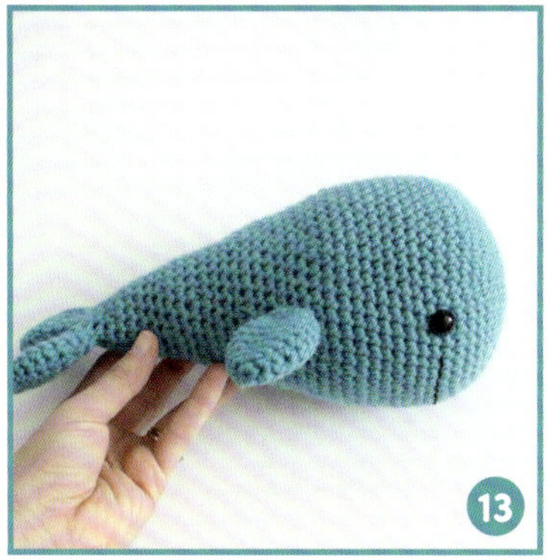

FÜR EINEN NARWAL: FANGZAHN

In Weiß häkeln

1. Rd: 5 fM in einen magischen Ring häkeln (5 M).
2. Rd: 5 fM (5 M).
3. Rd: 2 fM in jede M (10 M).
4.–14. Rd: 10 fM (10 M).

Mit Füllwatte ausstopfen.
Die Arbeit beenden und ein Fadenende zum Annähen hängen lassen.
Den Fangzahn zwischen den Augen anbringen *(Fotos 14,15)*.

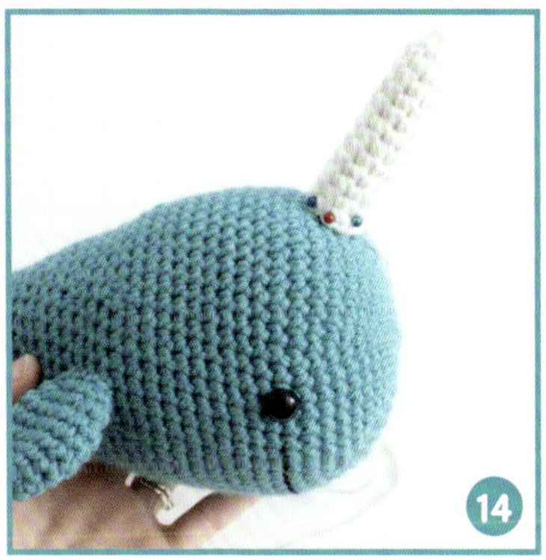

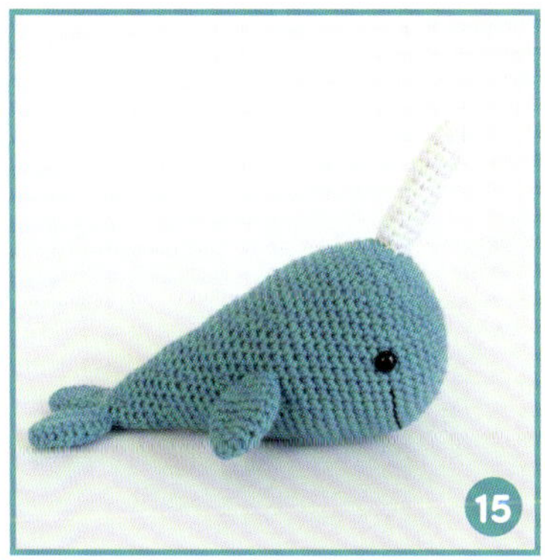

AUF DEM BAUERNHOF

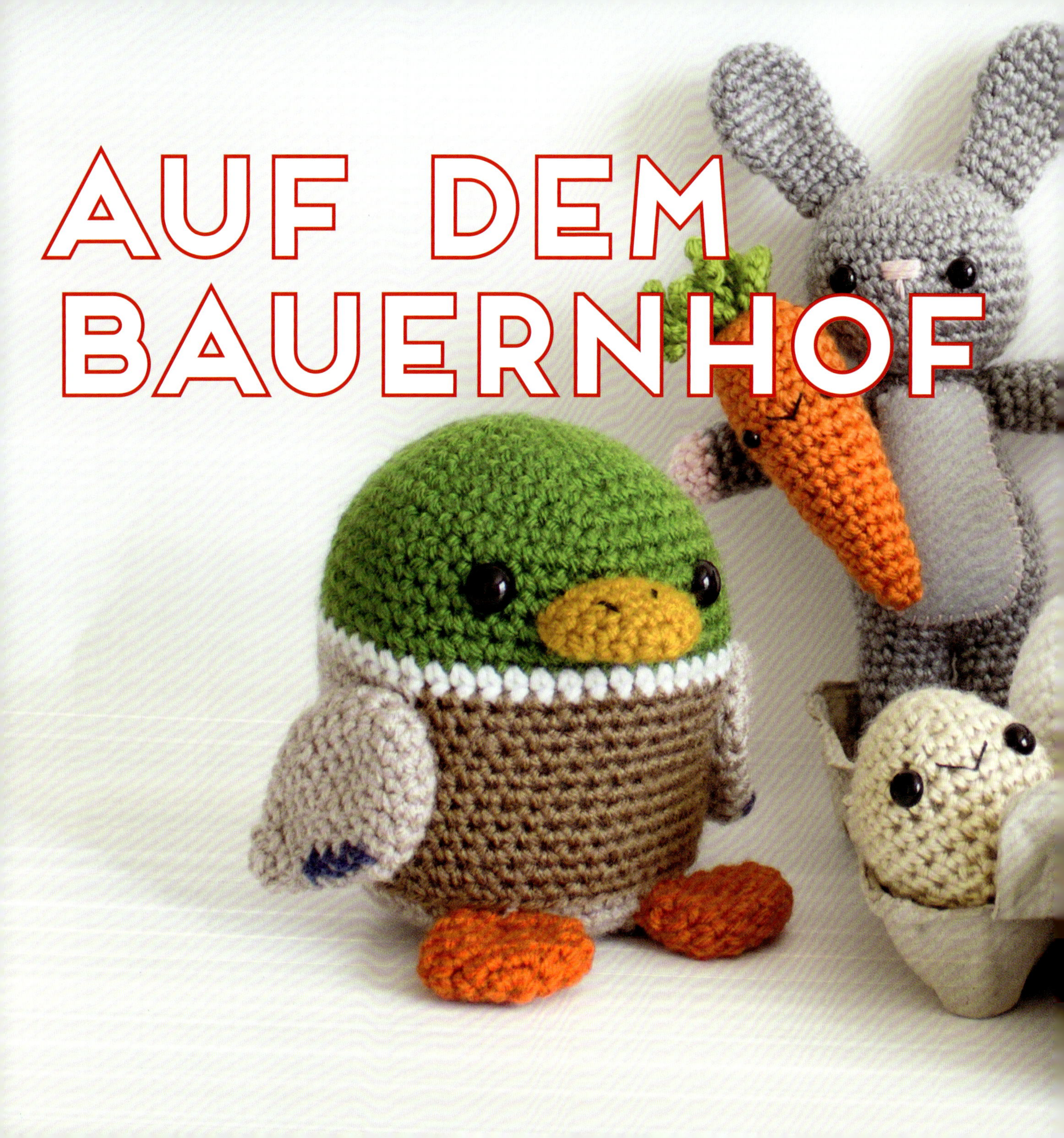

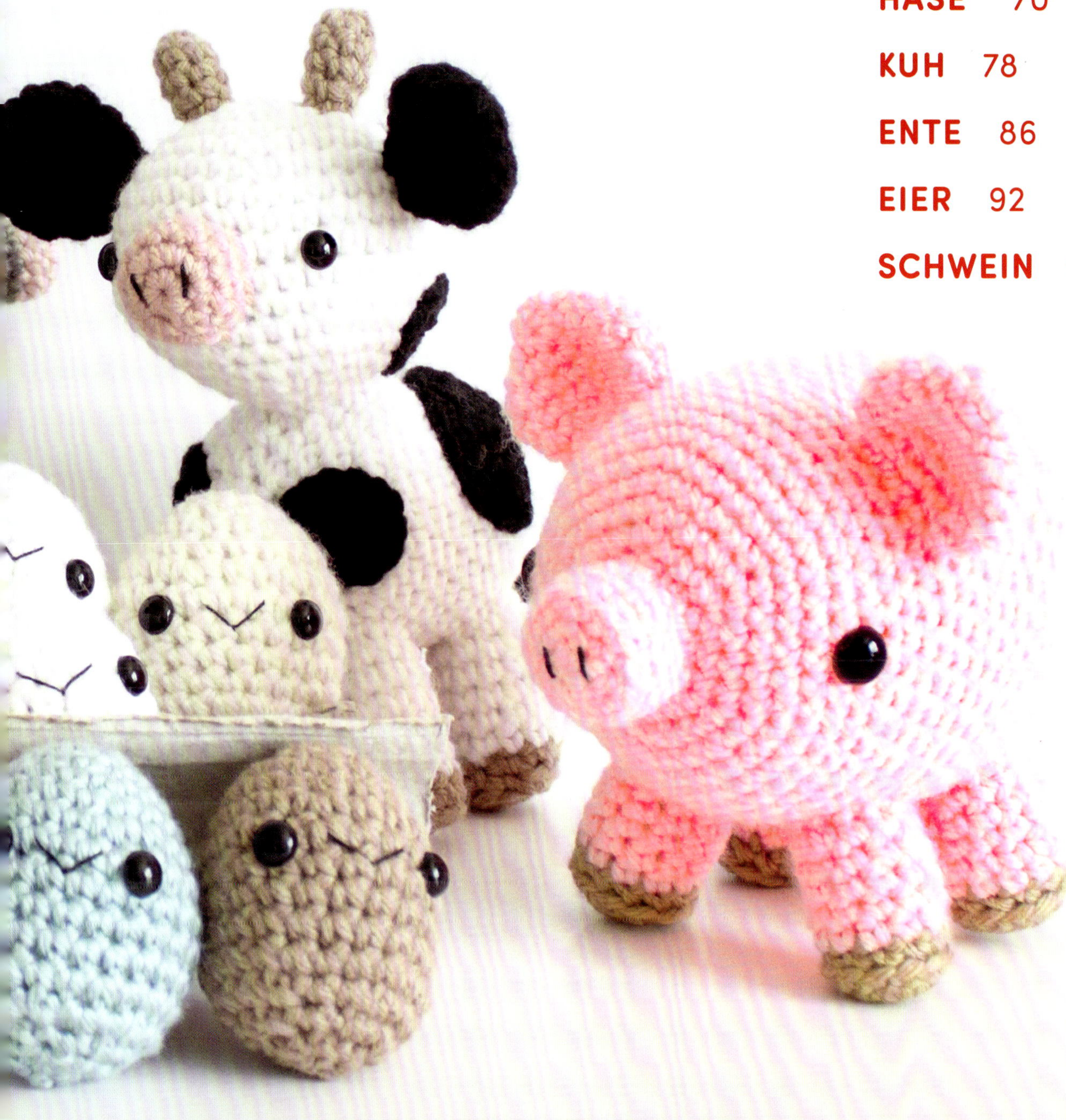

HASE

MASSE

- Hase: Etwa 23cm hoch und 9cm breit
- Karotte: Etwa 11cm hoch und 2,5cm breit

MATERIAL

- Häkelgarn (Lauflänge 100–120m/50g), in
  - Grau und Rosa für den Hasen
  - Orange und Grün für die Karotte
- Häkelnadel 4,25mm
- Sicherheitsaugen, 9mm Ø für den Hasen
- Sicherheitsaugen, 6mm Ø für die Karotte
- Rosa Stickgarn für die Details des Hasen
- Schwarzes Stickgarn für den Mund der Karotte
- Kleine Sticknadel
- Grauer Filz (optional, für den Bauch)
- Füllwatte aus Polyester
- Nähnadel
- Schere
- Maschenmarkierer
- Stecknadeln (optional, aber sehr hilfreich beim Zusammenfügen der Einzelteile)

ABKÜRZUNGEN

- Abn – unsichtbare Abnahme(n)
- fM – feste Masche(n)
- Km – Kettmasche(n)
- Lm – Luftmasche(n)
- M – Masche(n)
- Rd – Runde(n)

HINWEIS ZUR ANLEITUNG

- Diese Anleitung wird in Spiralrunden gehäkelt.

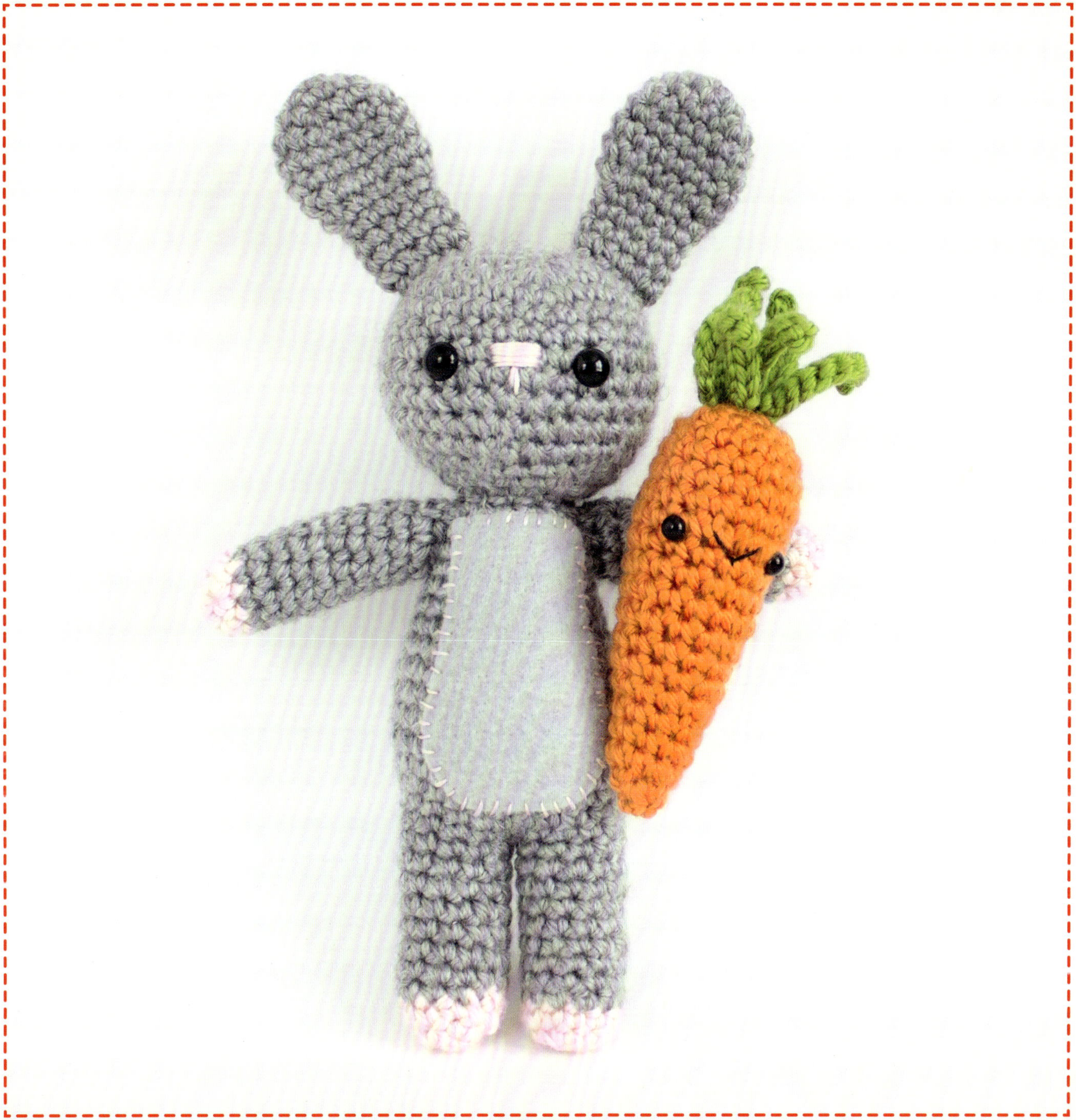

KOPF

In Grau häkeln

1. Rd: 6 fM in einen magischen Ring häkeln (6 M).
2. Rd: 2 fM in jede M (12 M).
3. Rd: *1 fM, 2 fM in die nächste M* 6x (18 M).
4. Rd: *2 fM, 2 fM in die nächste M* 6x (24 M).
5. Rd: *3 fM, 2 fM in die nächste M* 6x (30 M).
6. Rd: *4 fM, 2 fM in die nächste M* 6x (36 M).
7.–12. Rd: 36 fM (36 M).

Die Sicherheitsaugen einsetzen.
Die Nase in beliebiger Farbe mit einem Plattstich zwischen den Augen aufsticken. Dann für den Mund eine kleine senkrechte Linie daruntersticken *(Foto 1)*.

13. Rd: *4 fM, 1 Abn* 6x (30 M).
14. Rd: *3 fM, 1 Abn* 6x (24 M).
15. Rd: *2 fM, 1 Abn* 6x (18 M).

Ausstopfen und nach und nach weiteres Füllmaterial hinzufügen.

16. Rd: *1 fM, 1 Abn* 6x (12 M).
17. Rd: 6 Abn (6 M).

Die Arbeit beenden und den Kopf schließen.

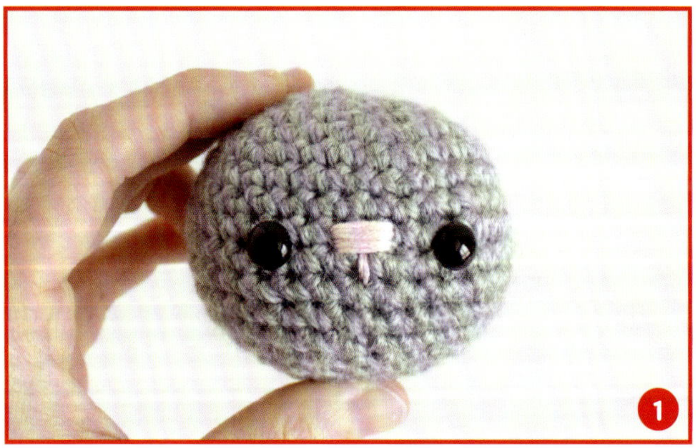
1

OHREN

2x arbeiten, in Grau häkeln

1. Rd: 5 fM in einen magischen Ring häkeln (5 M).
2. Rd: 2 fM in jede M (10 M).
3. Rd: *1 fM, 2 fM in die nächste M* 5x (15 M).
4.–7. Rd: 15 fM (15 M).
8. Rd: *1 fM, 1 Abn* 5x (10 M).
9.–12. Rd: 10 fM (10 M).

Die Arbeit beenden und ein Fadenende zum Annähen hängen lassen. Die Ohren flach drücken und dann an den Kopf nähen *(Fotos 2,3)*.

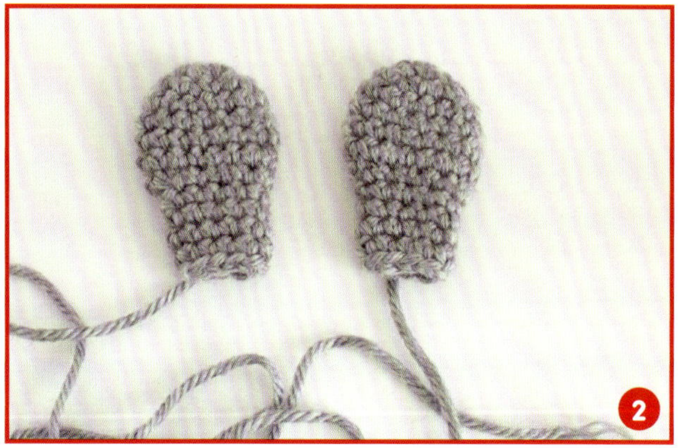
2

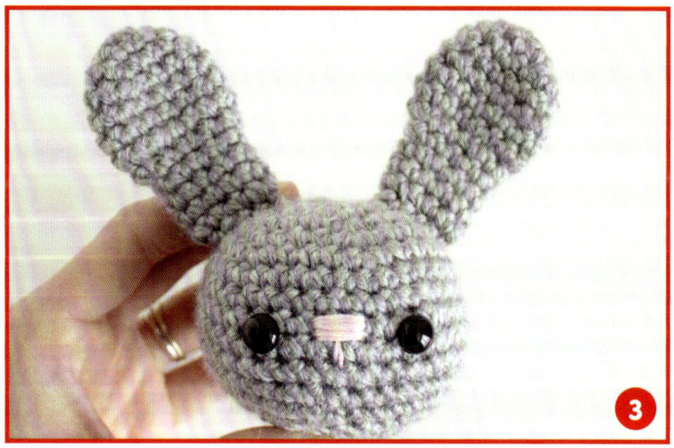
3

SCHWANZ

In Rosa häkeln

1. Rd: 5 fM in einen magischen Ring häkeln (5 M).
2. Rd: 2 fM in jede M. (10 M).
3. Rd: 10 fM (10 M).

Die Arbeit beenden und einen Faden zum Annähen hängen lassen.

Zur Seite legen.

ARME

2x arbeiten, in Rosa und Grau häkeln

Mit Rosa beginnen.

1. Rd: 5 fM in einen magischen Ring häkeln (5 M).
2. Rd: 2 fM in jede M (10 M).
3. Rd: 10 fM (10 M).

Zu Grau wechseln

4.–13. Rd: 10 fM (10 M).

Die Arbeit beenden und ein Fadenende zum Annähen hängen lassen.
Mit Füllwatte ausstopfen.

Zur Seite legen.

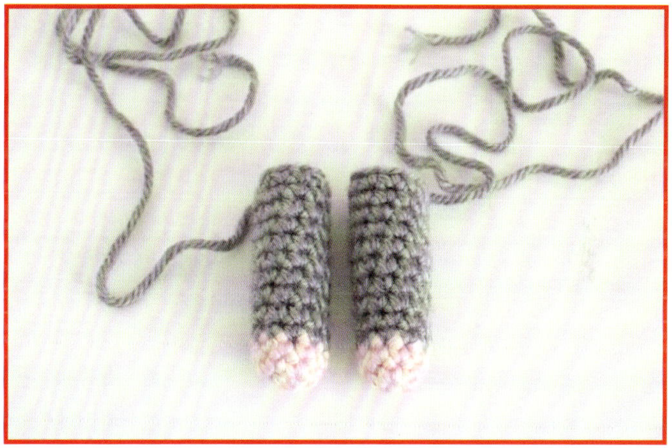

BEINE UND KÖRPER

In Rosa und Grau häkeln

Mit Rosa beginnen.

1. Rd: 6 fM in einen magischen Ring häkeln (6 M).
2. Rd: 2 fM in jede M (12 M).
3. Rd: 12 fM (12 M).

Zu Grau wechseln

4.–11. Rd: 12 fM (12 M).

Die Arbeit beenden und mit Füllwatte ausstopfen.

Ein weiteres Bein häkeln, aber die Arbeit nicht beenden *(Foto 1)*. Die Häkelnadel in die letzte M des 1. Beins stechen *(Foto 2)*. FM in alle M des 1. Beins (12 M), dann in die M des 2. Beins *(Fotos 3,4)*. Insgesamt werden 24 M gehäkelt. Mit dem Faden des 1. Beins die Lücke zwischen den Beinen zusammennähen *(Fotos 5–9)*.

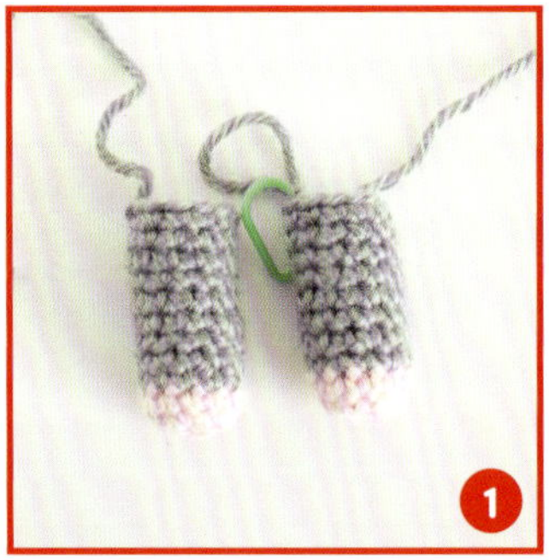

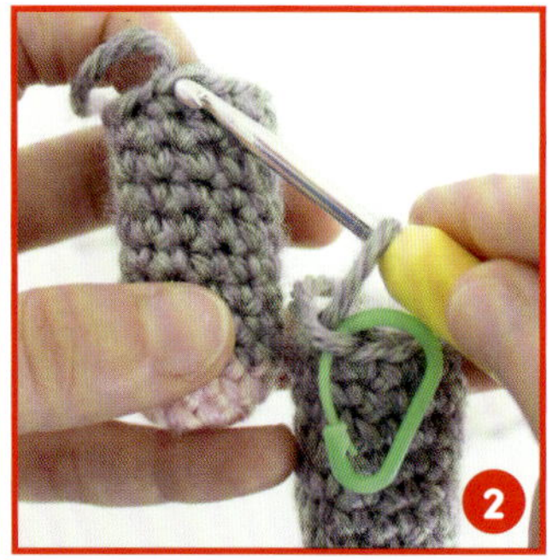

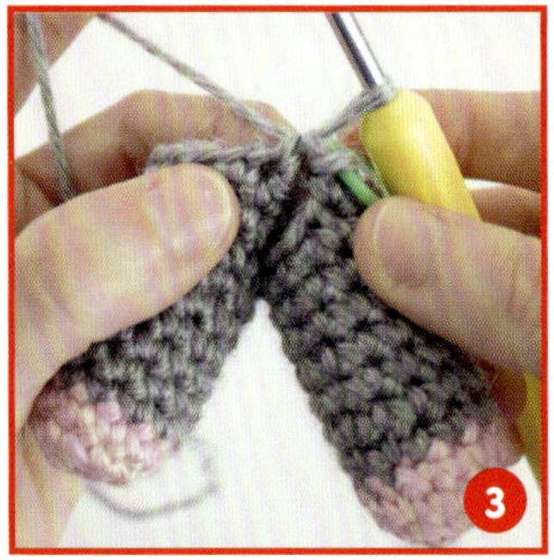

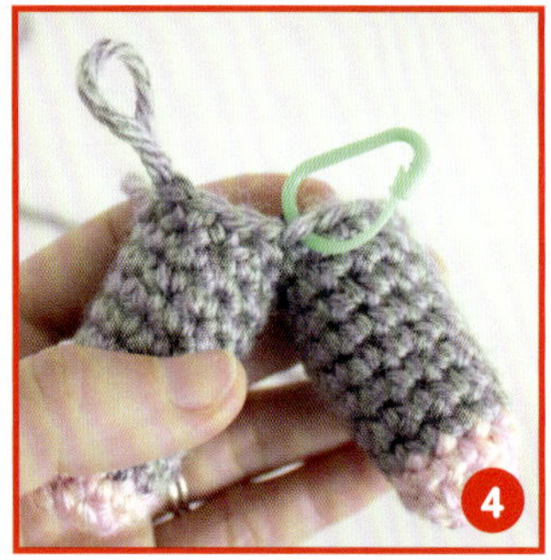

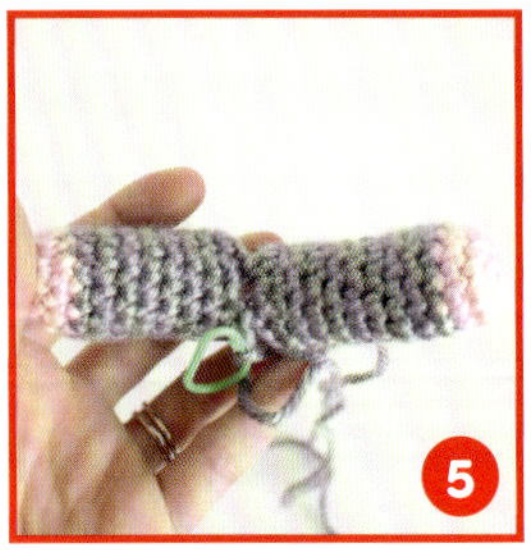

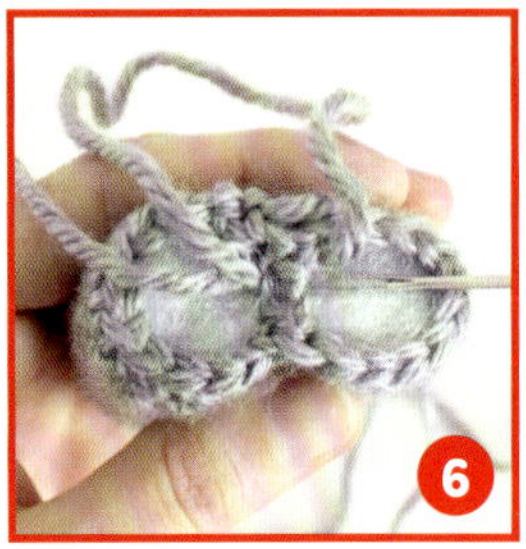

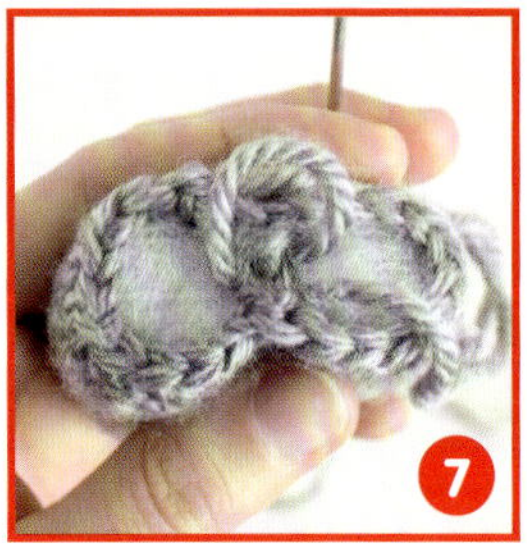

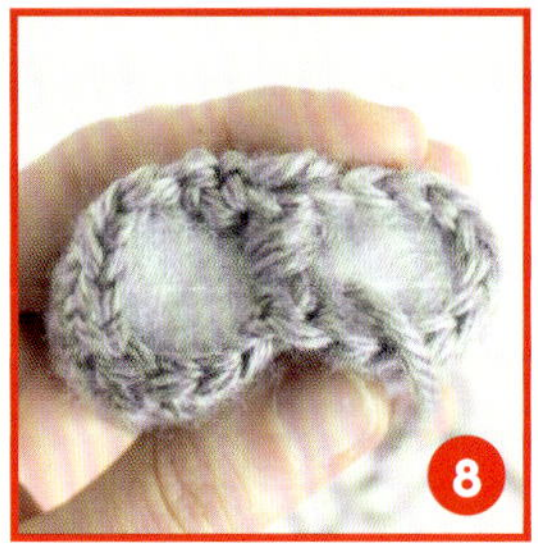

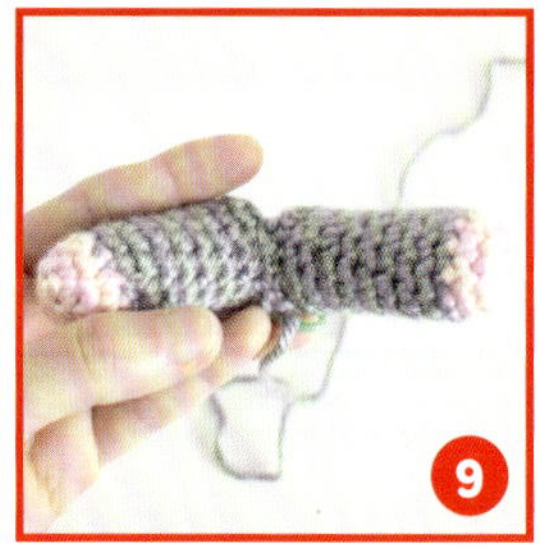

Dann weiterhäkeln:

12.–13. Rd: 24 fM (24 M).
14. Rd: *3 fM, 2 fM in die nächste M* 6x (30 M).
15.–19. Rd: 30 fM (30 M).

Ausstopfen und nach und nach weiteres Füllmaterial hinzufügen *(Foto 10)*.

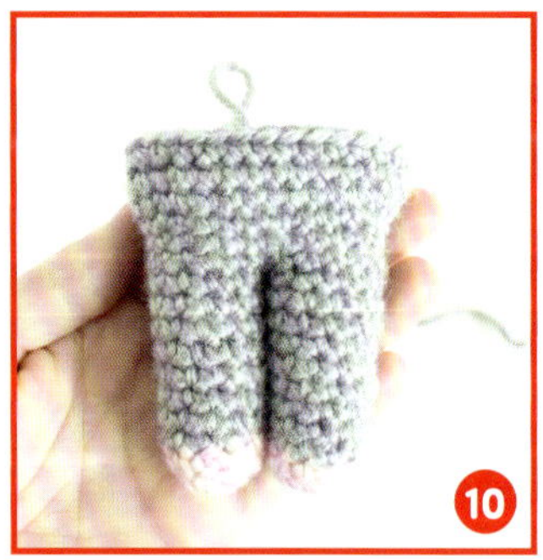

20. Rd: *3 fM, 1 Abn* 6x (24 M).
21. Rd: 24 fM (24 M).
22. Rd: *2 fM, 1 Abn* 6x (18 M).
23.–26. Rd: 18 fM (18 M).
27. Rd: *1 fM, 1 Abn* 6x (12 M).

Die Arbeit beenden und ein Fadenende zum Annähen hängen lassen *(Foto 11)*.

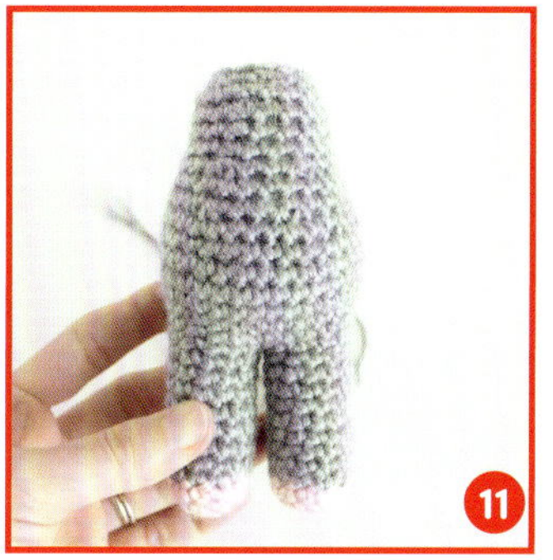
11

FILZ FÜR DEN BAUCH:

1. Aus Papier eine Schablone für den Bauch ausschneiden *(Foto 12)*. Dann auf grauen Filz übertragen und ausschneiden *(Foto 13)*.
2. Mit farbigem Stickgarn den Filz auf den Körper sticken *(Fotos 14–16)*.

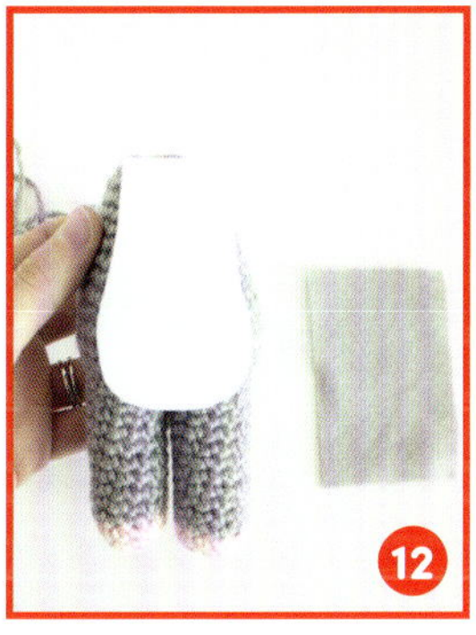
12

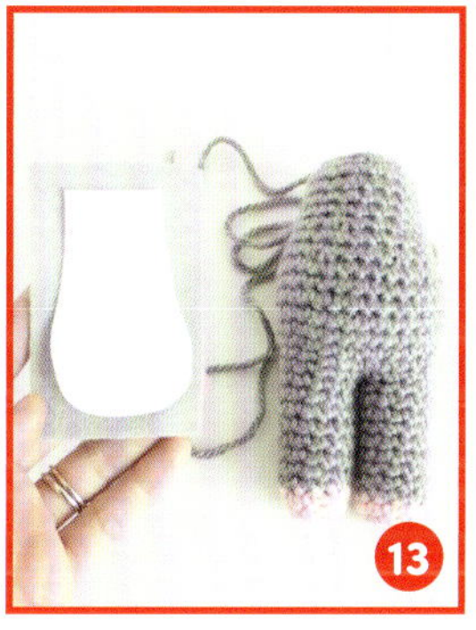
13

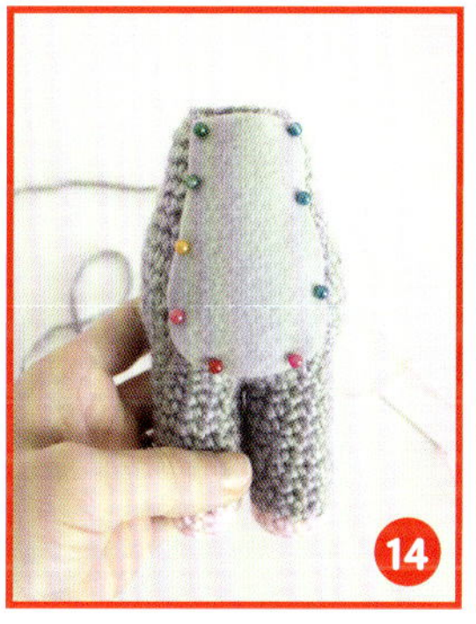
14

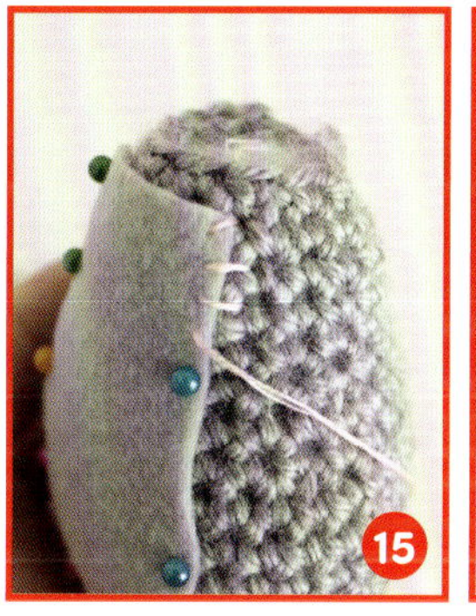
15

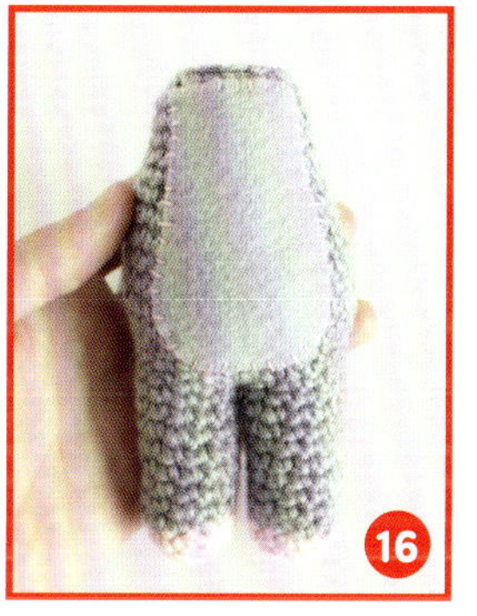
16

ZUSAMMENSETZEN

1. Den Kopf an den Körper stecken und festnähen *(Foto 17)*.
2. Die Arme seitlich an den Körper und den Schwanz hinten an den Körper stecken. Die Teile festnähen *(Foto 18)*.

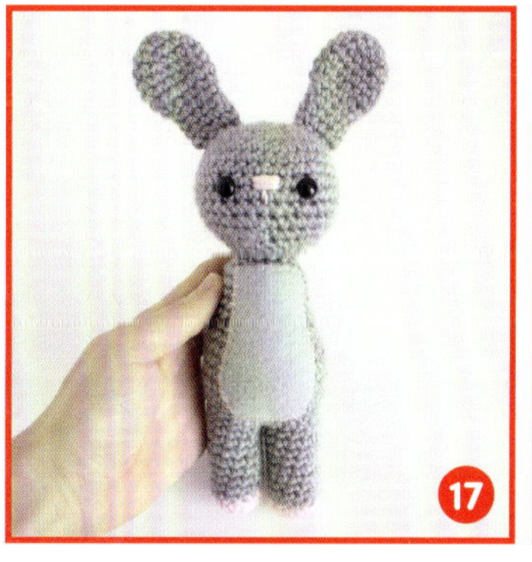
17

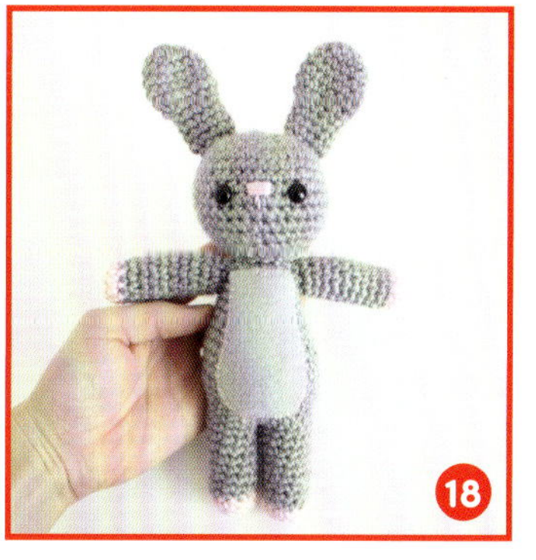
18

KAROTTENGRÜN

6x arbeiten, in Grün häkeln

9 Lm, dann Km in alle M ab der 2. Lm von der Häkelnadel (insgesamt 8 M).

Die Arbeit beenden und ein Fadenende zum Annähen hängen lassen *(Foto 1)*.

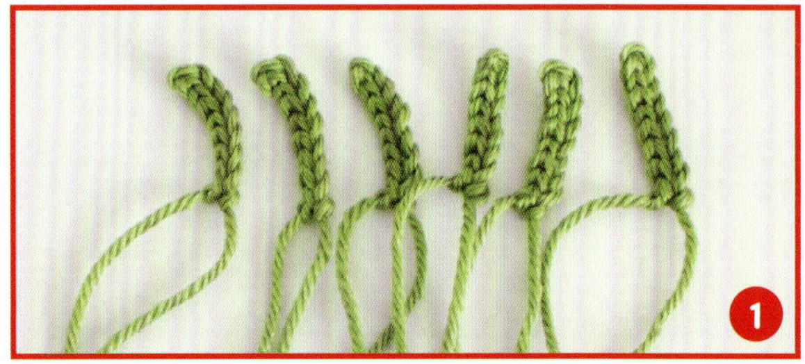

KAROTTE

In Orange häkeln

1. Rd: 6 fM in einen magischen Ring häkeln (6 M).
2. Rd: 2 fM in jede M (12 M).
3. Rd: *1 fM, 2 fM in die nächste M* 6x (18 M).

Das Grün daran befestigen. Dafür mit einer Nähnadel die grünen Endfäden oben durch die Karotte ziehen *(Foto 2)*. Die Fäden mit einem Knoten sichern und zurückschneiden *(Fotos 3,4)*.

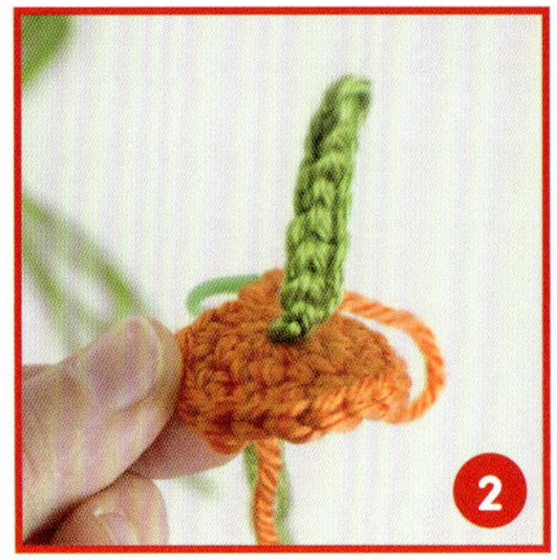

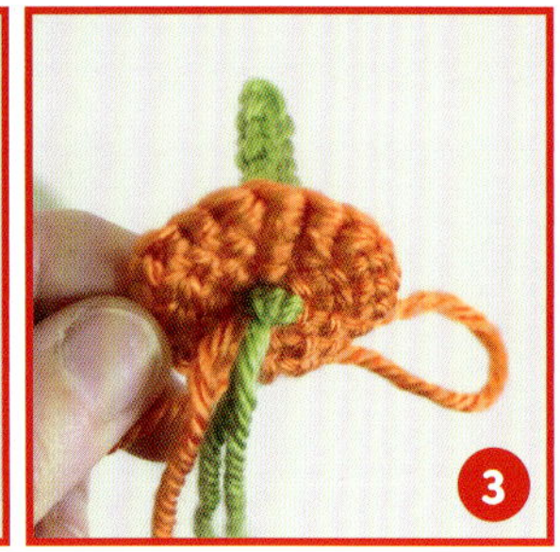

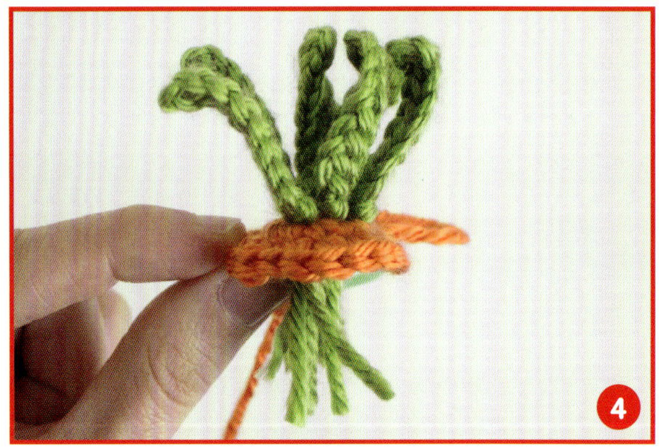

4.–7. Rd: 18 fM (18 M).
8. Rd: *4 fM, 1 Abn* 3x (15 M).
9.–11. Rd: 15 fM (15 M).

Die Sicherheitsaugen einsetzen und den Mund aufsticken. Ausstopfen und nach und nach weiteres Füllmaterial hinzufügen.

12. Rd: *3 fM, 1 Abn* 3x (12 M).
13.–15. Rd: 12 fM (12 M).
16. Rd: *2 fM, 1 Abn* 3x (9 M).
17.–18. Rd: 9 fM (9 M).
19. Rd: 4 Abn, Km in die letzte M (5 M).

Die Arbeit beenden und schließen *(Foto 5)*.

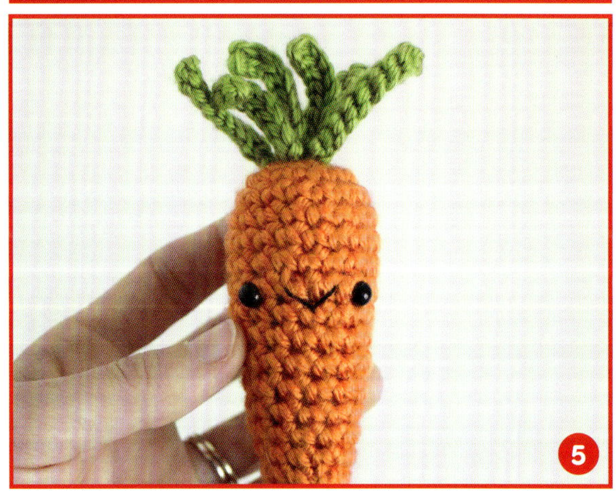

GRIFF FÜR DIE KAROTTE

WENN DER HASE DIE KAROTTE HALTEN SOLL, DIESEN GRIFF ANFERTIGEN.

In Orange häkeln

12 Lm.

Die Arbeit beenden und ein Fadenende zum Annähen hängen lassen. Die Enden an die Rückseite der Karotte nähen, darauf achten, dass der Arm des Hasen in die Schlaufe passt *(Foto 6,7)*.

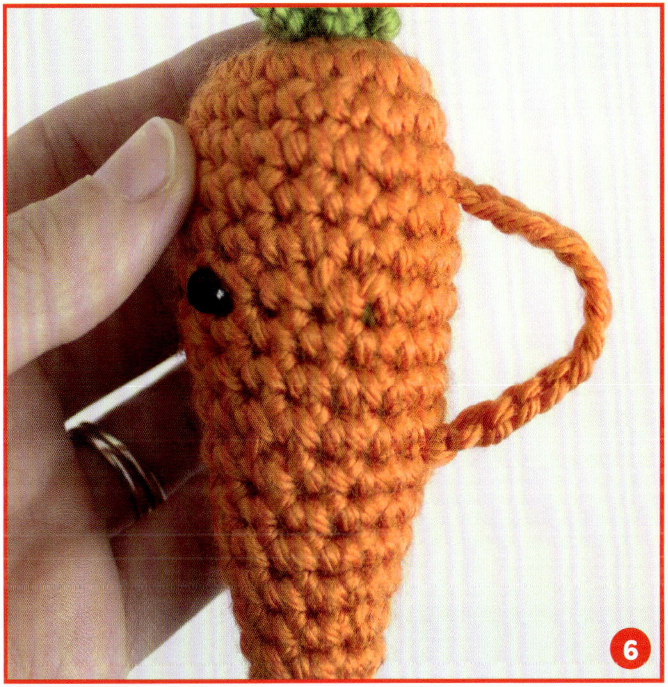

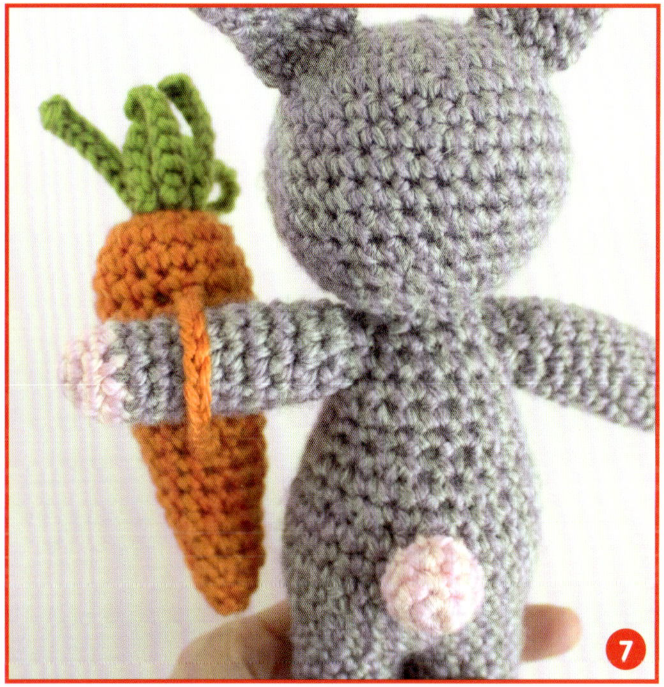

KUH

MASSE

- Etwa 19cm hoch und 13cm breit

MATERIAL

- Häkelgarn (Lauflänge 100–120m/50g), in Weiß, Schwarz, Beige und Rosa
- Häkelnadel 4,25mm
- Sicherheitsaugen, 9mm Ø
- Schwarzes Stickgarn und kleine Sticknadel
- Füllwatte aus Polyester
- Nähnadel
- Schere
- Maschenmarkierer
- Stecknadeln (optional, aber sehr hilfreich beim Zusammenfügen der Einzelteile)

ABKÜRZUNGEN

- Abn – unsichtbare Abnahme(n)
- DStb – Doppelstäbchen
- fM – feste Masche(n)
- hStb – halbe(s) Stäbchen
- Km – Kettmasche(n)
- M – Masche(n)
- Rd – Runde(n)
- Stb – Stäbchen

HINWEIS ZUR ANLEITUNG

- Diese Anleitung wird in Spiralrunden gehäkelt.

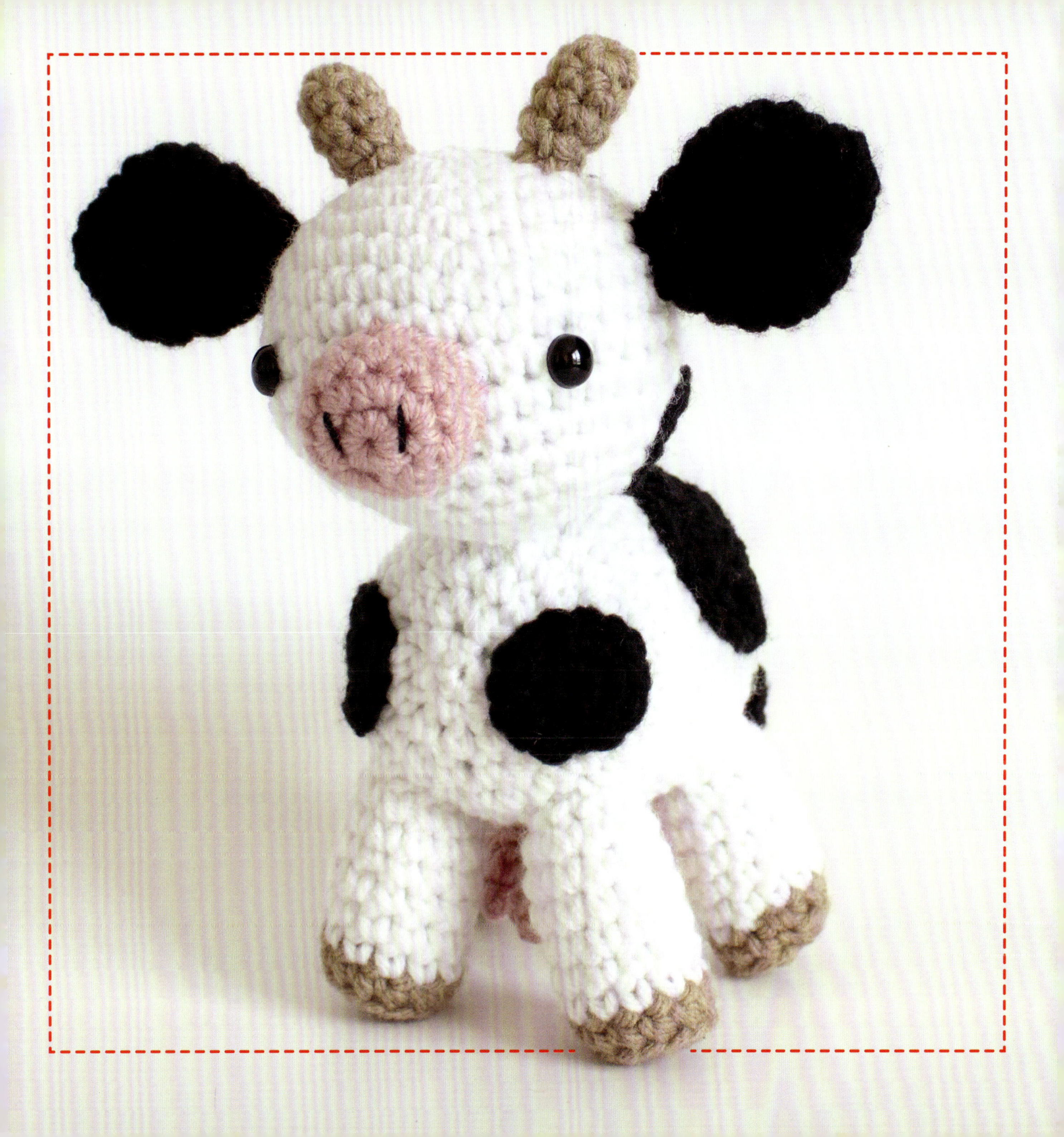

KOPF

In Weiß häkeln

1. Rd: 6 fM in einen magischen Ring häkeln (6 M).
2. Rd: 2 fM in jede M (12 M).
3. Rd: *1 fM, 2 fM in die nächste M* 6x (18 M).
4. Rd: *2 fM, 2 fM in die nächste M* 6x (24 M).
5. Rd: *3 fM, 2 fM in die nächste M* 6x (30 M).
6. Rd: *4 fM, 2 fM in die nächste M* 6x (36 M).
7.–12. Rd: 36 fM (36 M).

Die Sicherheitsaugen einsetzen.

13. Rd: *4 fM, 1 Abn* 6x (30 M).
14. Rd: *3 fM, 1 Abn* 6x (24 M).

Ausstopfen und nach und nach weiteres Füllmaterial hinzufügen.

15. Rd: *2 fM, 1 Abn* 6x (18 M).
16. Rd: *1 fM, 1 Abn* 6x (12 M).
17. Rd: 6 Abn (6 M).

Die Arbeit beenden und den Kopf schließen.

HORN

2x arbeiten, in Beige häkeln

1. Rd: 6 fM in einen magischen Ring häkeln (6 M).
2.–4. Rd: 6 fM (6 M).

Die Arbeit beenden und ein Fadenende zum Annähen hängen lassen.
Wer möchte, kann die Hörner ausstopfen, aber das ist nicht unbedingt nötig.
Die Hörner etwa 1 Runde neben dem magischen Ring oben auf den Kopf stecken *(Fotos 2,3)*.

NASE

In Rosa häkeln

1. Rd: 6 fM in einen magischen Ring häkeln (6 M).
2. Rd: 2 fM in jede M (12 M).
3.–4. Rd: 12 fM (12 M).

Die Arbeit beenden und ein Fadenende zum Annähen hängen lassen.
Die Nasenlöcher mit schwarzem Stickgarn aufsticken, dafür seitlich vom magischen Ring zwei kleine Linien sticken.
Mit Füllwatte ausstopfen und die Nase zwischen den Sicherheitsaugen feststecken und annähen *(Foto 1)*.

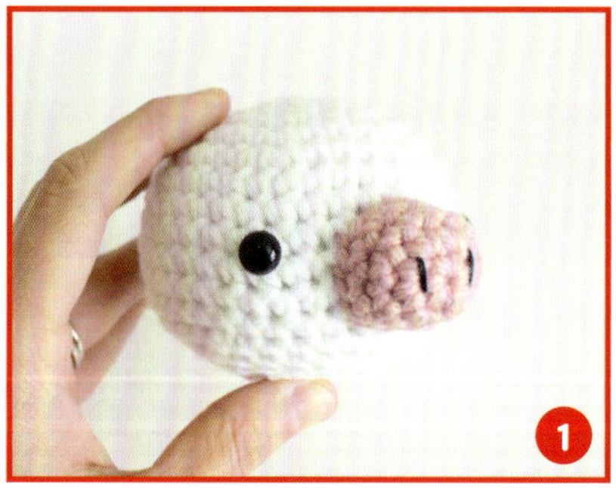
1

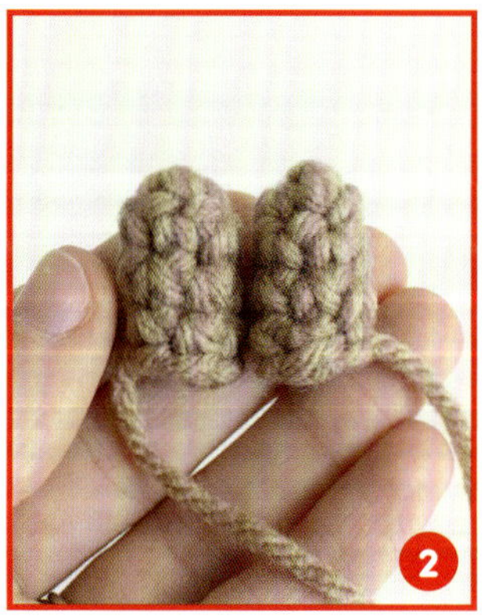
2

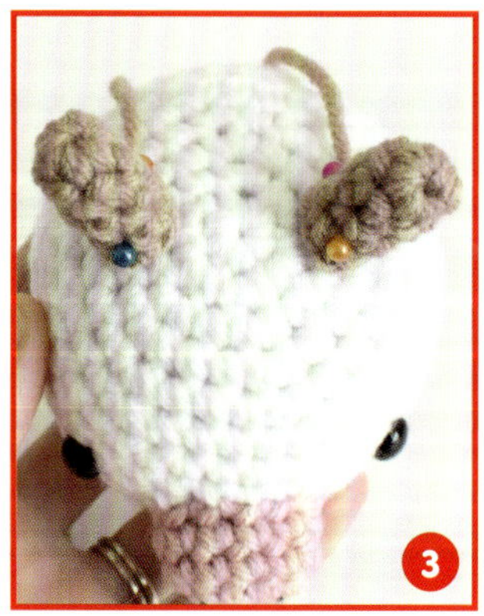
3

OHREN

2x arbeiten, in Schwarz häkeln

1. Rd: 6 fM in einen magischen Ring häkeln (6 M).
2. Rd: 6 fM (6 M).
3. Rd: 2 fM in jede M (12 M).
4. Rd: *1 fM, 2 fM in die nächste M* 6x (18 M).
5.–6. Rd: 18 fM (18 M).
7. Rd: *1 fM, 1 Abn* 6x (12 M).
8.–9. Rd: 12 fM (12 M).

Die Arbeit beenden und ein Fadenende zum Annähen hängen lassen.
Mit dem Endfaden kleine Falten seitlich in das Ohr arbeiten *(Fotos 4–7)*.
Die Ohren etwa 3 Runden unter den Hörnern an den Kopf stecken und die Hörner und Ohren dann annähen *(Fotos 8,9)*.

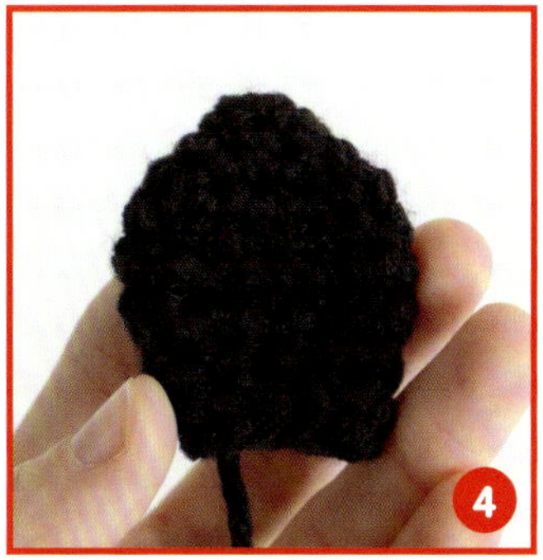

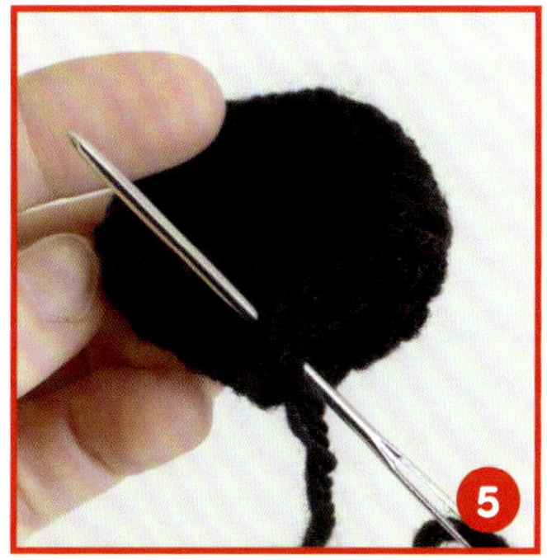

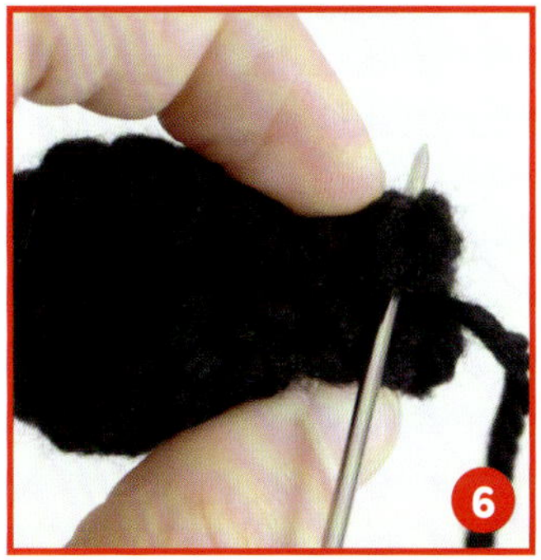

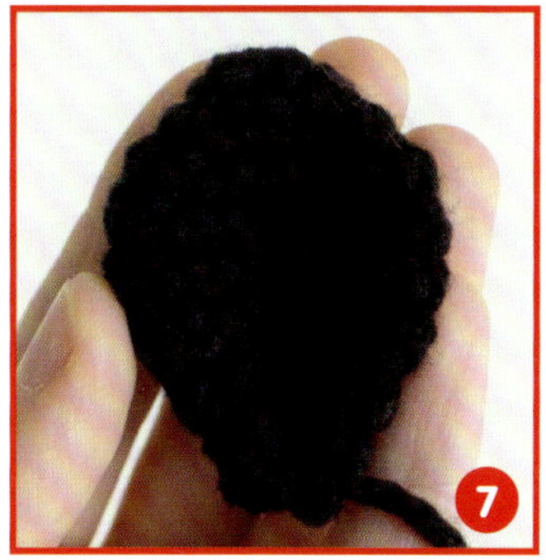

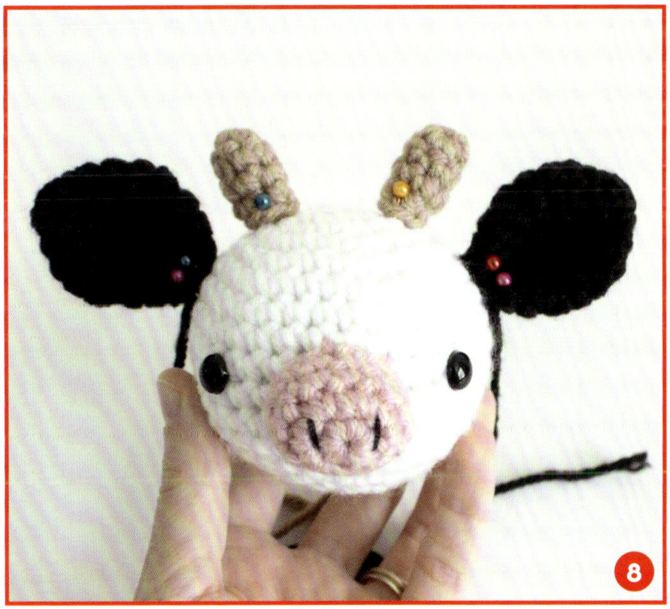

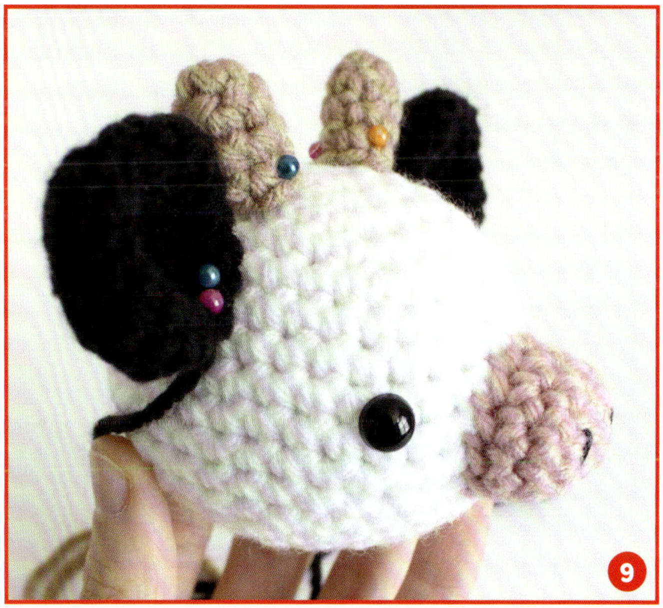

KÖRPER

In Weiß häkeln

1. Rd: 6 fM in einen magischen Ring häkeln (6 M).
2. Rd: 2 fM in jede M (12 M).
3. Rd: *1 fM, 2 fM in die nächste M* 6x (18 M).
4. Rd: *2 fM, 2 fM in die nächste M* 6x (24 M).
5. Rd: *3 fM, 2 fM in die nächste M* 6x (30 M).
6.–15. Rd: 30 fM (30 M).
16. Rd: *3 fM, 1 Abn* 6x (24 M).

Ausstopfen und nach und nach weiteres Füllmaterial hinzufügen.

17. Rd: *2 fM, 1 Abn* 6x (18 M).
18. Rd: *1 fM, 1 Abn* 6x (12 M).
19. Rd: 6 Abn (6 M).

Die Arbeit beenden und den Körper schließen.

SCHWANZ

In Weiß häkeln

1. Rd: 5 fM in einen magischen Ring häkeln (5 M).
2.–10. Rd: 5 fM (5 M).

Die Arbeit beenden und ein Fadenende zum Annähen hängen lassen *(siehe Foto 6 auf der nächsten Seite als Referenz)*.

BEINE

4x arbeiten, in Beige und Weiß häkeln

Mit Beige beginnen.

1. Rd: 6 fM in einen magischen Ring häkeln (6 M).
2. Rd: 2 fM in jede M (12 M).
3. Rd: 12 fM in die **hinteren** Maschenglieder (12 M).

Zu Weiß wechseln.

4.–9. Rd: 12 fM (12 M).

Die Arbeit beenden und ein Fadenende zum Annähen hängen lassen.
Die Vorderbeine im Abstand von ungefähr 3 Maschen vorne an den Körper stecken *(Foto 1)*. Die Hinterbeine im Abstand von etwa 3 Runden zu den Vorderbeinen hinten feststecken *(Foto 2)*. Dabei zwischen den Hinterbeinen ebenfalls ungefähr 3 Maschen Abstand lassen *(Foto 3)*. Die Beine an den Körper nähen *(Foto 4)*.

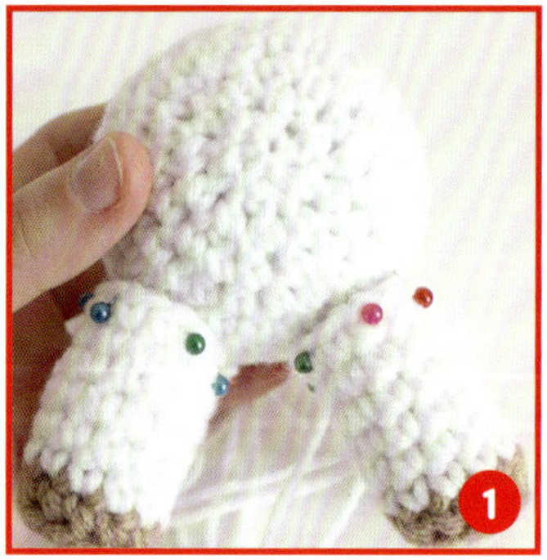
1

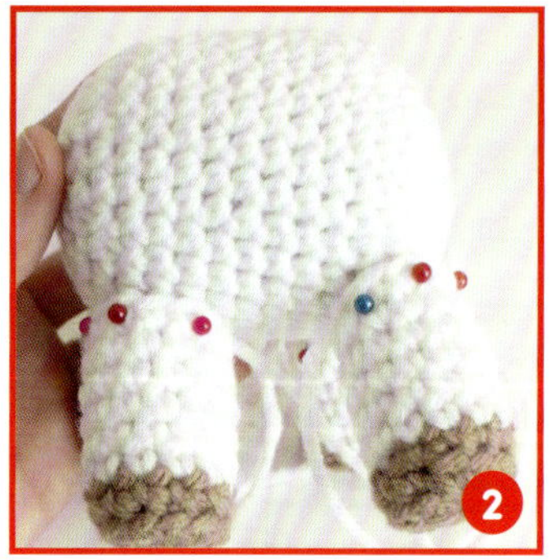
2

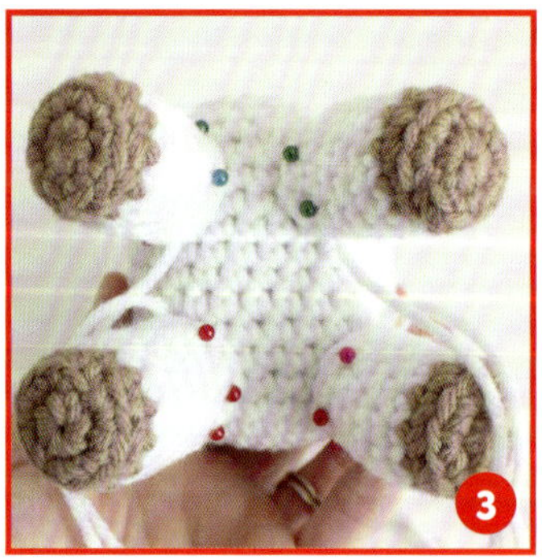
3

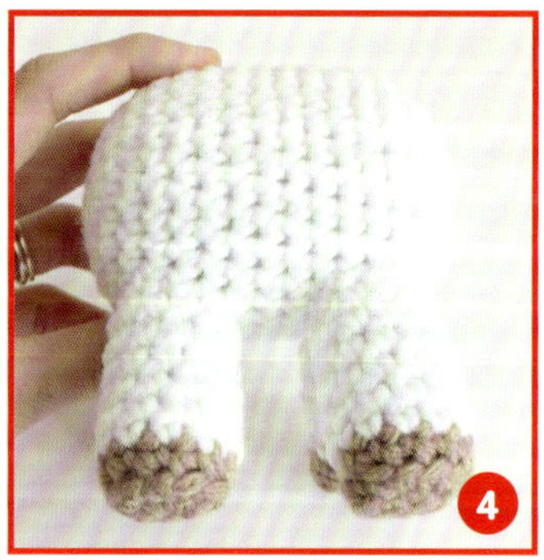
4

SCHWANZHAARE

In Schwarz häkeln

1. Rd: 4 fM in einen magischen Ring häkeln (4 M).
2. Rd: 2 fM in jede M (8 M).
3. Rd: 4 Abn (4 M).

Die Arbeit beenden und ein Fadenende zum Annähen hängen lassen *(Foto 5)*.
Die Haare an das Schwanzende *(Foto 6)*, dann den Schwanz an den Körper nähen *(Foto 7)*.

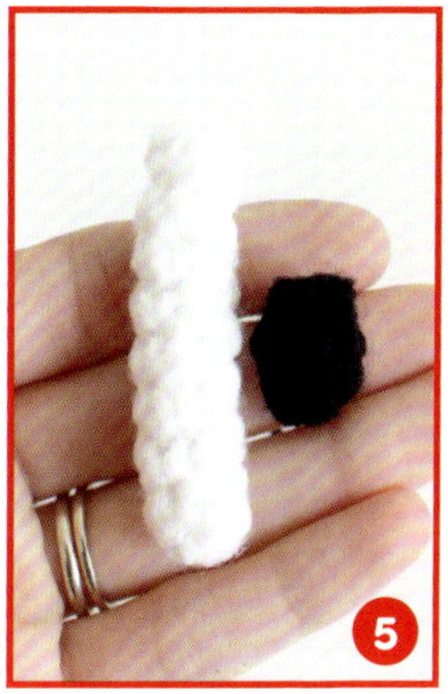

5

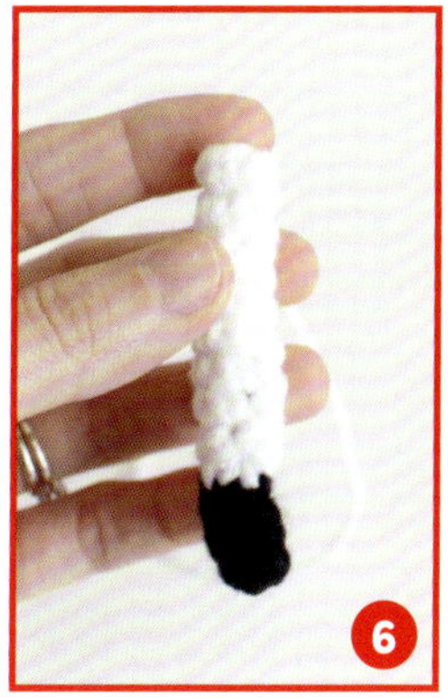

6

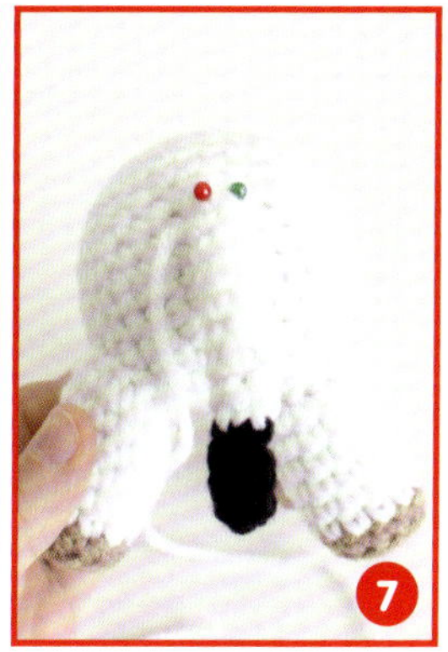

7

KOPF ANBRINGEN

Nun mit weißem Garn den Kopf an den Körper nähen. Den Kopf feststecken und annähen. Dabei darauf achten, dass er fest sitzt *(Fotos 8,9)*.

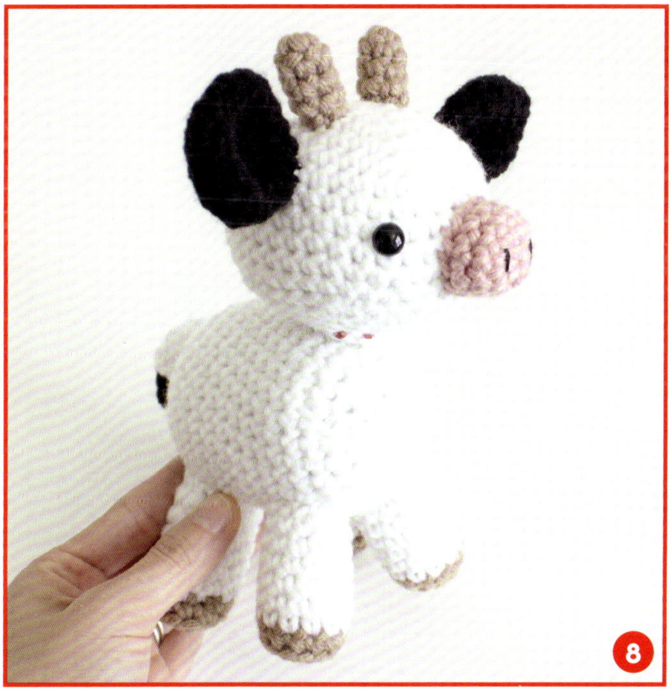

8

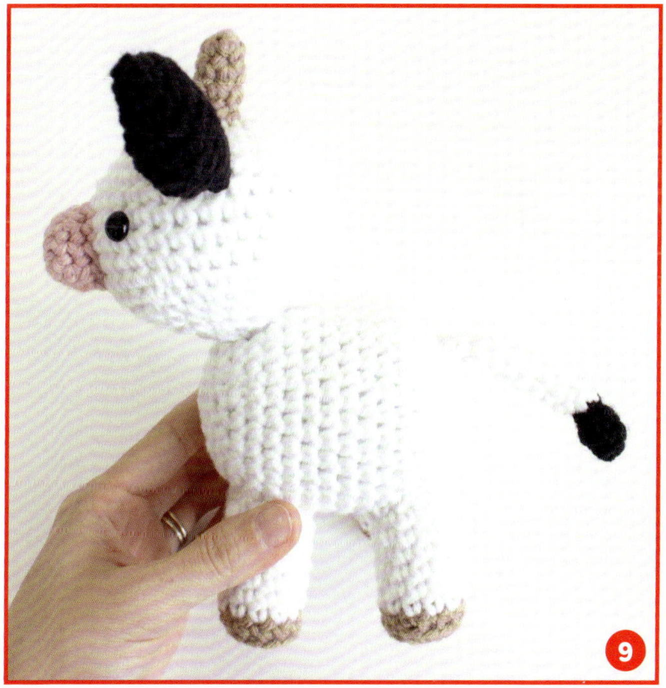

9

FLECKEN

In Schwarz häkeln

GROSSER FLECK: 1X HÄKELN

1. Rd: 7 fM in einen magischen Ring häkeln (7 M).
2. Rd: 2 fM in jede M (14 M).
3. Rd: hStb, *Stb, Stb, DStb* in 1 M, hStb, Stb, *Stb, DStb* in 1 M, 2 hStb in 1 M, *Stb, DStb* in 1 M, Stb, hStb, hStb, Stb, DStb, Stb, Km in die letzte M (19 M).

Die Arbeit beenden und ein Fadenende zum Annähen hängen lassen.

MITTELGROSSER FLECK: 1X ARBEITEN

1. Rd: 6 fM in einen magischen Ring häkeln (6 M).
2. Rd: 2 fM in jede M (12 M).
3. Rd: fM, *hStb, fM* in 1 M, 2 fM, *hStb, 2 Stb* in 1 M, 2 fM, hStb, Stb, 2 fM in 1 M, *hStb, Stb* in 1 M, *Stb, fM* in 1 M, Km (18 M).

Die Arbeit beenden und ein Fadenende zum Annähen hängen lassen.

KLEINERE FLECKEN

FLECK A: 1X ARBEITEN

1. Rd: 7 fM in einen magischen Ring häkeln (7 M).
2. Rd: 2 fM in jede M (14 M).

Die Arbeit beenden und ein Fadenende zum Annähen hängen lassen.

FLECK B: 2X ARBEITEN

1. Rd: 6 fM in einen magischen Ring häkeln (6 M).
2. Rd: 2 fM in jede M (12 M).

Die Arbeit beenden und ein Fadenende zum Annähen hängen lassen.

FLECK C: 1X ARBEITEN

1. Rd: 5 fM in einen magischen Ring häkeln (5 M).
2. Rd: 2 fM in jede M (10 M).

Die Arbeit beenden und ein Fadenende zum Annähen hängen lassen.

FLECK D: 1X ARBEITEN

1. Rd: 6 fM in einen magischen Ring häkeln (6 M).

Die Arbeit beenden und ein Fadenende zum Annähen hängen lassen.

FLECKEN ANBRINGEN

AM KOPF:

Einen Flecken B sowie die Flecken C und D auf dem Hinterkopf verteilt aufnähen *(Foto 1)*.

KÖRPER:

Den Flecken A und den mittelgroßen Flecken auf die linke Körperseite *(Foto 2)*, einen Flecken B und den großen Flecken auf die rechte Körperseite nähen *(Foto 3)*.

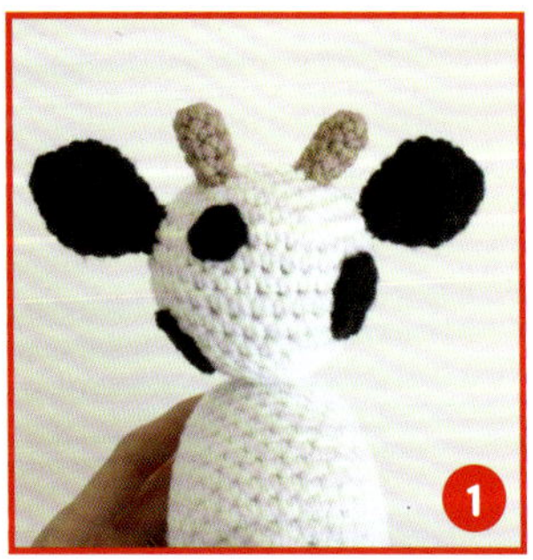
1

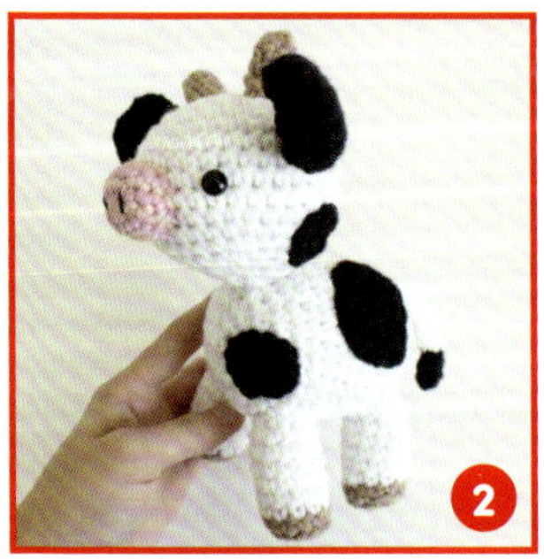
2

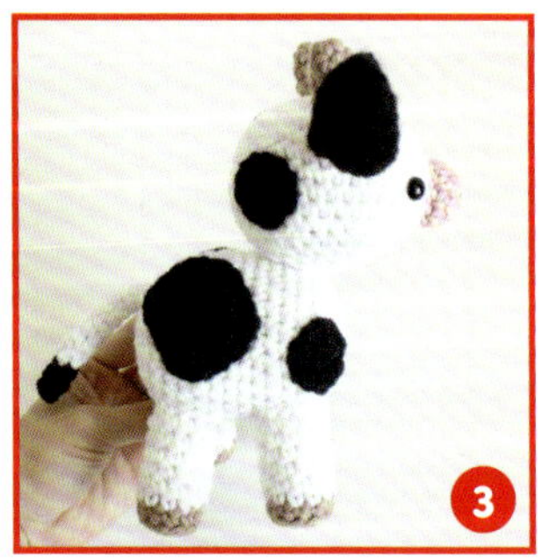
3

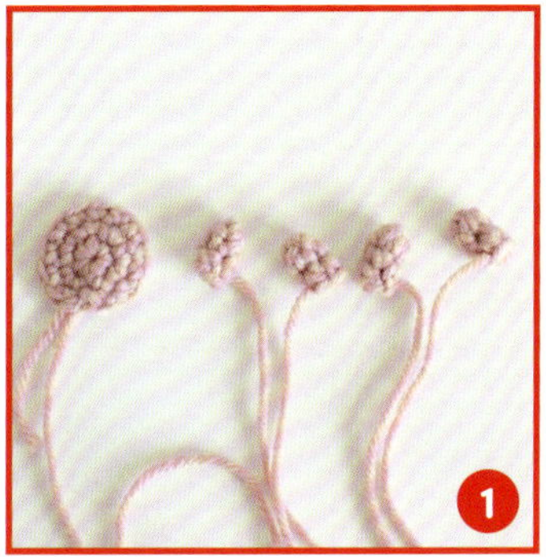

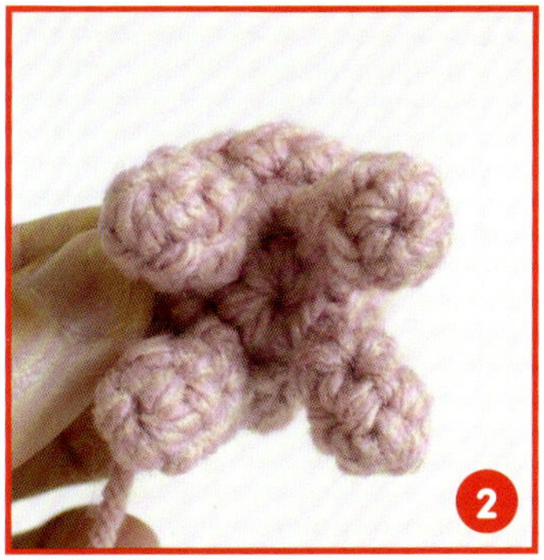

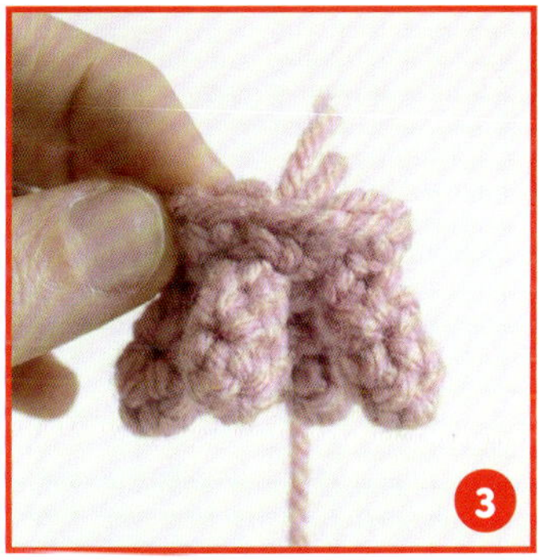

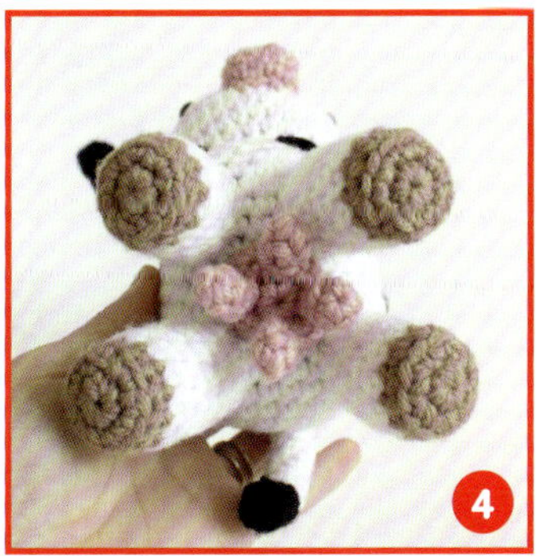

EUTER

HAUPTTEIL: 1X ARBEITEN

In Rosa häkeln

1. Rd: 6 fM in einen magischen Ring häkeln (6 M).
2. Rd: 2 fM in jede M (12 M).
3. Rd: 12 fM (12 M).

Die Arbeit beenden und ein Fadenende zum Annähen hängen lassen.

ZITZE: 4X ARBEITEN

In Rosa häkeln

1. Rd. 4 fM in einen magischen Ring häkeln (4 M).
2.–3. Rd: 4 fM (4 M).

Die Arbeit beenden und ein Fadenende zum Annähen hängen lassen *(Foto 1)*. Die Zitzen an den Hauptteil des Euters nähen *(Fotos 2,3)*. Dann den Euter zwischen den Beinen platzieren und annähen *(Foto 4)*.

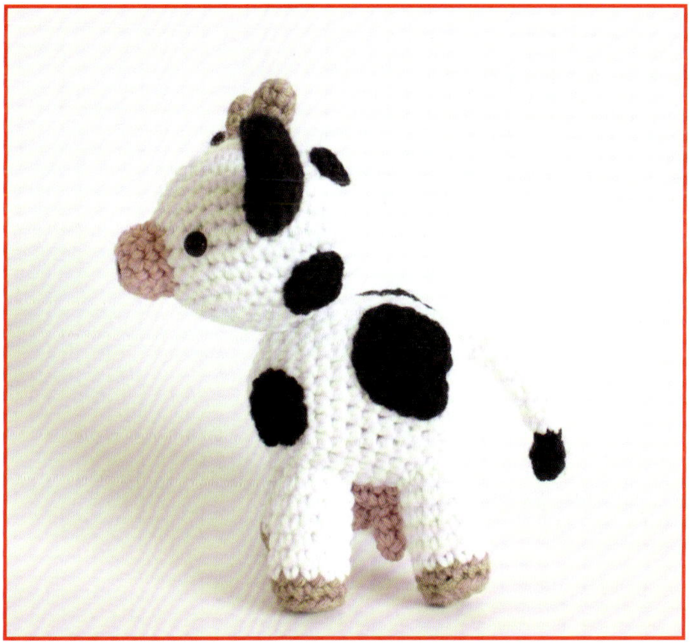

ENTE

MASSE

- Etwa 13cm hoch und 14cm breit

MATERIAL

- Häkelgarn (Lauflänge 100–120m/50g), in Grün, Grau, Gelb, Orange, Weiß, Blau und Braun
- Häkelnadel 4,25mm
- Sicherheitsaugen, 12mm Ø
- Schwarzes Stickgarn und kleine Sticknadel
- Füllwatte aus Polyester
- Nähnadel
- Schere
- Maschenmarkierer
- Stecknadeln (optional, aber sehr hilfreich beim Zusammenfügen der Einzelteile)

ABKÜRZUNGEN

- Abn – unsichtbare Abnahme(n)
- fM – feste Masche(n)
- M – Masche(n)
- Rd – Runde(n)

HINWEIS ZUR ANLEITUNG

- Diese Anleitung wird in Spiralrunden gehäkelt.
- Für den Körper sind mehrere Farbwechsel nötig (16.–26. Rd).
- Damit die kleinen diagonalen Linien unter den Flügeln gelingen, die Hinweise zum Farbwechsel im Kapitel „Maschenarten und Techniken" (Seite 19) nachlesen.

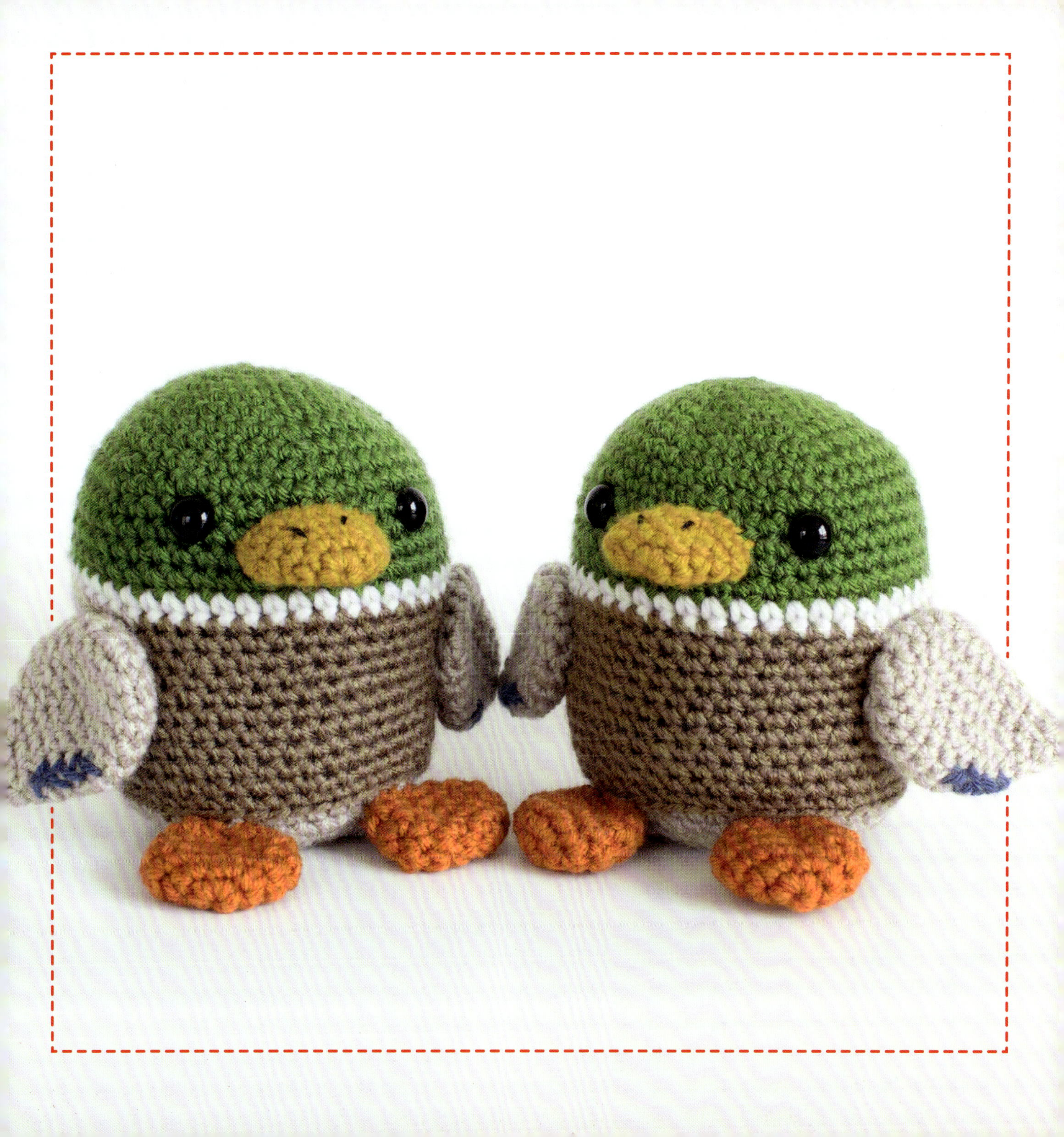

KÖRPER

In Grün, Weiß, Grau und Braun häkeln

Mit Grün beginnen.

1. Rd: 6 fM in einen magischen Ring häkeln (6 M).
2. Rd: 2 fM in jede M (12 M).
3. Rd: *1 fM, 2 fM in die nächste M* 6x (18 M).
4. Rd: *2 fM, 2 fM in die nächste M* 6x (24 M).
5. Rd: *3 fM, 2 fM in die nächste M* 6x (30 M).
6. Rd: *4 fM, 2 fM in die nächste M* 6x (36 M).
7. Rd: *5 fM, 2 fM in die nächste M* 6x (42 M).
8. Rd: *6 fM, 2 fM in die nächste M* 6x (48 M).
9.–14. Rd: 48 fM (48 M).

Zu Weiß wechseln

15. Rd: 48 fM (48 M).

Zu Grau wechseln

16. Rd: 16 fM in Grau, zu Braun wechseln *(Fotos 1–4)*, 16 fM, zu Grau wechseln *(Fotos 5–8)*, 16 fM (48 M).

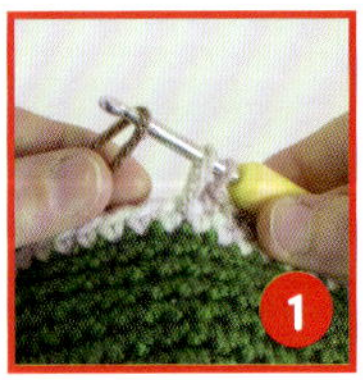
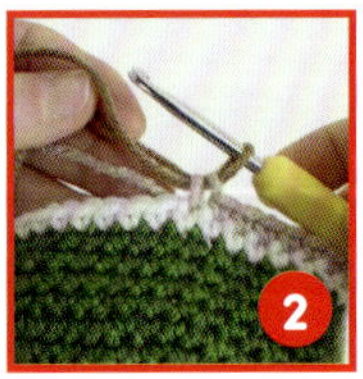
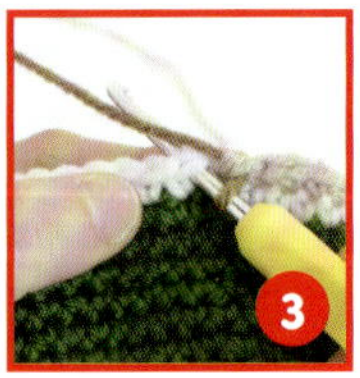
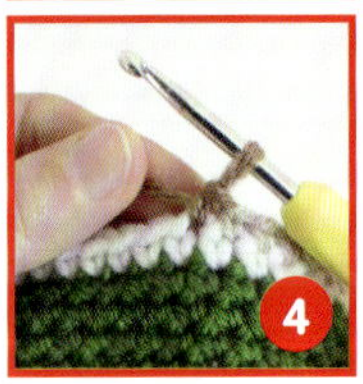
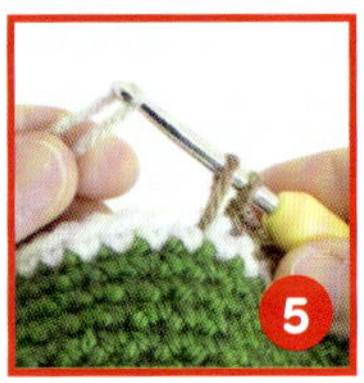
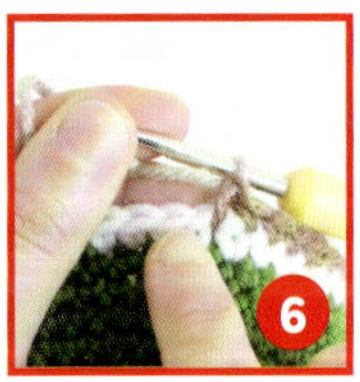
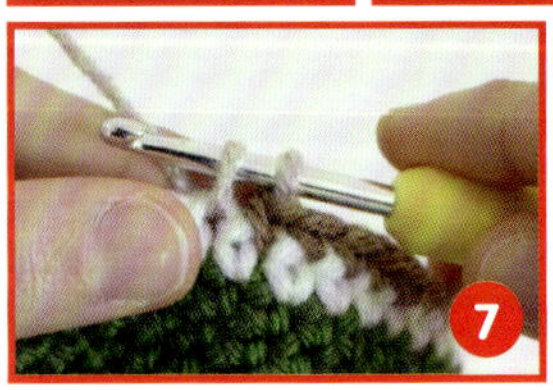
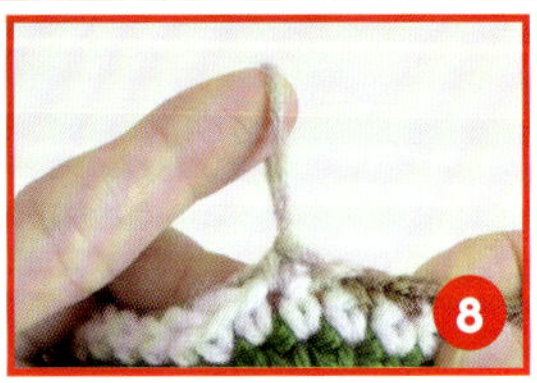

Die Sicherheitsaugen im grünen Abschnitt einsetzen und dabei darauf achten, dass sie genau über dem braunen Abschnitt liegen *(Foto 9)*. Dazwischen für den Schnabel einen Abstand von 10 Maschen lassen.

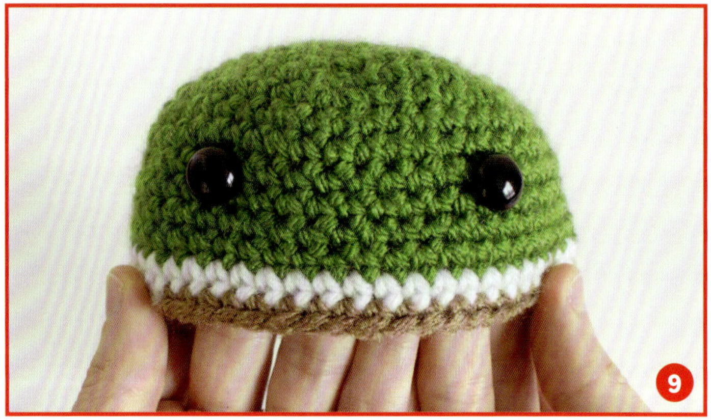

17. Rd: 16 fM in Grau, 17 fM in Braun, 15 fM in Grau (48 M).
18. Rd: 16 fM in Grau, 18 fM in Braun, 14 fM in Grau (48 M).
19. Rd: 16 fM in Grau, 19 fM in Braun, 13 fM in Grau (48 M).
20. Rd: 16 fM in Grau, 20 fM in Braun, 12 fM in Grau (48 M).
21. Rd: 16 fM in Grau, 21 fM in Braun, 11 fM in Grau (48 M).
22. Rd: 16 fM in Grau, 22 fM in Braun, 10 fM in Grau (48 M).
23. Rd: 16 fM in Grau, 23 fM in Braun, 9 fM in Grau (48 M).
24. Rd: 16 fM in Grau, 24 fM in Braun, 8 fM in Grau (48 M).
25. Rd: 16 fM in Grau, 25 fM in Braun, 7 fM in Grau (48 M).
26. Rd: 16 fM in Grau, 26 fM in Braun, 6 fM in Grau (48 M).
27. Rd: 48 fM in Grau in die **hinteren** Maschenglieder (48 M).
28. Rd: *6 fM, 1 Abn* 6x (42 M).
29. Rd: *5 fM, 1 Abn* 6x (36 M).
30. Rd: *4 fM, 1 Abn* 6x (30 M).

Ausstopfen und nach und nach weitere Füllwatte hinzufügen.

31. Rd: *3 fM, 1 Abn* 6x (24 M).
32. Rd: *2 fM, 1 Abn* 6x (18 M).
33. Rd: *1 fM, 1 Abn* 6x (12 M).
34. Rd: 6 Abn (6 M).

Die Arbeit beenden und den Körper schließen.

SCHNABEL

In Gelb häkeln

1. Rd: 5 fM in einen magischen Ring häkeln (5 M).
2. Rd: 2 fM in jede M (10 M).
3. Rd: 10 fM (10 M).
4. Rd: *1 fM, 2 fM in die nächste M* 5x (15 M).
5. Rd: 15 fM (15 M).

Die Arbeit beenden und ein Fadenende zum Annähen hängen lassen.
Für die Nasenlöcher mit schwarzem Stickgarn zwei kleine Linien aufsticken *(Foto 1)*.
Den Schnabel flach drücken, zwischen den Augen an den Körper stecken und festnähen *(Fotos 2,3)*.

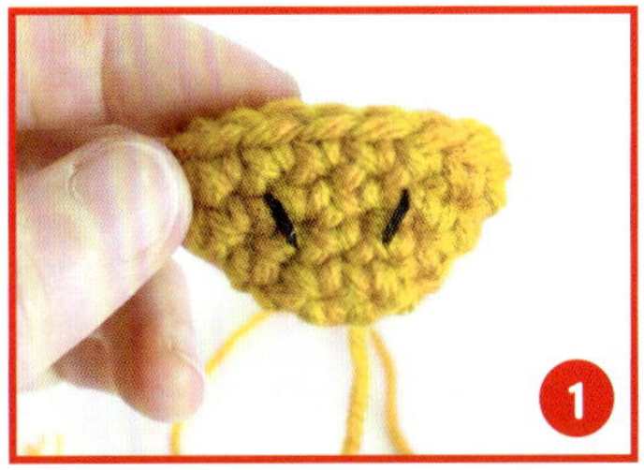

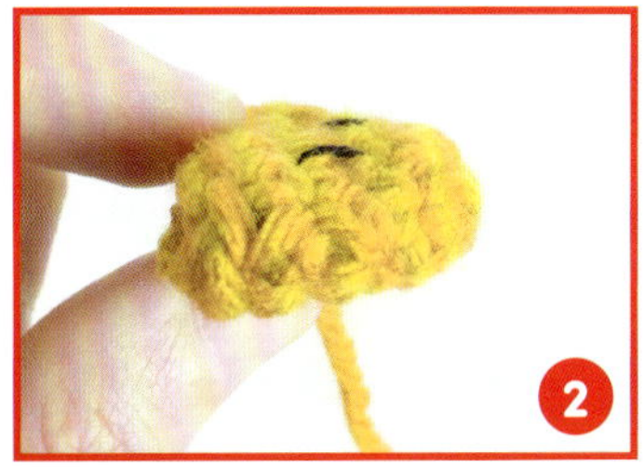

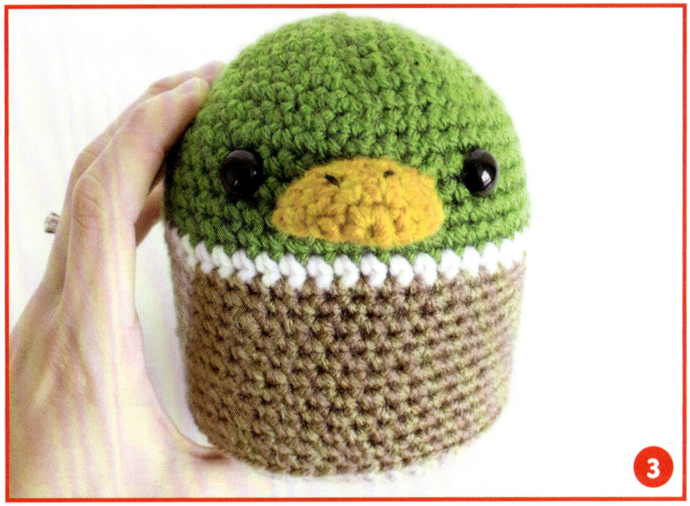

FUSS

2x arbeiten, in Orange häkeln

1. Rd: 6 fM in einen magischen Ring häkeln (6 M).
2. Rd: 2 fM in jede M (12 M).
3. Rd: *1 fM, 2 fM in die nächste M* 6x (18 M).
4. Rd: 18 fM (18 M).
5. Rd: *1 fM, 1 Abn* 6x (12 M).
6. Rd: *1 fM, 1 Abn* 4x (8 M).

Die Arbeit beenden und ein Fadenende zum Annähen hängen lassen.
Die Füße flach drücken, unter die 27. Runde des Körpers stecken *(Fotos 4,5)* und annähen.

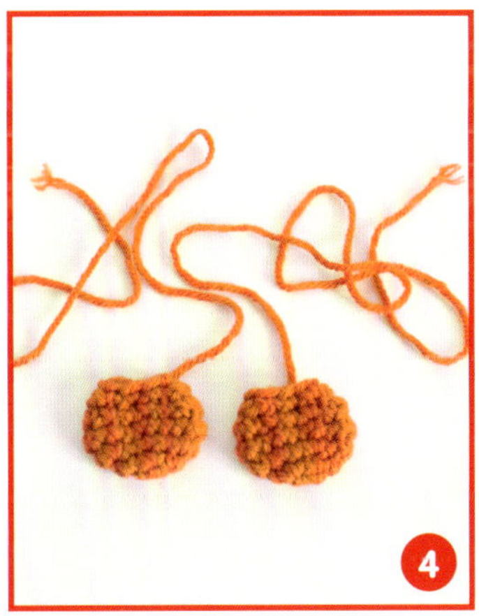

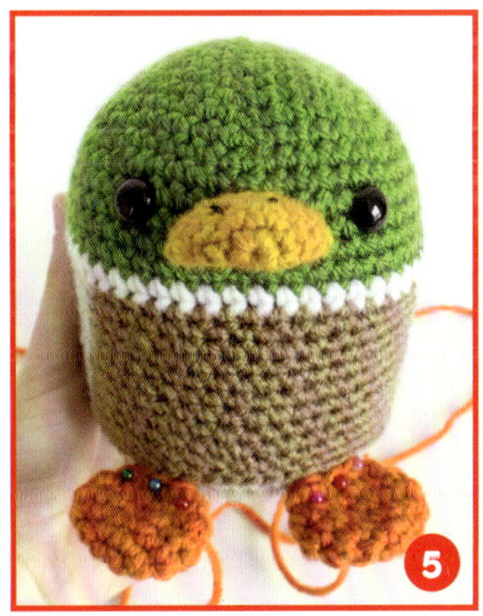

FLÜGEL

2x arbeiten, in Grau häkeln

1. Rd: 6 fM in einen magischen Ring (6 M).
2. Rd: 2 fM in jede M (12 M).
3. Rd: 12 fM (12 M).
4. Rd: *1 fM, 2 fM in die nächste M* 6x (18 M).
5.–7. Rd: 18 fM (18 M).
8. Rd: *1 fM, 1 Abn* 6x (12 M).
9.–10. Rd: 12 fM (12 M).
11. Rd: *1 fM, 1 Abn* 4x (8 M).
12. Rd: 8 fM (8 M).
13. Rd: 3 Abn, 1 fM (4 M).

Die Arbeit beenden und die Flügel schließen. Den Endfaden so im Inneren vernähen, dass er beim magischen Ring austritt *(Fotos 1,2)*. Damit wird der Flügel an den Körper genäht.

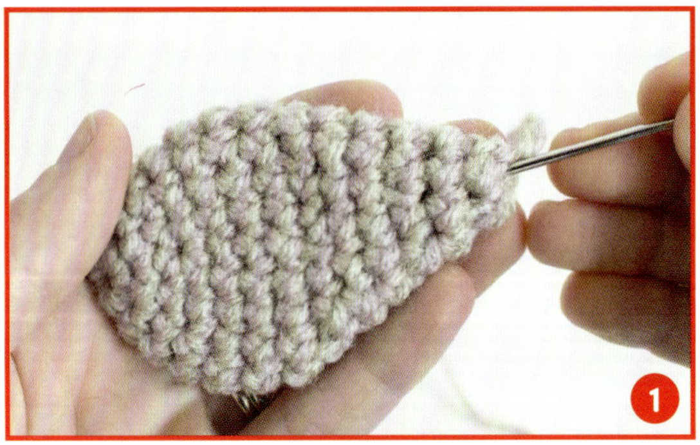
1

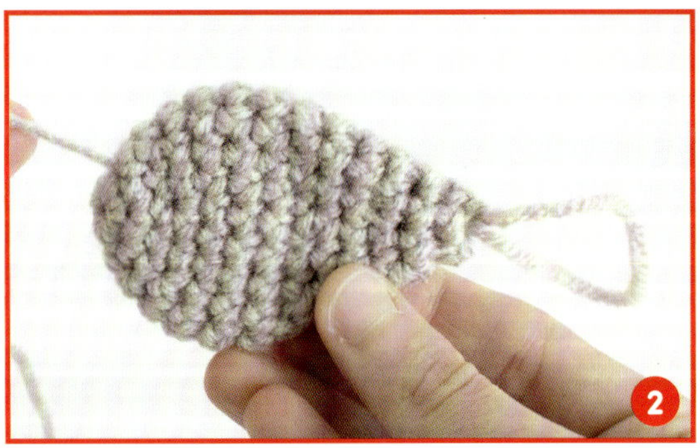
2

BLAUE LINIE:

Besteht aus 4 Kreuzstichen.

1. Den Flügel flach drücken. Blaues Garn in eine Nähnadel fädeln *(Foto 3)* und damit auf der Rückseite des Flügels ein- und zwischen der 6. und 7. Runde ausstechen *(Foto 4)*. Dabei sollte der Ausstich nahe der Kante liegen. Den Knoten am Fadenende im Innern des Flügels verschwinden lassen *(Fotos 5,6)*.

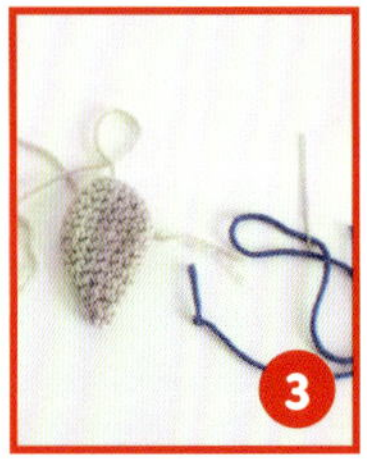
3

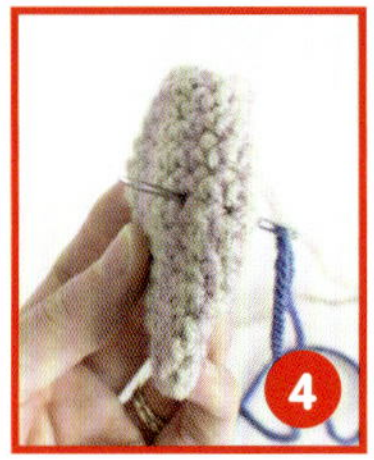
4

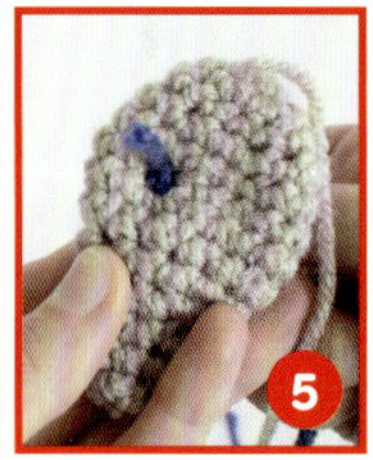
5

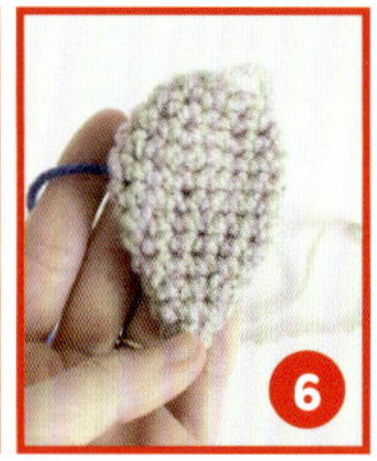
6

2. Den Faden durchziehen und die Nadel über 1 Masche diagonal nach unten wieder einstechen *(Fotos 7,8)*.

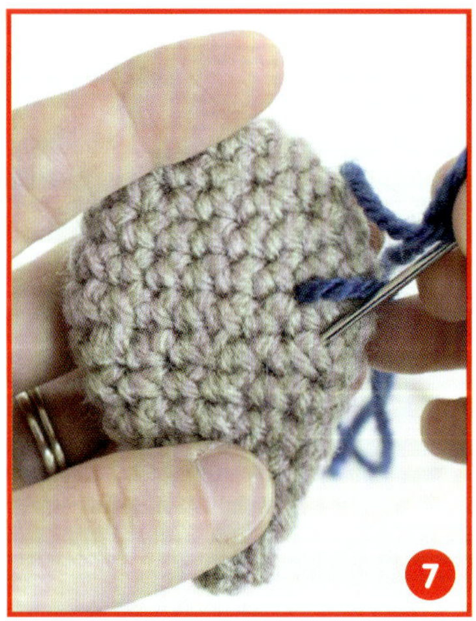
7

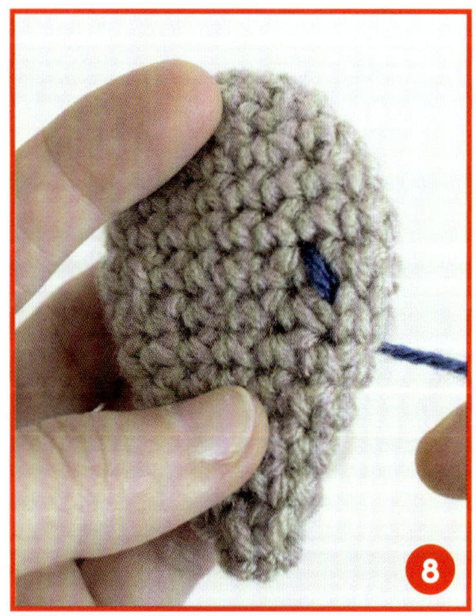
8

3. Dann aus dem Loch über dem Einstich wieder ausstechen. Ein Kreuz sticken und dafür die Nadel diagonal nach unten führen *(Foto 9)*.

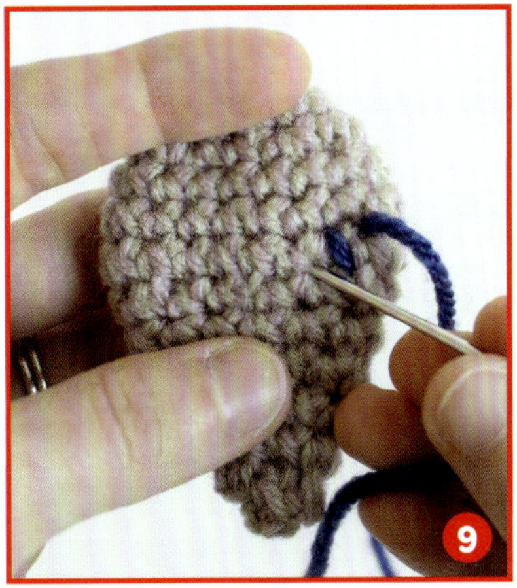

4. Für den nächsten Stich durch das Loch schräg unter dem letzten Einstich wieder ausstechen *(Foto 10)*.

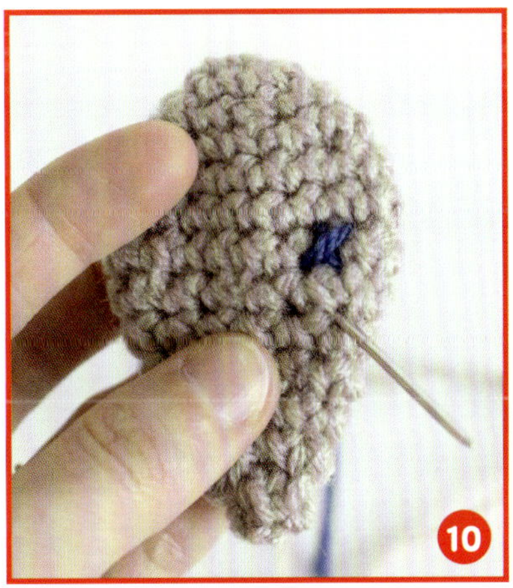

5. Die Schritte wiederholen und ein weiteres Kreuz sticken *(Fotos 11–13)*. Die Reihe mit den Kreuzstichen soll entlang der Kante des Flügels liegen *(Fotos 14,15)*.

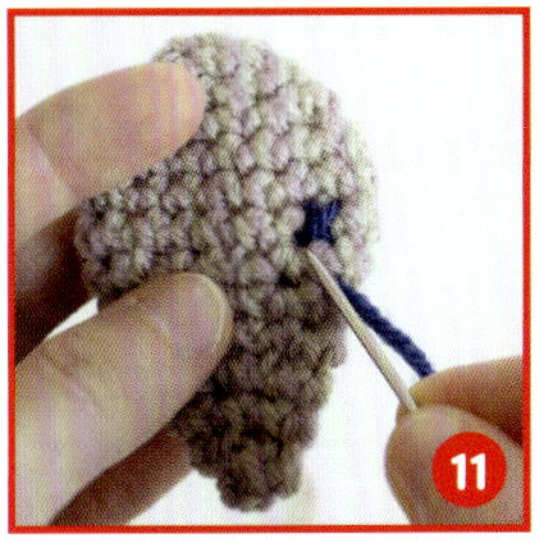

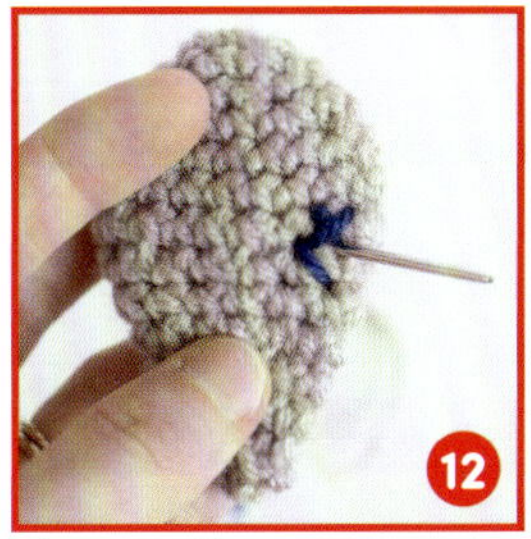

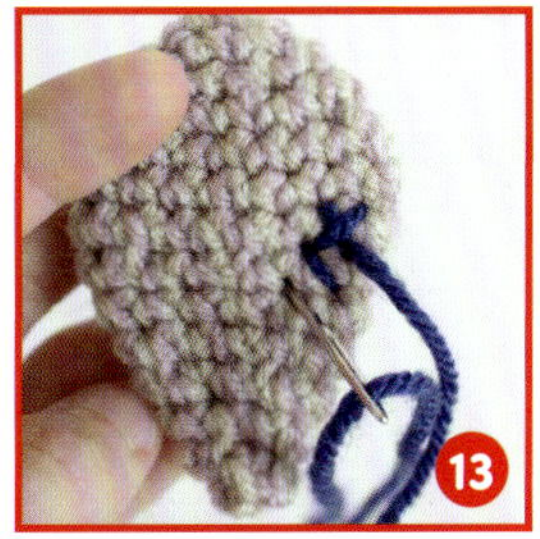

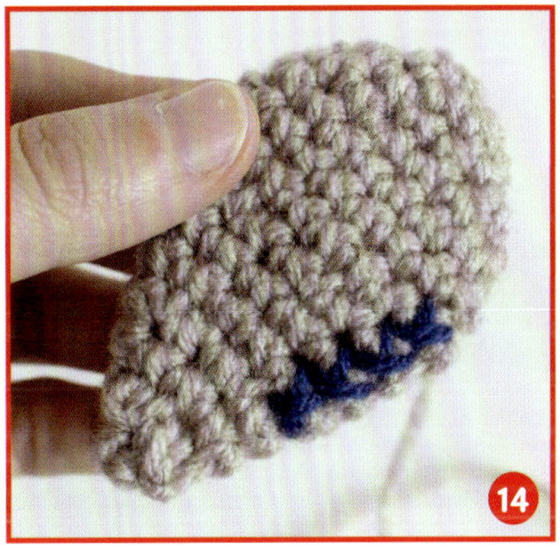

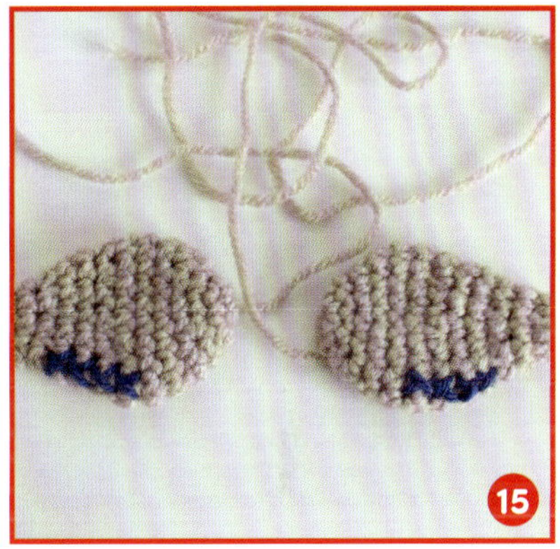

6. Die Flügel an die weiße Linie über dem Farbwechsel von Grau zu Braun auf den Körper stecken *(Fotos 16,17)*. Nur über etwa 5 Reihen festnähen *(Foto 18)*.

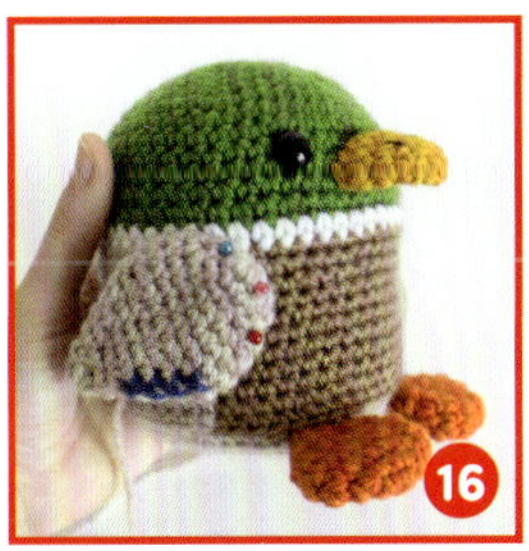

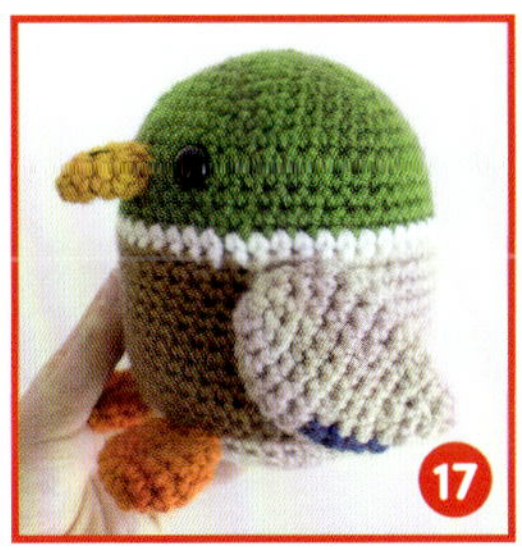

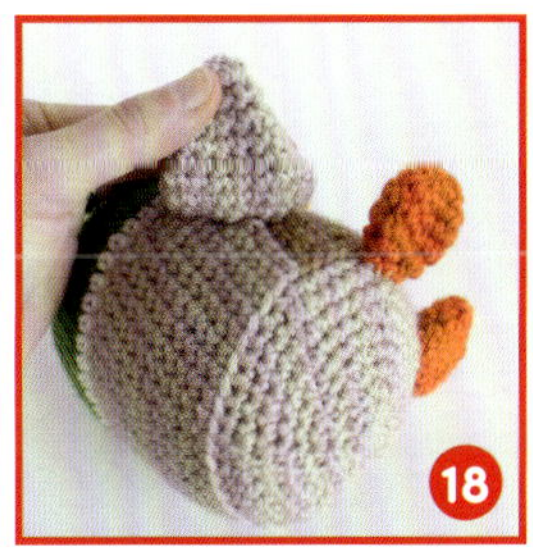

EIER

MASSE

- Große Eier – etwa 6cm hoch und 5cm breit
- Kleine Eier – etwa 5cm hoch und 4cm breit

MATERIAL

- Häkelgarn (Lauflänge 100–120m/50g), in Weiß, Beige, Creme und Blau
- Häkelnadel 4,25mm
- Sicherheitsaugen, 9mm Ø (1 Paar je Ei)
- Schwarzes Stickgarn und kleine Sticknadel
- Füllwatte aus Polyester
- Nähnadel
- Schere
- Maschenmarkierer
- Optional:
    - Eierkarton

ABKÜRZUNGEN

- Abn – unsichtbare Abnahme(n)
- fM – feste Masche(n)
- M – Masche(n)
- Rd – Runde(n)

HINWEIS ZUR ANLEITUNG

- Diese Anleitung wird in Spiralrunden gehäkelt.

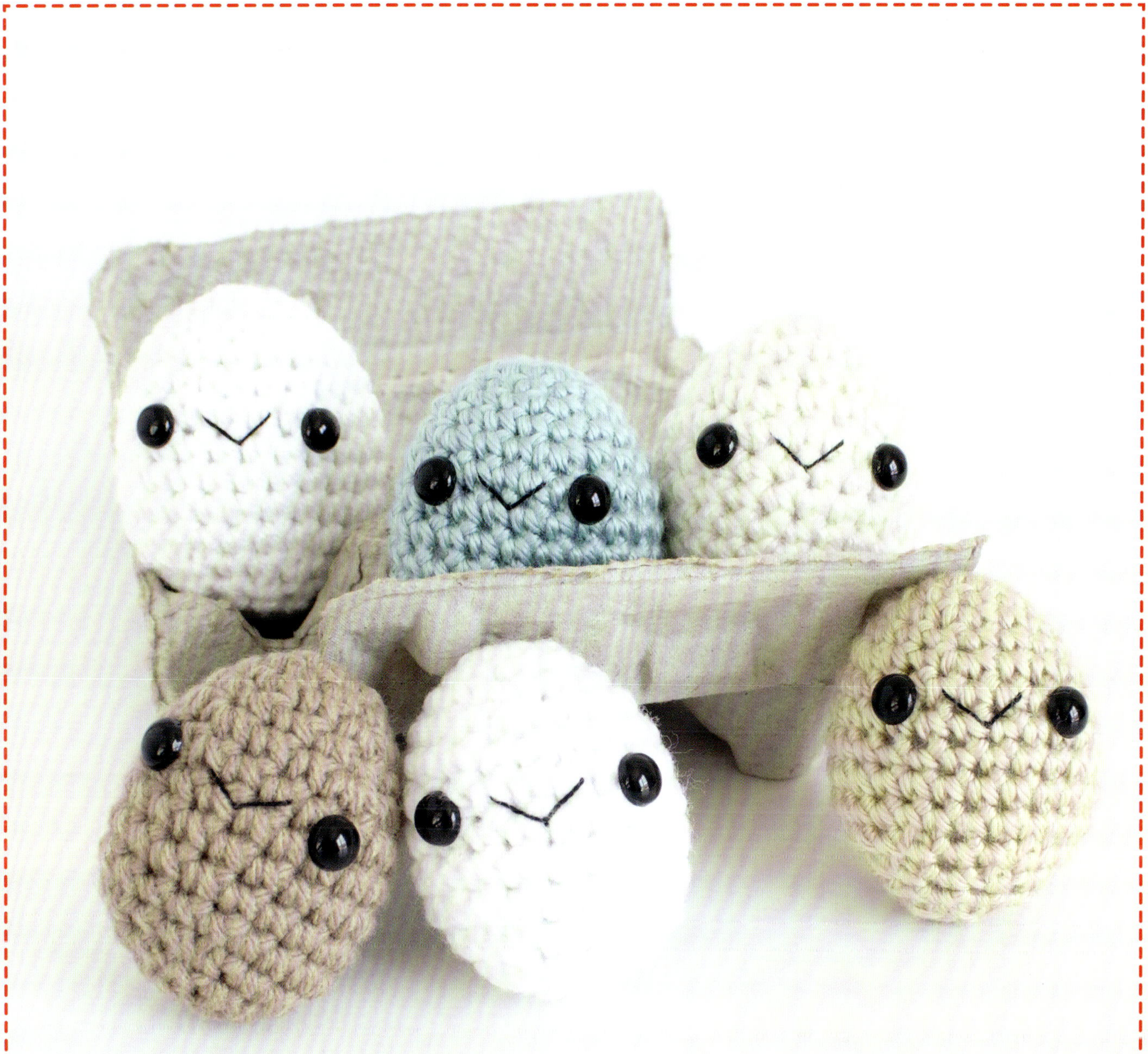

GROSSES EI

In beliebiger Farbe häkeln

1. Rd: 6 fM in einen magischen Ring häkeln (6 M).
2. Rd: 2 fM in jede M (12 M).
3. Rd: 12 fM (12 M).
4. Rd: *1 fM, 2 fM in die nächste M* 6x (18 M).
5. Rd: 18 fM (18 M).
6. Rd: *2 fM, 2 fM in die nächste M* 6x (24 M).
7.–11. Rd: 24 fM (24 M).

Die Sicherheitsaugen einsetzen und den Mund aufsticken.

12. Rd: *2 fM, 1 Abn* 6x (18 M).
13. Rd: *1 fM, 1 Abn* 6x (12 M).

Mit Füllwatte ausstopfen.

14. Rd: 12 fM (12 M).
15. Rd: 6 Abn (6 M).

Die Arbeit beenden und das Ei schließen.

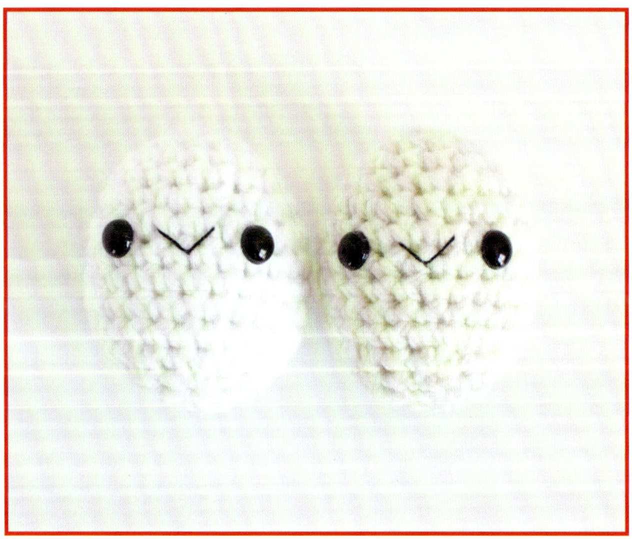

KLEINES EI

In beliebiger Farbe häkeln

1. Rd: 5 fM in einen magischen Ring häkeln (5 M).
2. Rd: 2 fM in jede M (10 M).
3. Rd: 10 fM (10 M).
4. Rd: *1 fM, 2 fM in die nächste M* 5x (15 M).
5. Rd: 15 fM (15 M).
6. Rd: *2 fM, 2 fM in die nächste M* 5x (20 M).
7.–11. Rd: 20 fM (20 M).

Die Sicherheitsaugen einsetzen und den Mund aufsticken.

12. Rd: *2 fM, 1 Abn* 5x (15 M).

Mit Füllwatte ausstopfen.

13. Rd: *1 fM, 1 Abn* 5x (10 M).
14. Rd: 5 Abn (5 M).

Die Arbeit beenden und das Ei schließen.

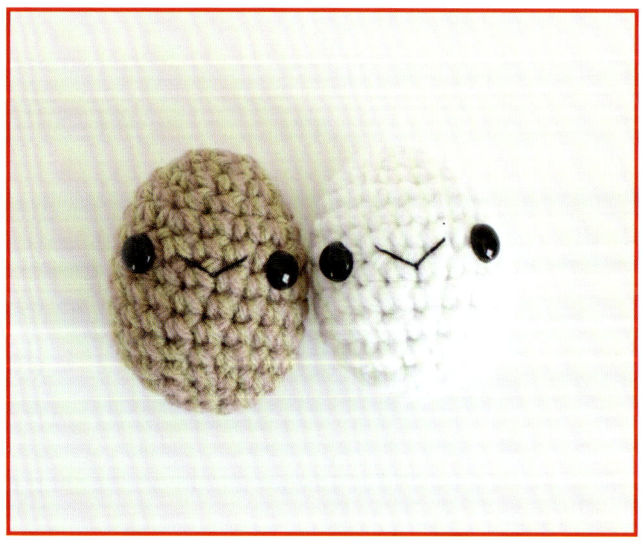

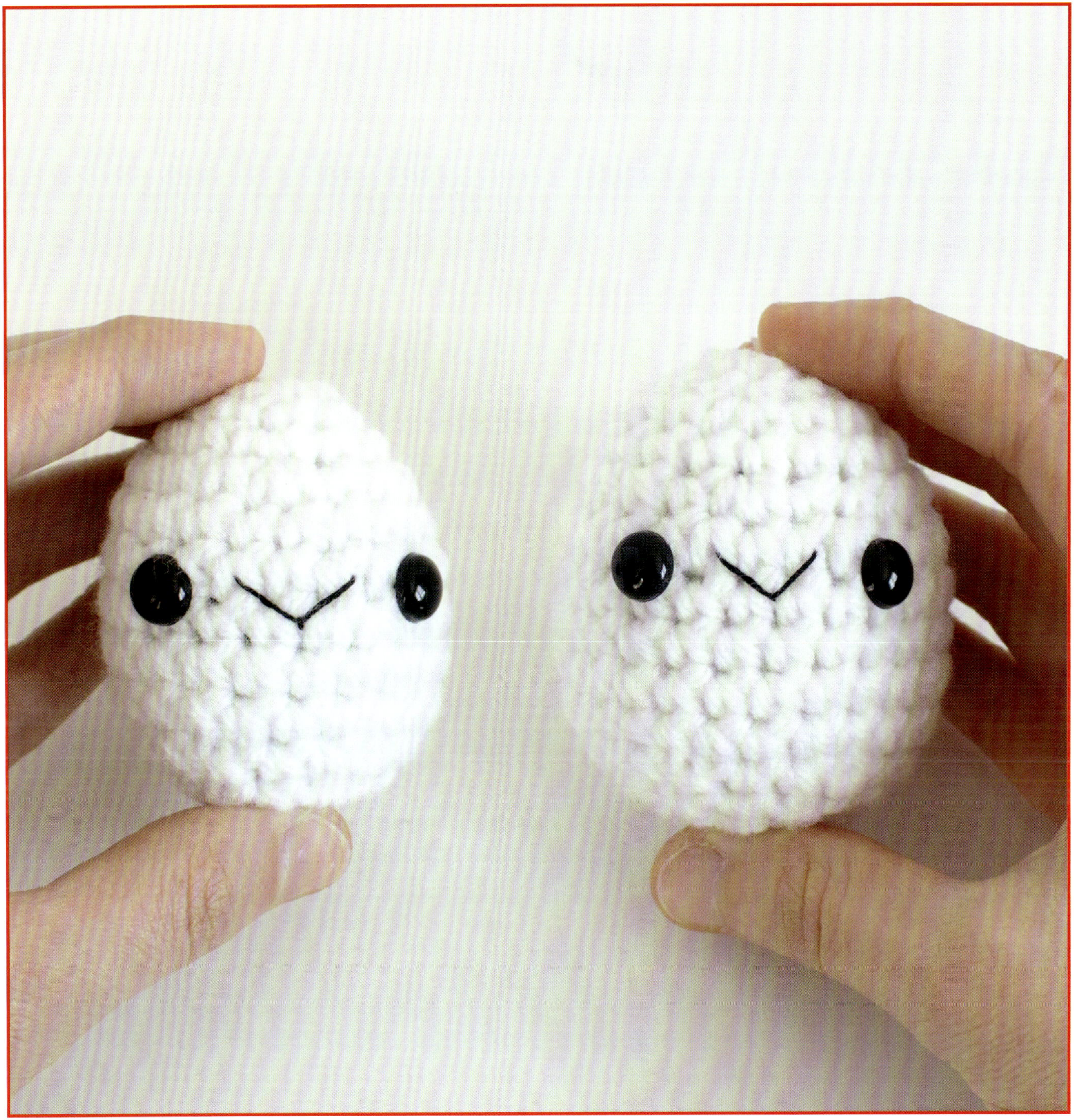

SCHWEIN

MASSE

- Etwa 13cm hoch und 10cm breit

MATERIAL

- Häkelgarn (Lauflänge 100–120m/50g), in Rosa und Beige
- Häkelnadel 4,25mm
- Sicherheitsaugen, 12mm Ø
- Schwarzes Stickgarn und kleine Sticknadel
- Füllwatte aus Polyester
- Nähnadel
- Schere
- Maschenmarkierer
- Stecknadeln (optional, aber sehr hilfreich beim Zusammenfügen der Einzelteile)

ABKÜRZUNGEN

- Abn – unsichtbare Abnahme(n)
- fM – feste Masche(n)
- Lm – Luftmasche(n)
- M – Masche(n)
- Rd – Runde(n)

HINWEIS ZUR ANLEITUNG

- Diese Anleitung wird in Spiralrunden gehäkelt.

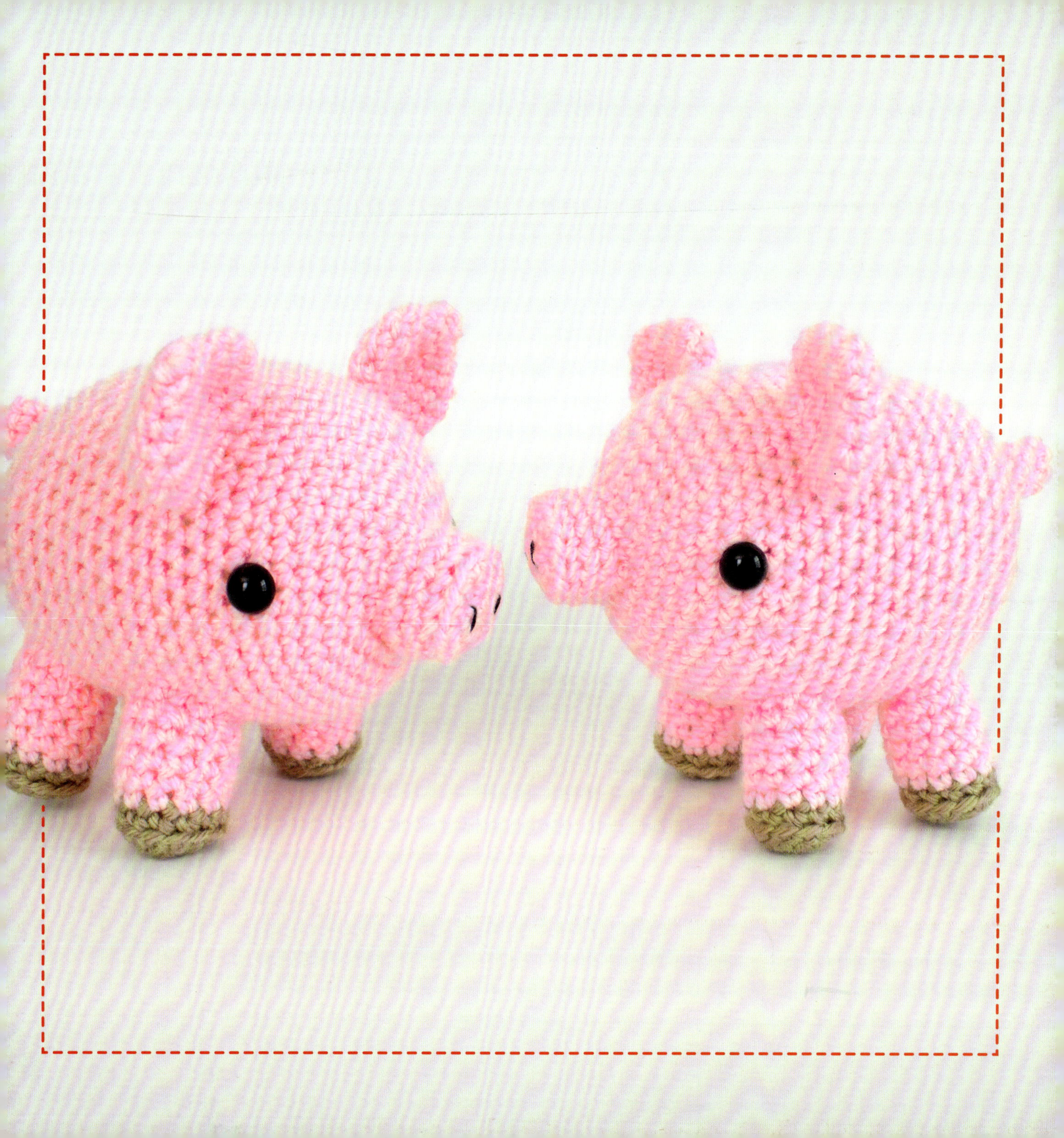

KÖRPER

In Rosa häkeln

1. Rd: 6 fM in einen magischen Ring häkeln (6 M).
2. Rd: 2 fM in jede M (12 M).
3. Rd: *1 fM, 2 fM in die nächste M* 6x (18 M).
4. Rd: *2 fM, 2 fM in die nächste M* 6x (24 M).
5. Rd: *3 fM, 2 fM in die nächste M* 6x (30 M).
6. Rd: *4 fM, 2 fM in die nächste M* 6x (36 M).
7. Rd: *5 fM, 2 fM in die nächste M* 6x (42 M).
8.–24. Rd: 42 fM (42 M).

Zuerst das rechte Sicherheitsauge zwischen der 9. und 10. Runde vom magischen Ring aus einsetzen *(Foto 1)*. Das linke Auge im Abstand von 20 Maschen rechts davon anbringen *(Fotos 2,3)*.

25. Rd: *5 fM, 1 Abn* 6x (36 M).

Ausstopfen und nach und nach weiteres Füllmaterial hinzufügen.

26. Rd: *4 fM, 1 Abn* 6x (30 M).
27. Rd: *3 fM, 1 Abn* 6x (24 M).
28. Rd: *2 fM, 1 Abn* 6x (18 M).
29. Rd: *1 fM, 1 Abn* 6x (12 M).
30. Rd: 6 Abn (6 M).

Die Arbeit beenden und den Körper schließen.

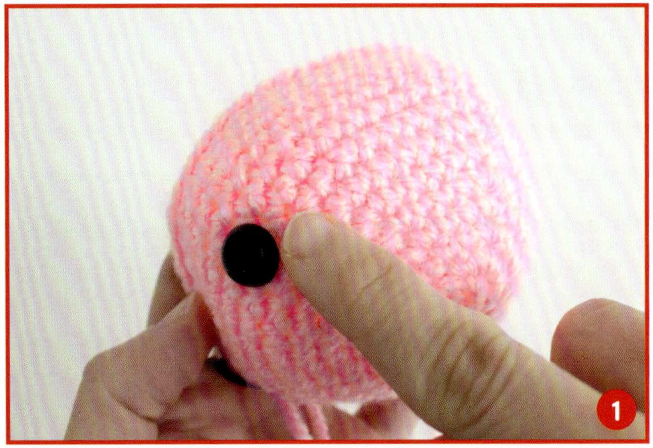

1

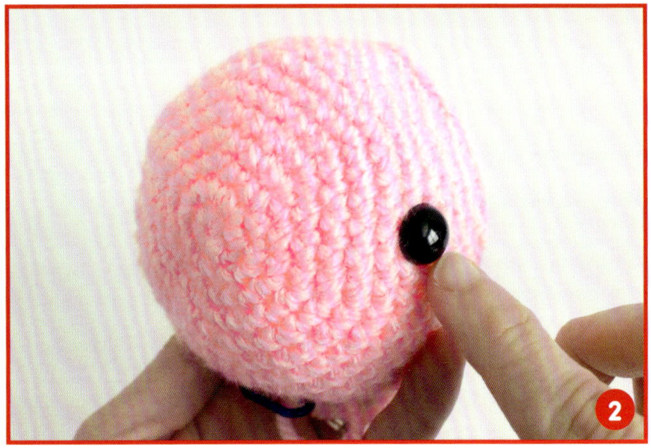

2

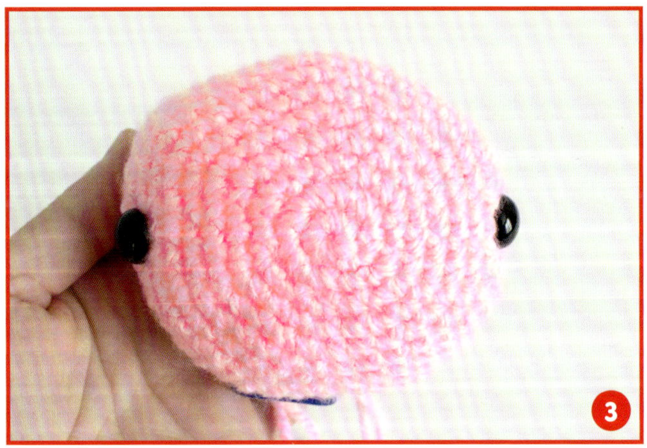

3

SCHNAUZE

In Rosa häkeln

1. Rd: 5 fM in einen magischen Ring häkeln (5 M).
2. Rd: 2 fM in jede M (10 M).
3. Rd: *1 fM, 2 fM in die nächste M* 5x (15 M).
4. Rd: 15 fM in die **hinteren** Maschenglieder (15 M).
5.–6. Rd: 15 fM (15 M).

Die Arbeit beenden und ein Fadenende zum Annähen hängen lassen.
Die Nasenlöcher mit schwarzem Stickgarn aufsticken, dafür seitlich vom magischen Ring zwei kleine Linien sticken *(Foto 4)*.
Die Schnauze ausstopfen, zwischen die Sicherheitsaugen stecken *(Foto 5)* und annähen *(Foto 6)*.

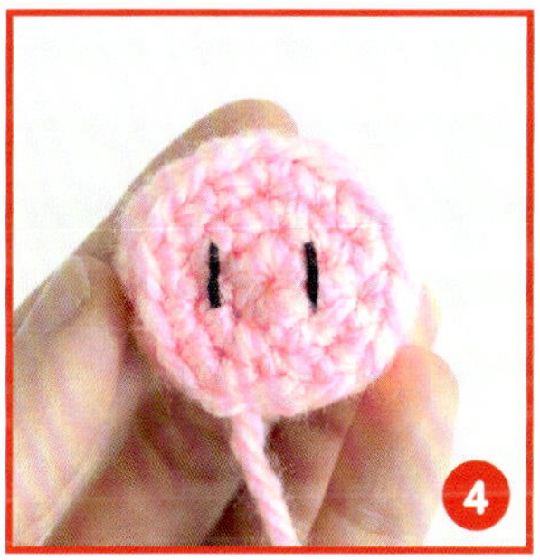
4

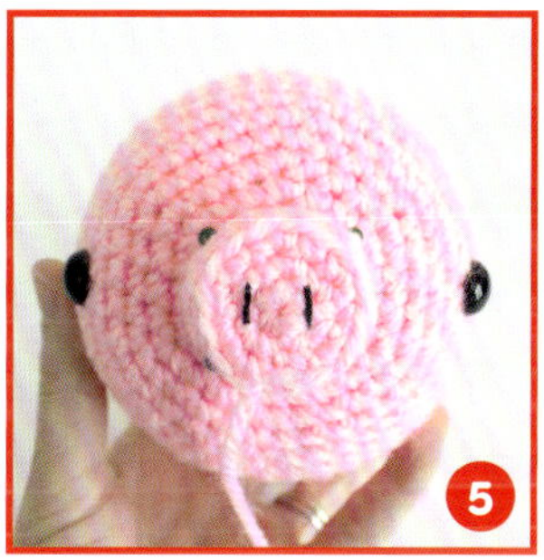
5

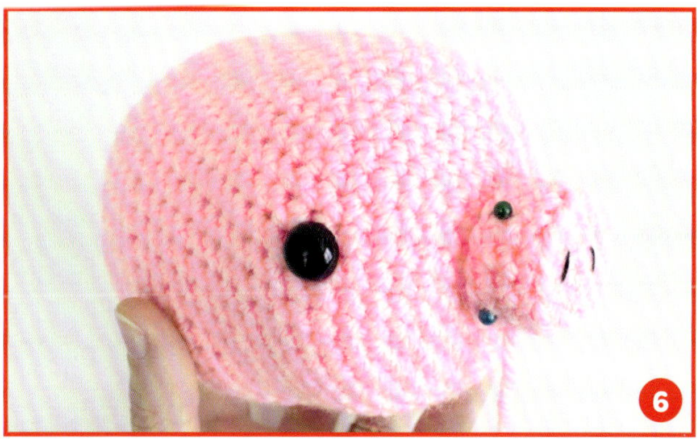
6

OHREN

2x arbeiten, in Rosa häkeln

1. Rd: 5 fM in einen magischen Ring häkeln (5 M).
2. Rd: 5 fM (5 M).
3. Rd: 2 fM in jede M (10 M).
4. Rd: *1 fM, 2 fM in die nächste M* 5x (15 M).
5. Rd: *2 fM, 2 fM in die nächste M* 5x (20 M).
6. Rd: 20 fM (20 M).
7. Rd: *2 fM, 1 Abn* 5x (15 M).
8. Rd: *1 fM, 1 Abn* 5x (10 M).

Die Arbeit beenden und ein Fadenende zum Annähen hängen lassen *(Foto 7)*.
Die Ohren zwischen der 13. und 15. Runde im Abstand von etwa 7 Maschen an den Körper stecken *(Fotos 8,9)* und festnähen.

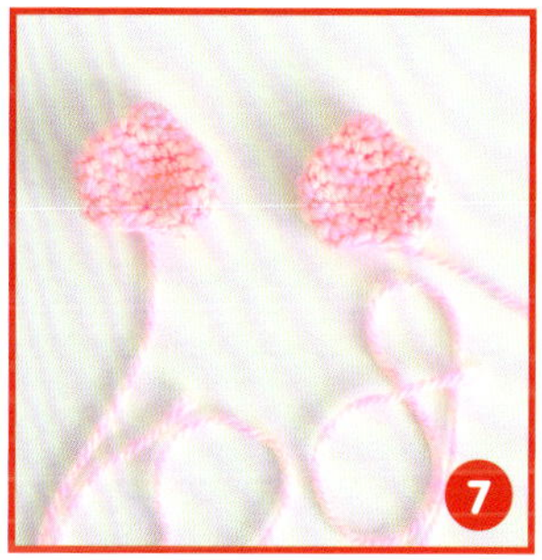
7

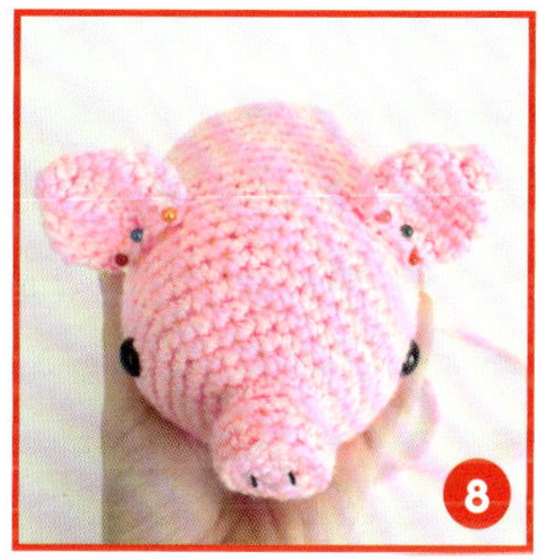
8

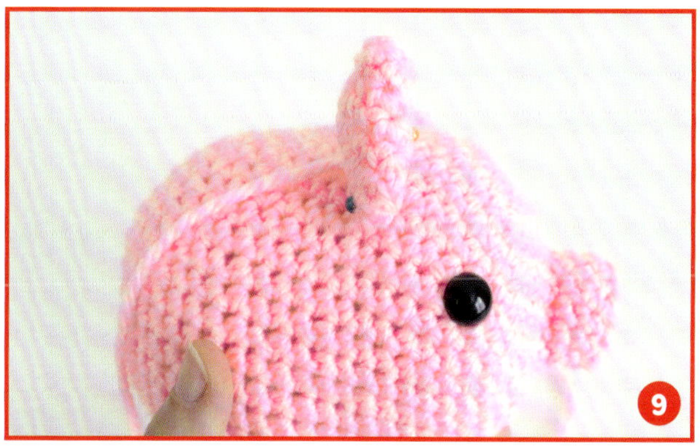
9

BEIN

4x arbeiten, in Beige und Rosa häkeln

Mit Beige beginnen.

1. Rd: 6 fM in einen magischen Ring häkeln (6 M).
2. Rd: 2 fM in jede M (12 M).
3. Rd: 12 fM (12 M).
4. Rd: 12 fM in die **hinteren** Maschenglieder (12 M).

Zu Rosa wechseln

5–9. Rd: 12 fM (12 M).

Die Arbeit beenden und ein Fadenende zum Annähen hängen lassen *(Foto 10)*.
Die Beine ausstopfen. Die Vorderbeine an den Ohren ausrichten *(Foto 11)* und im Abstand von 4 Maschen an den Körper stecken. Die Hinterbeine etwa 3–4 Runden hinter den Vorderbeinen, ebenfalls im Abstand von 4 Maschen, an den Körper stecken *(Foto 12)*. Dann die Beine festnähen *(Foto 13)*.

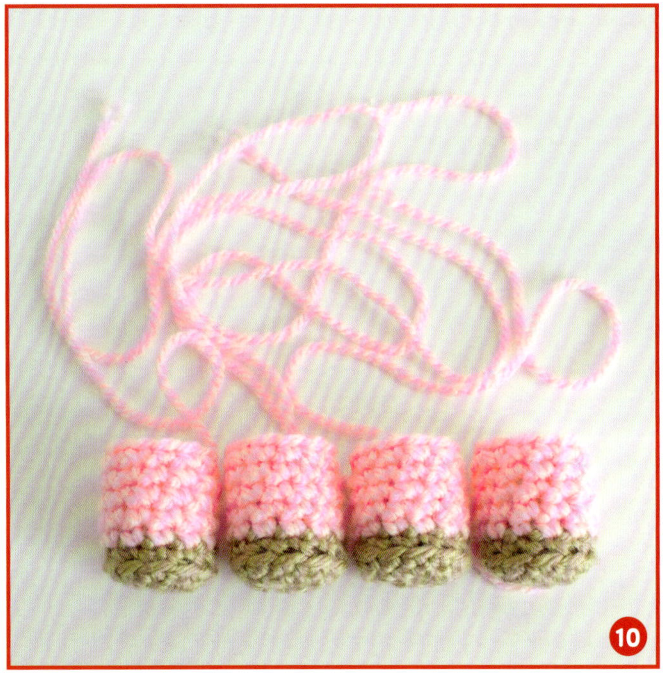
10

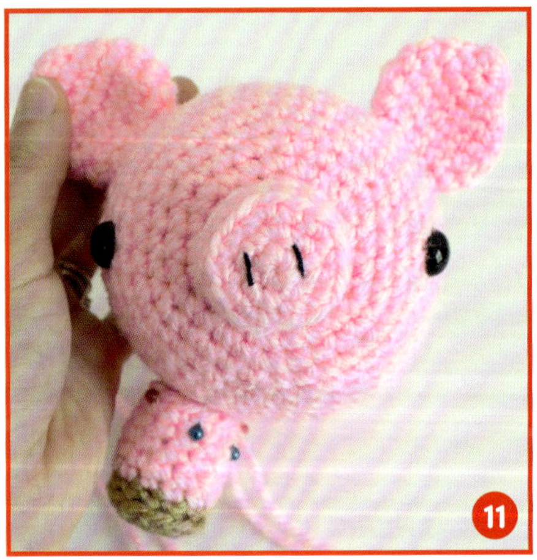
11

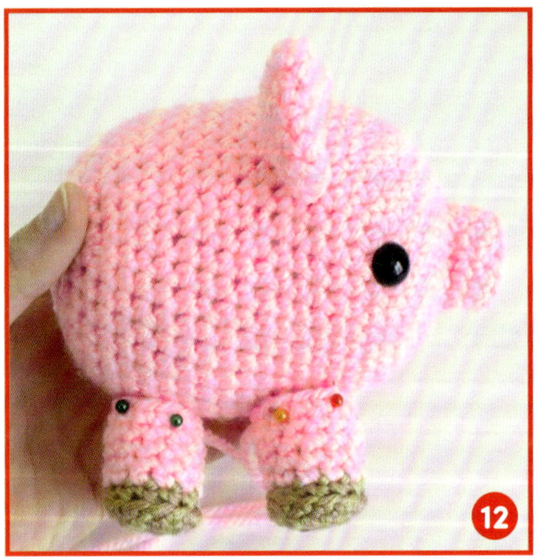
12

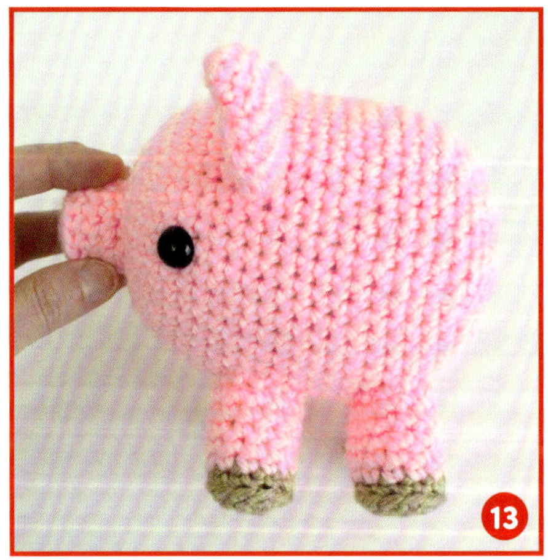
13

SCHWANZ

In Rosa häkeln

9 Lm, dann ab der 2. Lm von der Häkelnadel 2 fM in jede Lm (16 M insgesamt).

Die Arbeit beenden und ein Fadenende zum Annähen hängen lassen. Den Schwanz hinten an den Körper stecken und festnähen.

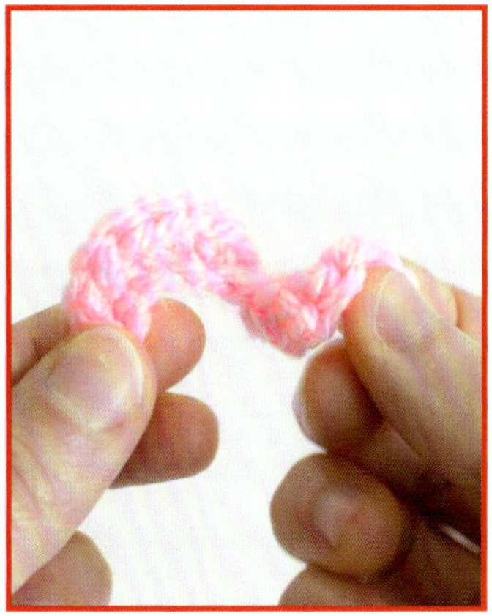

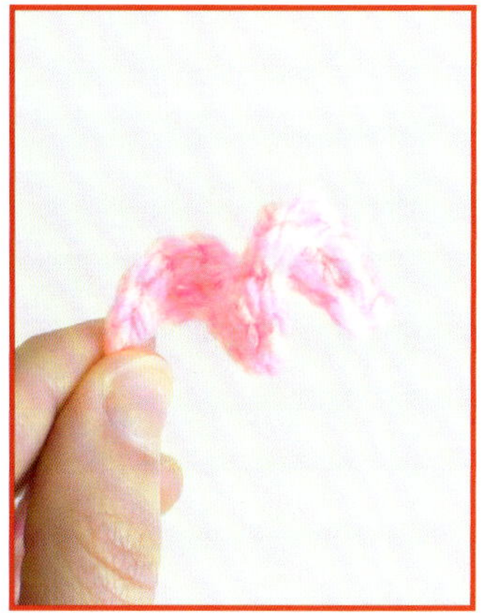

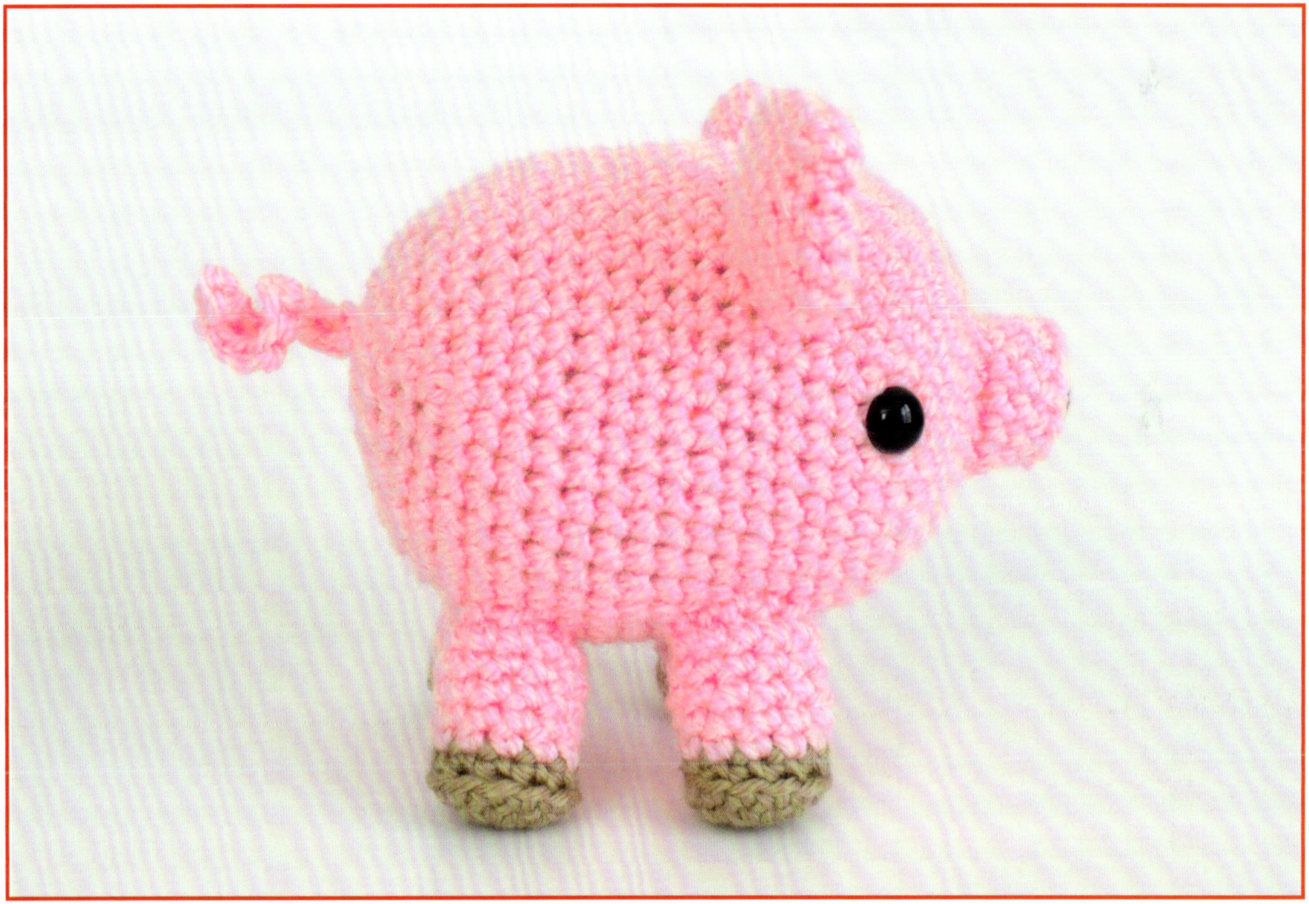

IN DER BÄCKEREI

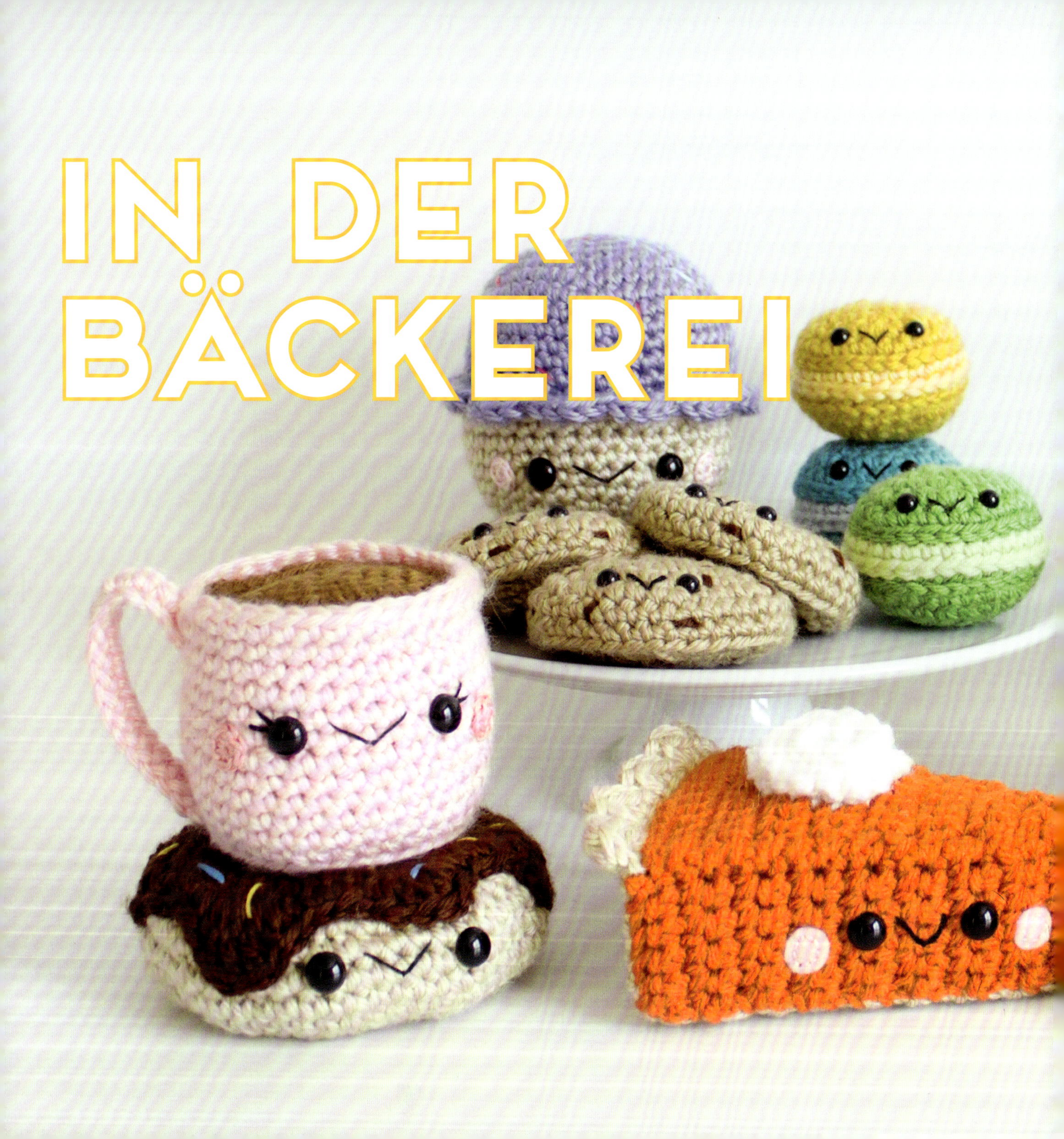

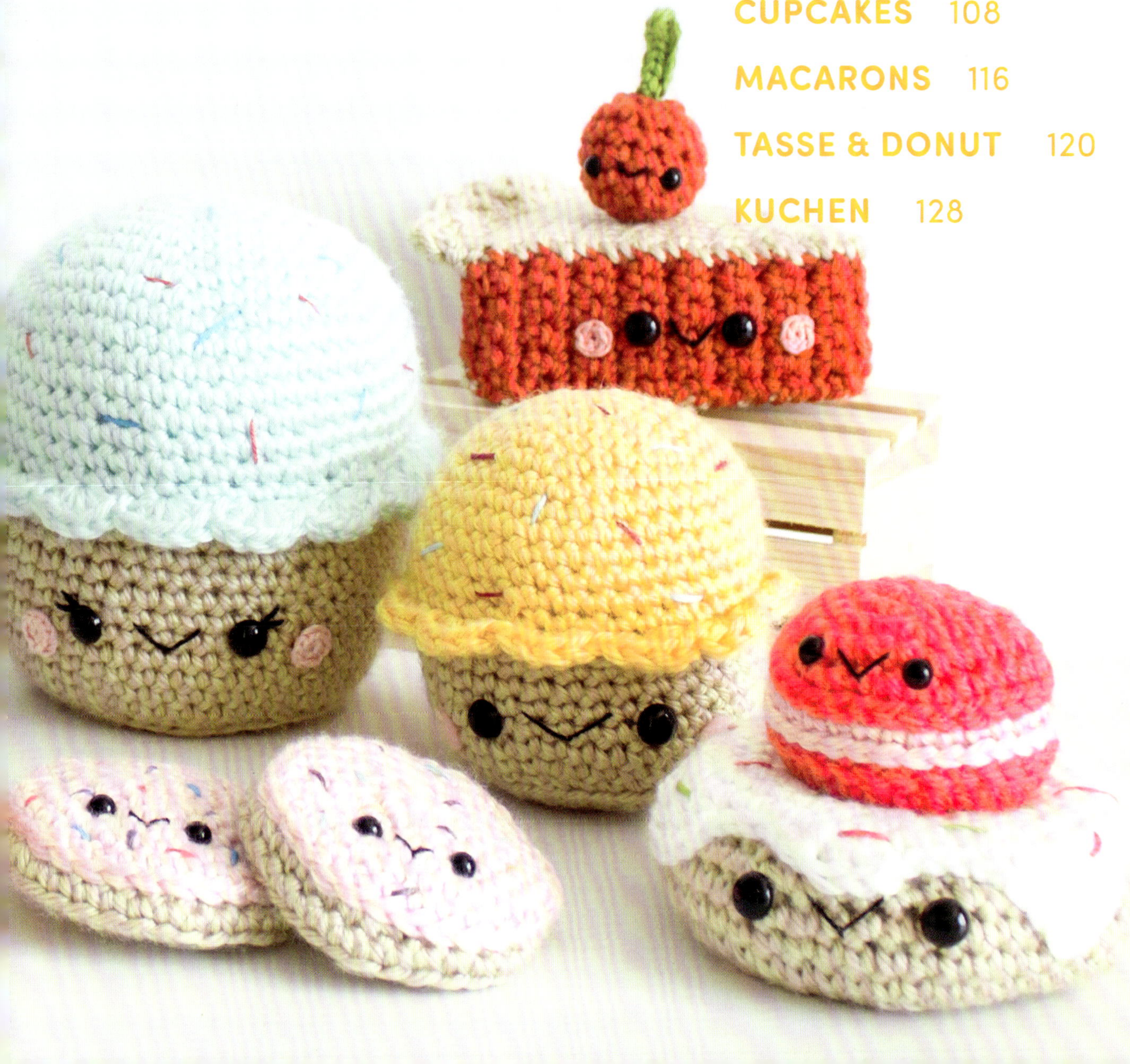

KEKSE

MASSE

- Etwa 6cm breit

MATERIAL

- Häkelgarn (Lauflänge 100–120m/50g), in
  - Beige und Dunkelbraun für den Schokoladenkeks
  - Hellbeige und Rosa für den Keks mit Zuckerglasur
- Häkelnadel 4,25mm
- Sicherheitsaugen, 6mm Ø (1 Paar je Keks)
- Schwarzes Stickgarn und ein paar bunte Reste
- Kleine Sticknadel
- Füllwatte aus Polyester
- Nähnadel
- Schere
- Maschenmarkierer

ABKÜRZUNGEN

- Abn – unsichtbare Abnahme(n)
- fM – feste Masche(n)
- M – Masche(n)
- Rd – Runde(n)

HINWEIS ZUR ANLEITUNG

- Diese Anleitung wird in Spiralrunden gehäkelt.
- Die Teile werden in einem Stück gearbeitet.

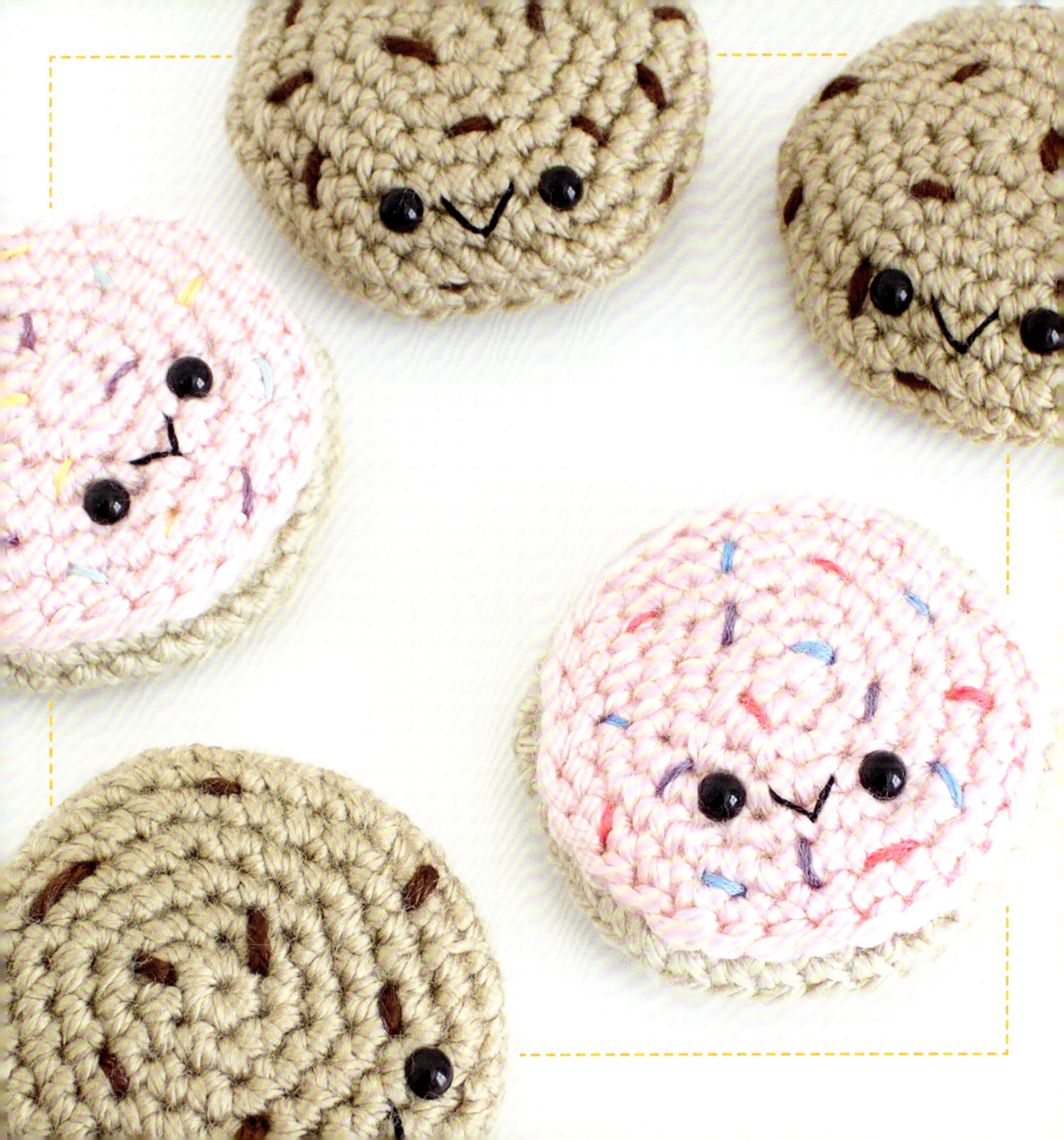

SCHOKOLADENKEKS

In Beige häkeln

1. Rd: 6 fM in einen magischen Ring häkeln (6 M).
2. Rd: 2 fM in jede (12 M).
3. Rd: *1 fM, 2 fM in die nächste M* 6x (18 M).
4. Rd: *2 fM, 2 fM in die nächste M* 6x (24 M).
5. Rd: *3 fM, 2 fM in die nächste M* 6x (30 M).
6. Rd: *4 fM, 2 fM in die nächste M* 6x (36 M).
7.–8. Rd: 36 fM (36 M).
9. Rd: nur in die **hinteren** Maschenglieder, *4 fM, 1 Abn* 6x (30 M).

Die Sicherheitsaugen einsetzen und den Mund aufsticken *(Foto 1)*.

10. Rd: *3 fM, 1 Abn* 6x (24 M).
11. Rd: *2 fM, 1 Abn* 6x (18 M).
12. Rd: *1 fM, 1 Abn* 6x (12 M).

Mit etwas Füllwatte ausstopfen.

13. Rd: 6 Abn (6 M).

Die Arbeit beenden und den Keks schließen.

FÜR DIE SCHOKOSTÜCKCHEN:

In Dunkelbraun kleine Linien über den Keks verstreut aufsticken *(Foto 2)*.

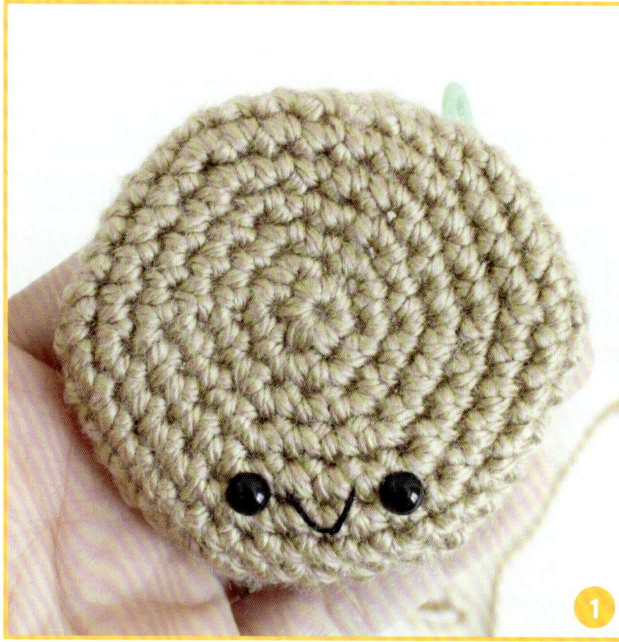

1

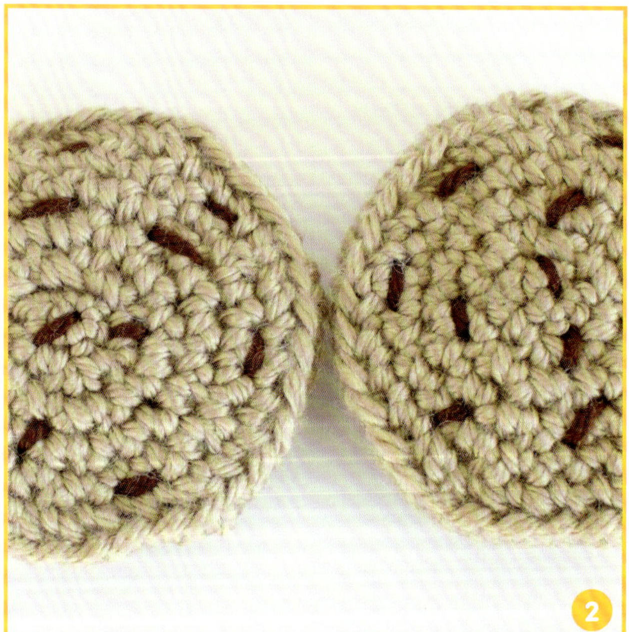

2

KEKS MIT ZUCKERGLASUR

GLASUR:

In Rosa häkeln

1. Rd: 6 fM in einen magischen Ring häkeln (6 M).
2. Rd: 2 fM in jede M (12 M).
3. Rd: *1 fM, 2 fM in die nächste M* 6x (18 M).
4. Rd: *2 fM, 2 fM in die nächste M* 6x (24 M).
5. Rd: *3 fM, 2 fM in die nächste M* 6x (30 M).
6. Rd: 30 fM (30 M).

Die Arbeit beenden und ein Fadenende zum Annähen hängen lassen.

Zur Seite legen.

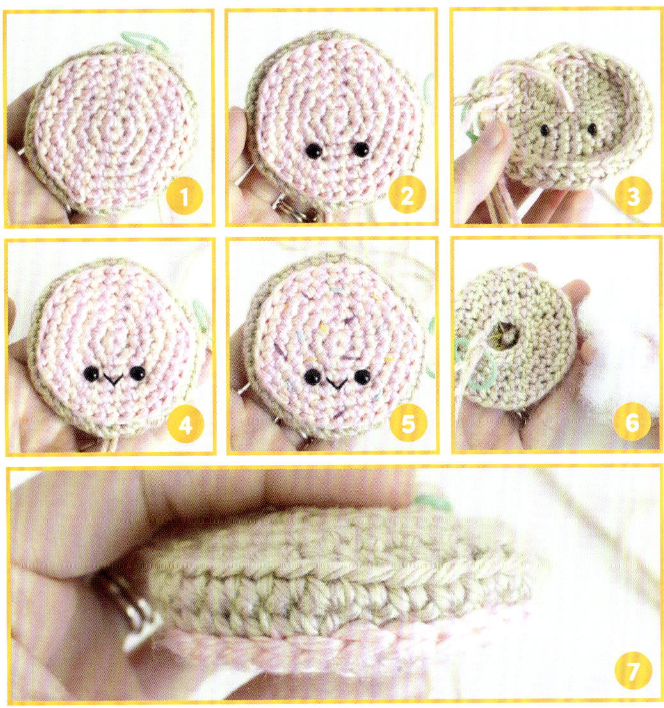

KEKS:

In Hellbeige häkeln

1. Rd: 6 fM in einen magischen Ring häkeln (6 M).
2. Rd: 2 fM in jede M (12 M).
3. Rd: *1 fM, 2 fM in die nächste M* 6x (18 M).
4. Rd: *2 fM, 2 fM in die nächste M* 6x (24 M).
5. Rd: *3 fM, 2 fM in die nächste M* 6x (30 M).
6. Rd: *4 fM, 2 fM in die nächste M* 6x (36 M).
7. Rd: 36 fM (36 M).
8. Rd: nur in die **hinteren** Maschenglieder, *4 fM, 1 Abn* 6x (30 M).

Die Glasur an den Keks nähen *(Foto 1)*.
Die Sicherheitsaugen einsetzen, dabei durch die Glasur und den Keks stecken *(Fotos 2,3)* und auf der Rückseite verschließen.
Den Mund und die Streusel aufsticken *(Fotos 4,5)*.

9. Rd: *3 fM, 1 Abn* 6x (24 M).
10. Rd: *2 fM, 1 Abn* 6x (18 M).
11. Rd: *1 fM, 1 Abn* 6x (12 M).

Mit etwas Füllwatte ausstopfen *(Fotos 6,7)*.

12. Rd: 6 Abn. (6 M)

Die Arbeit beenden und den Keks schließen.

CUPCAKES

MASSE

- Normaler Cupcake – etwa 9cm breit und 9cm hoch
- Großer Cupcake – etwa 11cm breit und 11cm hoch

MATERIAL

- Häkelgarn (Lauflänge 100–120m/50g), in Beige sowie eine beliebige Farbe für die Glasur
- Häkelnadel 4,25mm
- Sicherheitsaugen, 9mm Ø (1 Paar je Cupcake)
- Schwarzes Stickgarn und ein paar bunte Reste für die Streusel
- Kleine Sticknadel
- Füllwatte aus Polyester
- Nähnadel
- Schere
- Maschenmarkierer
- Pappe (nur für den großen Cupcake)
- Optional für die Wangen:
  - rosa Filz oder rosa Stickgarn und Häkelnadel 3,5mm

ABKÜRZUNGEN

- Abn – unsichtbare Abnahme(n)
- fM – feste Masche(n)
- hStb – halbe(s) Stäbchen
- Km – Kettmasche(n)
- M – Masche(n)
- Rd – Runde(n)
- überspr – überspringen

HINWEIS ZUR ANLEITUNG

- Diese Anleitung wird in Spiralrunden gehäkelt.
- Beide Cupcakes werden auf dieselbe Weise zusammengesetzt.
- Ggf. Pappe in den großen Cupcake einsetzen für mehr Stabilität.

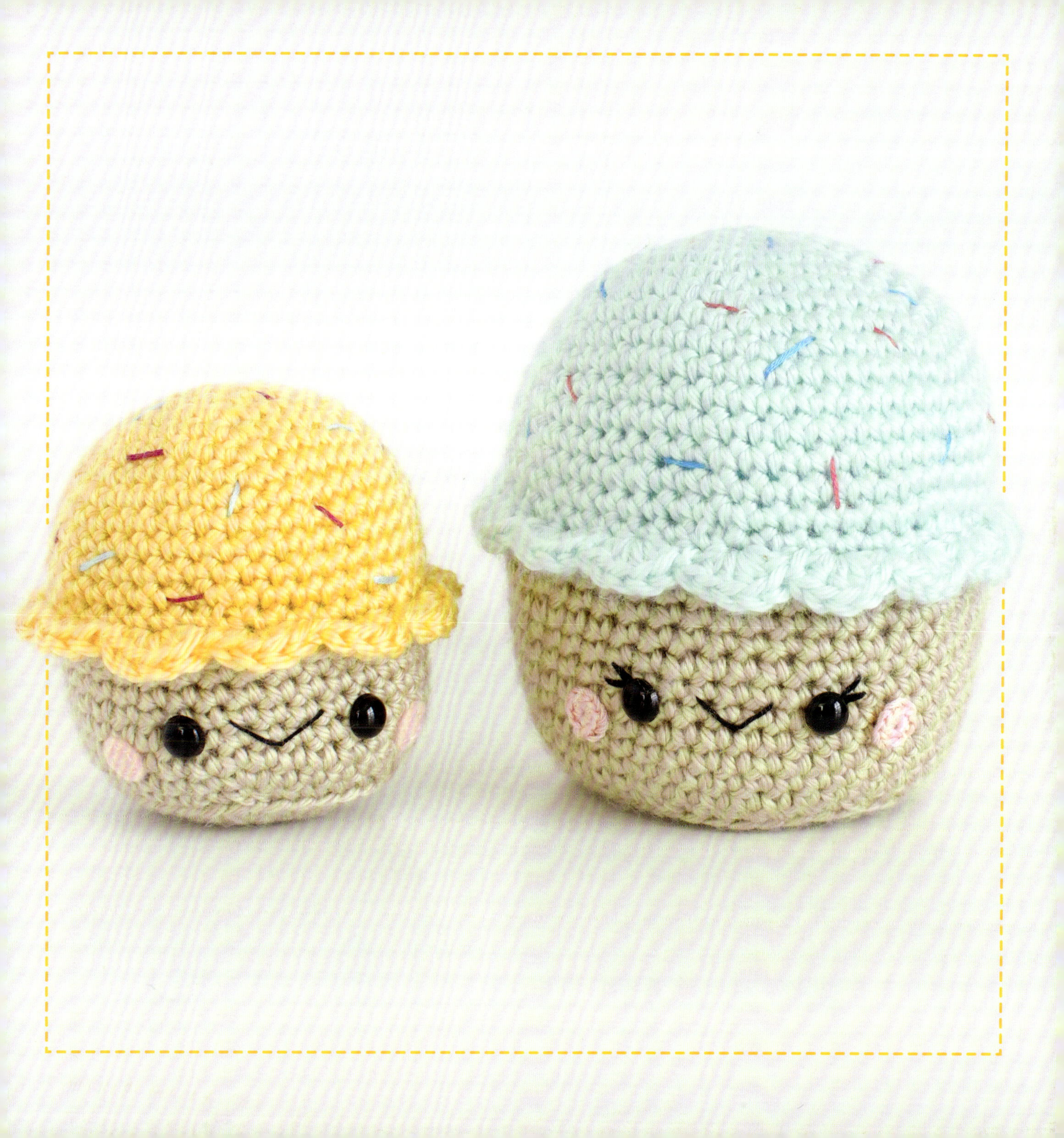

NORMALER CUPCAKE

TEIG:

In Beige häkeln

1. Rd: 6 fM in einen magischen Ring häkeln (6 M).
2. Rd: 2 fM in jede M (12 M).
3. Rd: *1 fM, 2 fM in die nächste M* 6x (18 M).
4. Rd: *2 fM, 2 fM in die nächste M* 6x (24 M).
5. Rd: *3 fM, 2 fM in die nächste M* 6x (30 M).
6. Rd: *4 fM, 2 fM in die nächste M* 6x (36 M).
7. Rd: nur in die **hinteren** Maschenglieder, *4 fM, 1 Abn* 6x (30 M).
8. Rd: *4 fM, 2 fM in die nächste M* 6x (36 M).
9.–13. Rd: 36 fM (36 M).

Die Arbeit beenden und ein langes Fadenende zum Annähen hängen lassen.
Die Sicherheitsaugen einsetzen und den Mund aufsticken.

Zur Seite legen.

OPTIONAL:
Wangen aus Filz: dafür zwei kleine Kreise aus rosa Filz ausschneiden und neben den Sicherheitsaugen aufnähen.

ODER

Gehäkelte Wangen: mit rosa Stickgarn und Häkelnadel 3,5mm wie folgt häkeln:

1. Rd: 7 fM in einen magischen Ring häkeln (7 M).

Die Arbeit beenden. Die Wangen neben den Sicherheitsaugen aufnähen.

GLASUR:

In Rosa häkeln

1. Rd: 6 fM in einen magischen Ring häkeln (6 M).
2. Rd: 2 fM in jede M (12 M).
3. Rd: *1 fM, 2 fM in die nächste M* 6x (18 M).
4. Rd: *2 fM, 2 fM in die nächste M* 6x (24 M).
5. Rd: *3 fM, 2 fM in die nächste M* 6x (30 M).
6. Rd: *4 fM, 2 fM in die nächste M* 6x (36 M).
7. Rd: *5 fM, 2 fM in die nächste M* 6x (42 M).
8.–12. Rd: 42 fM (42 M).
13. Rd: *5 fM, 1 Abn* 6x (36 M).
14. Rd: nur in die **vorderen** Maschenglieder, *4 hStb, 1 M überspr, Km in die nächste M* 12x (60 M).

Die Arbeit beenden und das Fadenende vernähen.
Mit Stickgarn die Streusel auf der Glasur aufsticken.

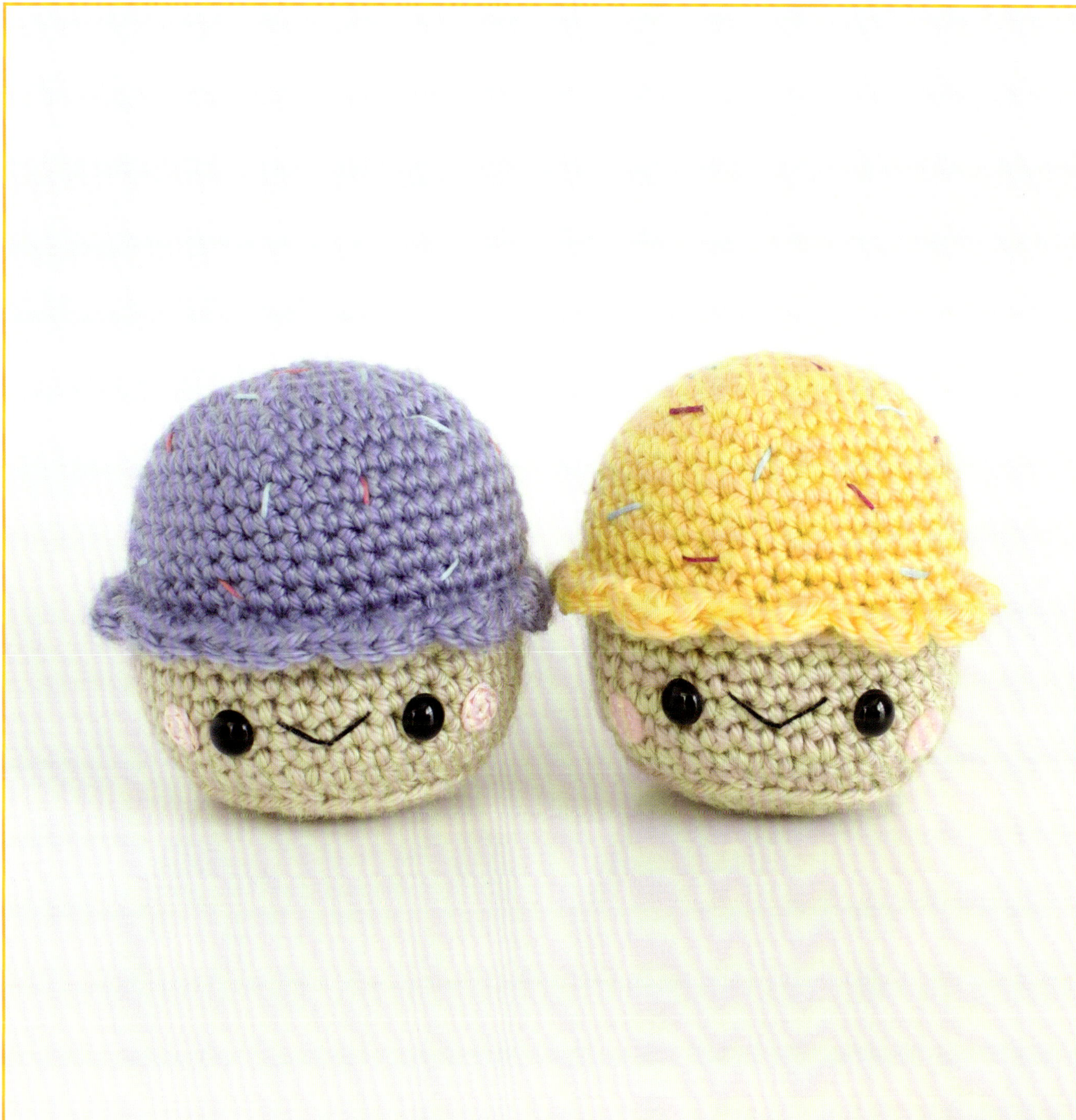

GROSSER CUPCAKE

TEIG:

In Beige häkeln

1. Rd: 6 fM in einen magischen Ring häkeln (6 M).
2. Rd: 2 fM in jede M (12 M).
3. Rd: *1 fM, 2 fM in die nächste M* 6x (18 M).
4. Rd: *2 fM, 2 fM in die nächste M* 6x (24 M).
5. Rd: *3 fM, 2 fM in die nächste M* 6x (30 M).
6. Rd: *4 fM, 2 fM in die nächste M* 6x (36 M).
7. Rd: *5 fM, 2 fM in die nächste M* 6x (42 M).
8. Rd: *6 fM, 2 fM in die nächste M* 6x (48 M).
9. Rd: nur in die **hinteren** Maschenglieder, *6 fM, 1 Abn* 6x (42 M).
10. Rd: *6 fM, 2 fM in die nächste M* 6x (48 M).
11.–19. Rd: 48 fM (48 M).

Die Arbeit beenden und ein langes Fadenende zum Annähen hängen lassen.
Die Sicherheitsaugen einsetzen und den Mund aufsticken.
Für die Wimpern den Anweisungen im Kapitel „Maschenarten und Techniken" auf Seite 20 folgen.

Zur Seite legen.

GLASUR:

In Rosa häkeln

1. Rd: 6 fM in einen magischen Ring häkeln (6 M).
2. Rd: 2 fM in jede M (12 M).
3. Rd: *1 fM, 2 fM in die nächste M* 6x (18 M).
4. Rd: *2 fM, 2 fM in die nächste M* 6x (24 M).
5. Rd: *3 fM, 2 fM in die nächste M* 6x (30 M).
6. Rd: *4 fM, 2 fM in die nächste M* 6x (36 M).
7. Rd: *5 fM, 2 fM in die nächste M* 6x (42 M).
8. Rd: *6 fM, 2 fM in die nächste M* 6x (48 M).
9. Rd: *7 fM, 2 fM in die nächste M* 6x (54 M).
10.–15. Rd: 54 fM (54 M).
16. Rd: *7 fM, 1 Abn* 6x (48 M).
17. Rd: nur in die **vorderen** Maschenglieder, *5 hStb, 1 M überspr, Km in die nächste M* 16x (96 M).

Die Arbeit beenden und das Fadenende vernähen.
Mit Stickgarn Streusel auf der Glasur aufsticken.

OPTIONAL:

Wangen aus Filz: dafür zwei kleine Kreise aus rosa Filz ausschneiden und neben den Sicherheitsaugen aufnähen.

ODER

Gehäkelte Wangen: mit rosa Stickgarn und Häkelnadel 3,5mm wie folgt häkeln:

1. Rd: 9 fM in einen magischen Ring häkeln (9M).

Die Arbeit beenden. Die Wangen neben den Sicherheitsaugen aufnähen.

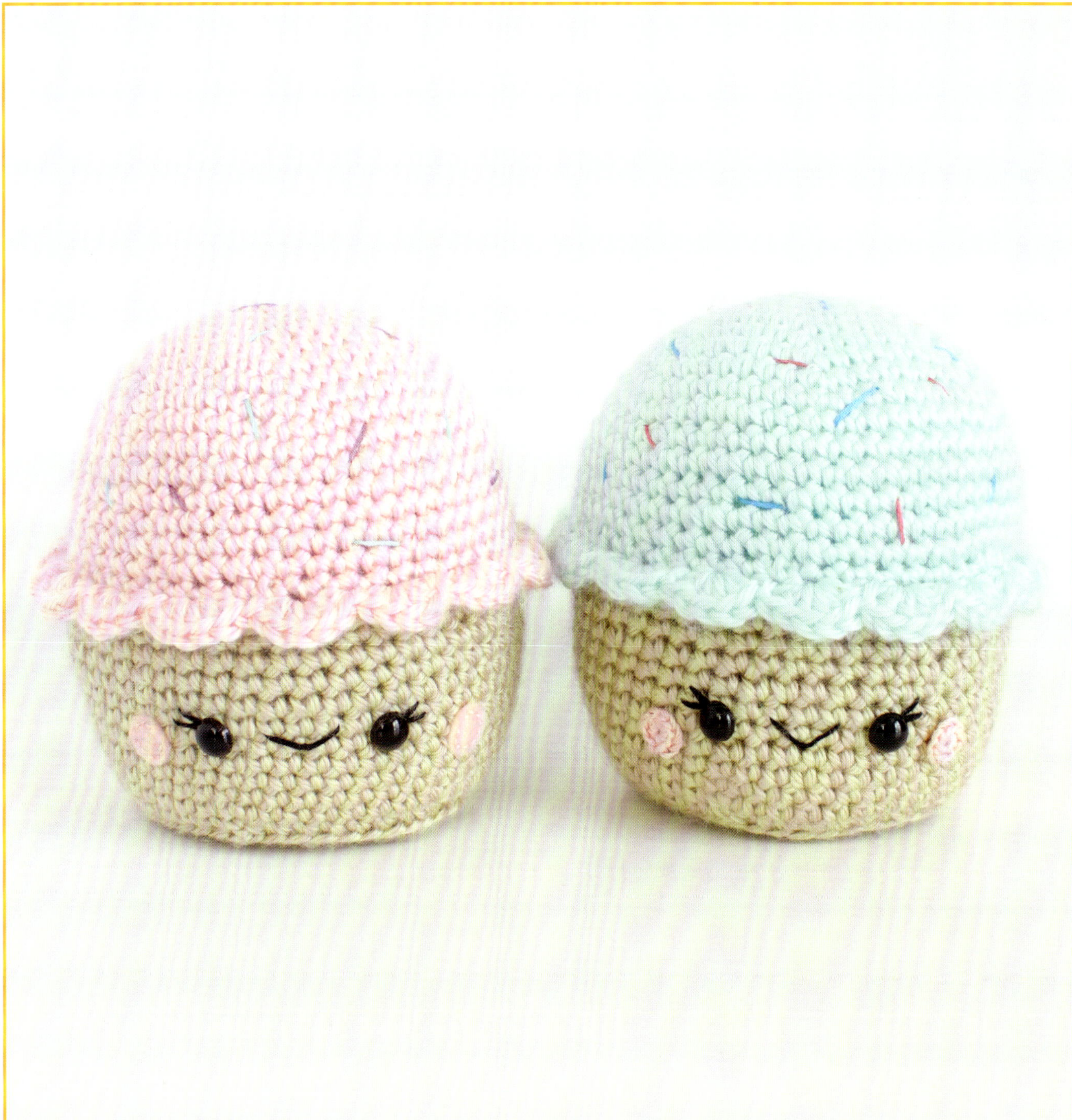

ZUSAMMENSETZEN

1. Für den großen Cupcake ein Stück Pappe in der Größe des Bodens zurechtschneiden und hineinlegen *(Foto 1)*.
2. Den Endfaden des Teigs in eine Nähnadel fädeln und damit beide Teile durch die hinteren Maschenglieder der 17. Rd der Glasur und die 19. Rd des Teigs zusammennähen *(Fotos 2,3)*. So entsteht eine saubere Naht, die später nicht sichtbar ist *(Fotos 4–6)*.

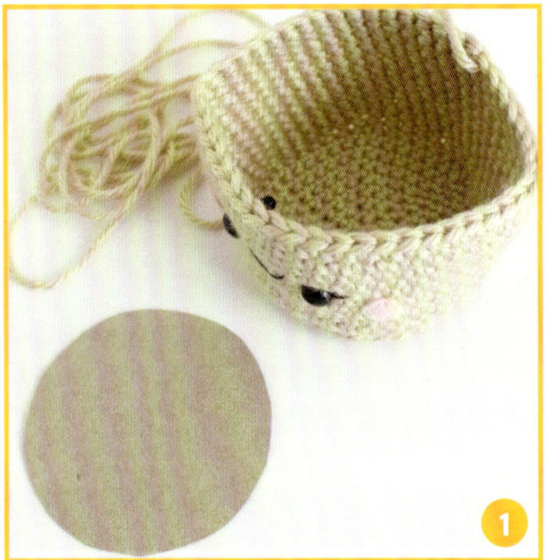
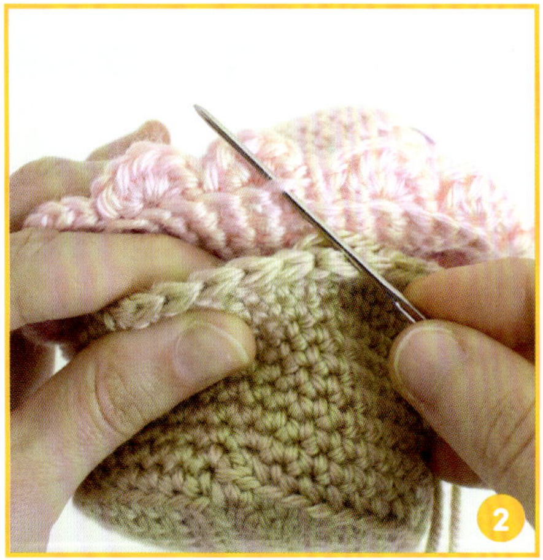
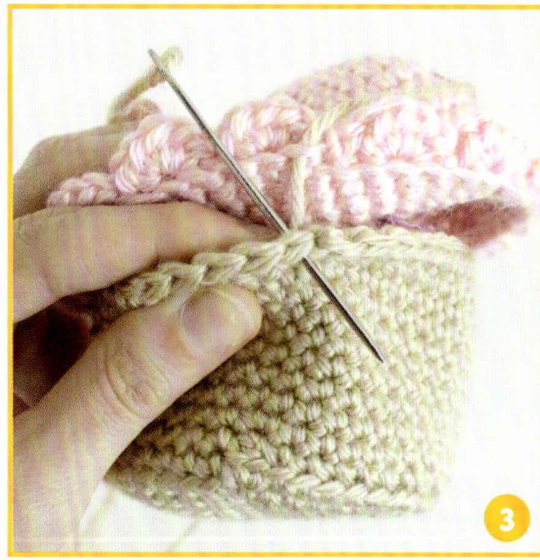
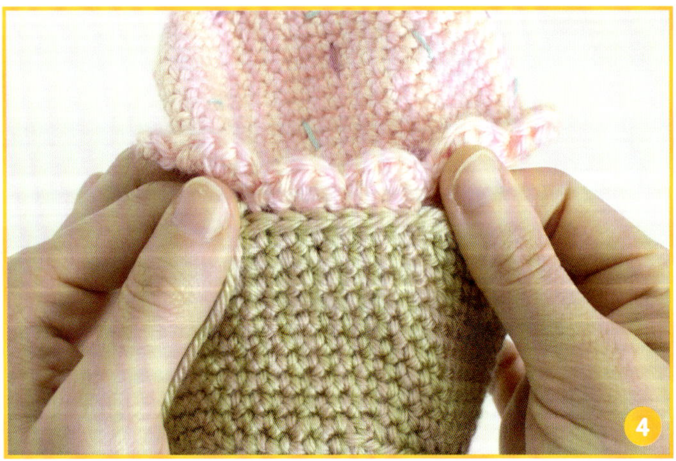
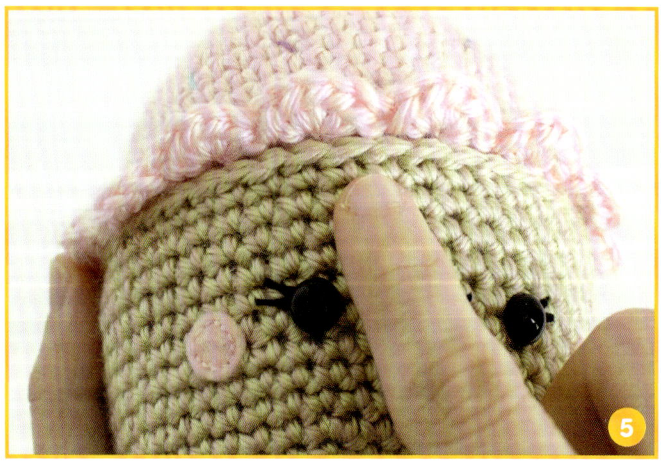

3. Vor dem Schließen der Naht den Cupcake mit Füllwatte ausstopfen. Den Faden mit einem Knoten sichern und im Inneren des Cupcakes verwahren.

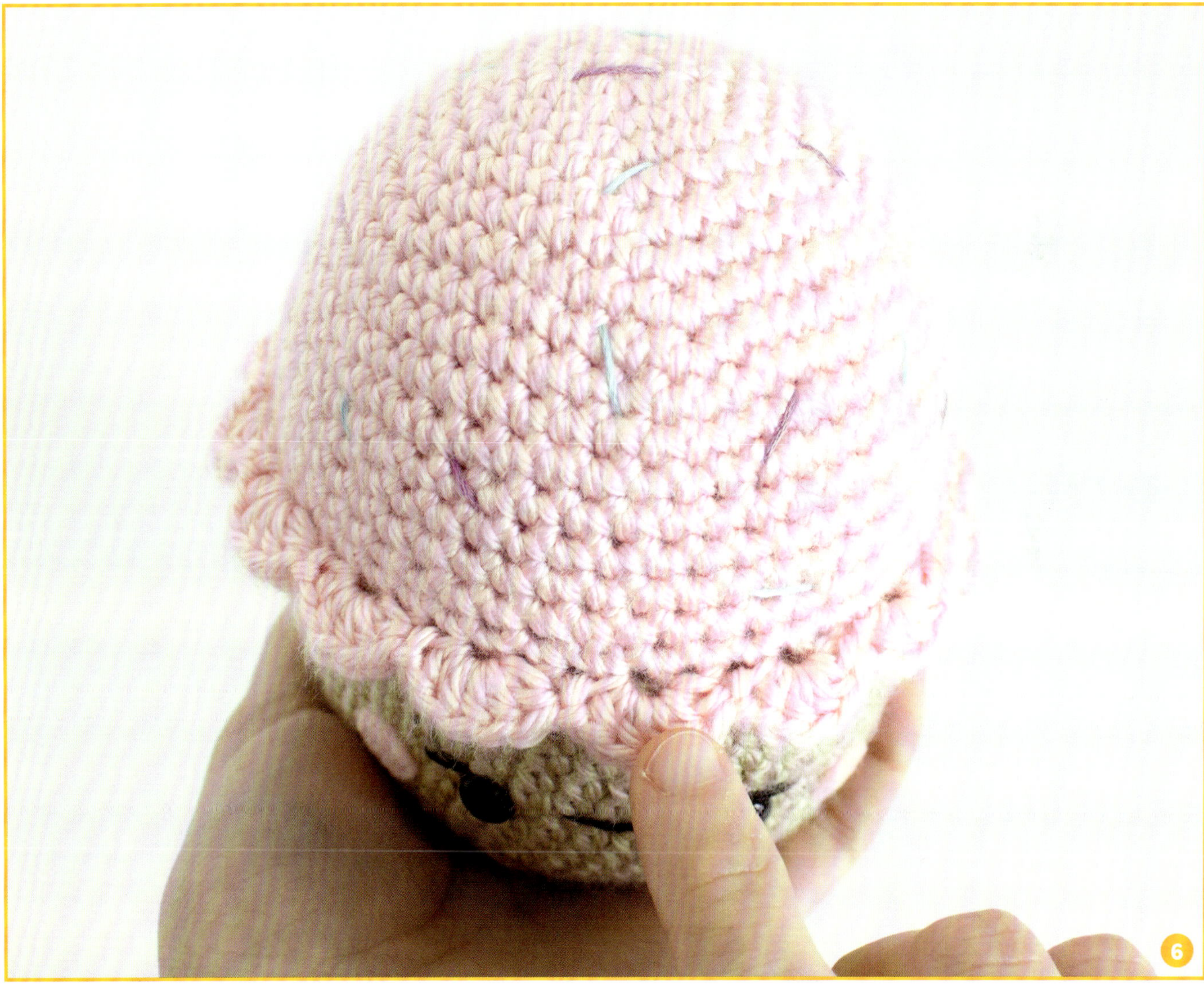

6

MACARONS

MASSE

- Etwa 5cm breit und 4cm hoch

MATERIAL

- Häkelgarn (Lauflänge 100–120m/50g), in zwei beliebigen Farben, eine für den Keks und eine für die Füllung
- Häkelnadel 4,25mm
- Sicherheitsaugen, 6mm Ø
- Schwarzes Stickgarn und kleine Sticknadel
- Füllwatte aus Polyester
- Nähnadel
- Schere
- Maschenmarkierer

ABKÜRZUNGEN

- fM – feste Masche(n)
- Km – Kettmasche(n)
- M – Masche(n)
- Rd – Runde(n)

HINWEIS ZUR ANLEITUNG

- Diese Anleitung wird in Spiralrunden gehäkelt.

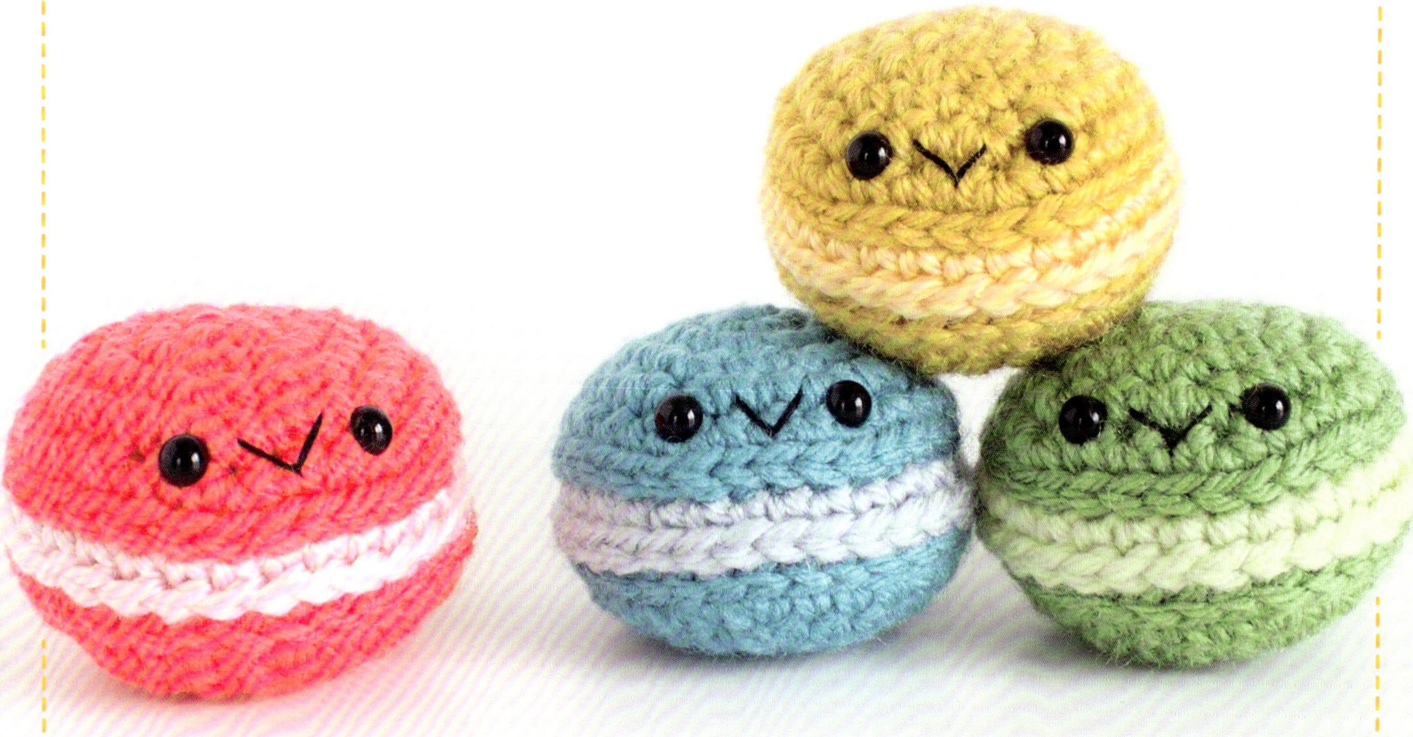

MACARON

OBERSEITE:

In Grün und Hellgrün häkeln

Mit Grün beginnen.

1. Rd: 6 fM in einen magischen Ring häkeln (6 M).
2. Rd: 2 fM in jede M (12 M).
3. Rd: *1 fM, 2 fM in die nächste M* 6x (18 M).
4. Rd: *2 fM, 2 fM in die nächste M* 6x (24 M).
5. Rd: *3 fM, 2 fM in die nächste M* 6x (30 M).
6. Rd: 30 Km (30 M). *(Foto 1)*

Zu Hellgrün wechseln *(Foto 2)*
Die nächste Runde in den Maschen **hinter** den Kettmaschen der 6. Rd häkeln *(Foto 3)*.

7. Rd: 30 Km (30 M). *(Foto 4)*
8. Rd: 30 fM (30 M). *(Foto 5)*

Die Arbeit beenden und ein Fadenende zum Annähen hängen lassen.

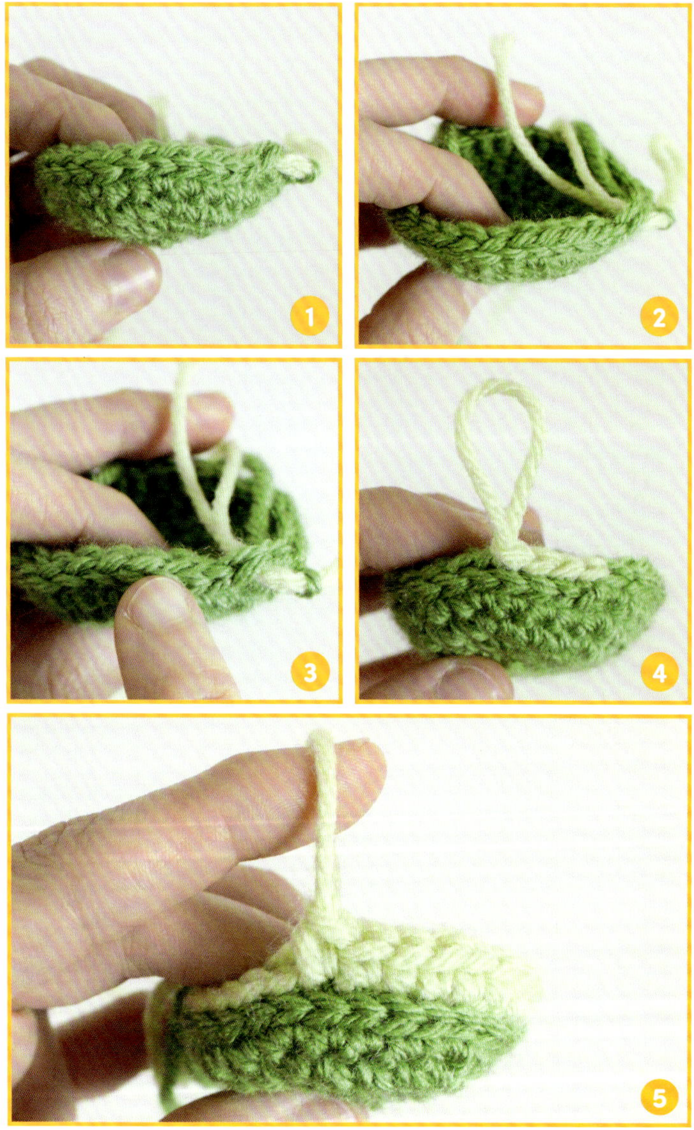

UNTERSEITE:

In Grün häkeln

1. Rd: 6 fM in einen magischen Ring häkeln (6 M).
2. Rd: 2 fM in jede M (12 M).
3. Rd: *1 fM, 2 fM in die nächste M* 6x (18 M).
4. Rd: *2 fM, 2 fM in die nächste M* 6x (24 M).
5. Rd: *3 fM, 2 fM in die nächste M* 6x (30 M).
6. Rd: 30 Km (30 M).

Die Arbeit beenden und den Endfaden vernähen.

ZUSAMMENSETZEN

Die Teile mit einer Nähnadel zusammennähen. Für eine saubere Naht durch die Maschen der 8. Rd der Oberseite und der Runde hinter den Kettmaschen der 6. Rd der Unterseite nähen *(Fotos 2–4)*. Vor dem Schließen der Naht mit Füllwatte ausstopfen *(Foto 6)*.

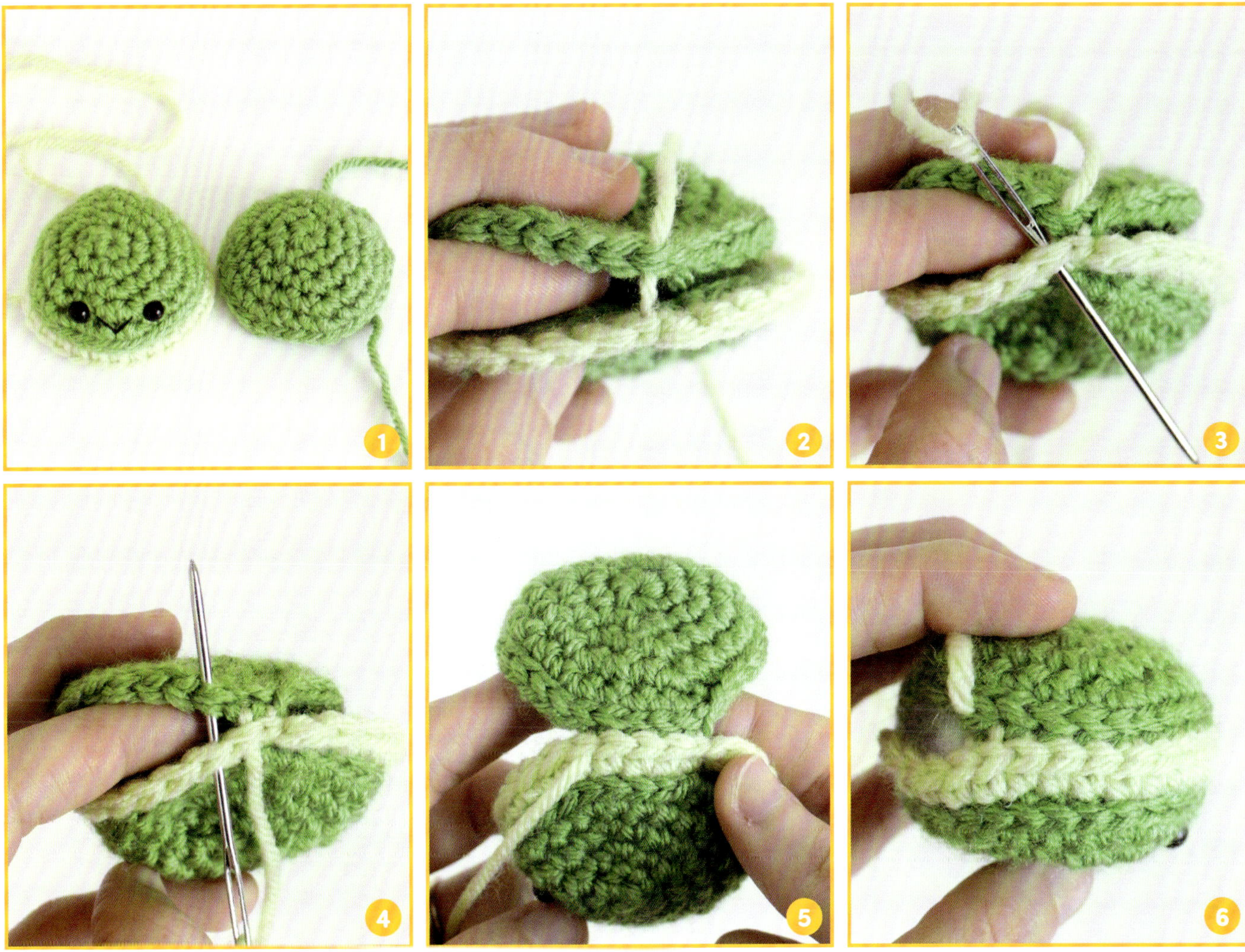

TASSE & DONUT

MASSE

- Tasse: etwa 6cm hoch und 6cm breit
- Donut: etwa 10cm hoch und 4cm breit

MATERIAL

- Häkelgarn (Lauflänge 100–120m/50g), in beliebigen Farben für
  - die Tasse (in dieser Anleitung Blau), Braun für den Kaffee
  - den Donut-Zuckerguss (in dieser Anleitung Weiß), Beige für den Teig
- Häkelnadel 4,25mm
- Sicherheitsaugen, 9mm Ø
- Schwarzes Stickgarn und ein paar bunte Reste für die Streusel
- Kleine Sticknadel
- Füllwatte aus Polyester
- Nähnadel
- Schere
- Maschenmarkierer
- Optional für die Wangen:
  - rosa Filz oder rosa Stickgarn und Häkelnadel 3,5mm

ABKÜRZUNGEN

- Abn – unsichtbare Abnahme(n)
- DStb – Doppelstäbchen
- fM – feste Masche(n)
- hStb – halbe(s) Stäbchen
- Lm – Luftmasche(n)
- M – Masche(n)
- R – Reihe(n)
- Rd – Runde(n)
- Stb – Stäbchen

HINWEIS ZUR ANLEITUNG

- Die Tasse wird in Spiralrunden gehäkelt und nach und nach zusammengesetzt.
- Donut und Glasur beginnen mit einer Luftmaschenkette, die zu einem Ring geschlossen wird. Dann wird weiter in Spiralrunden gehäkelt.

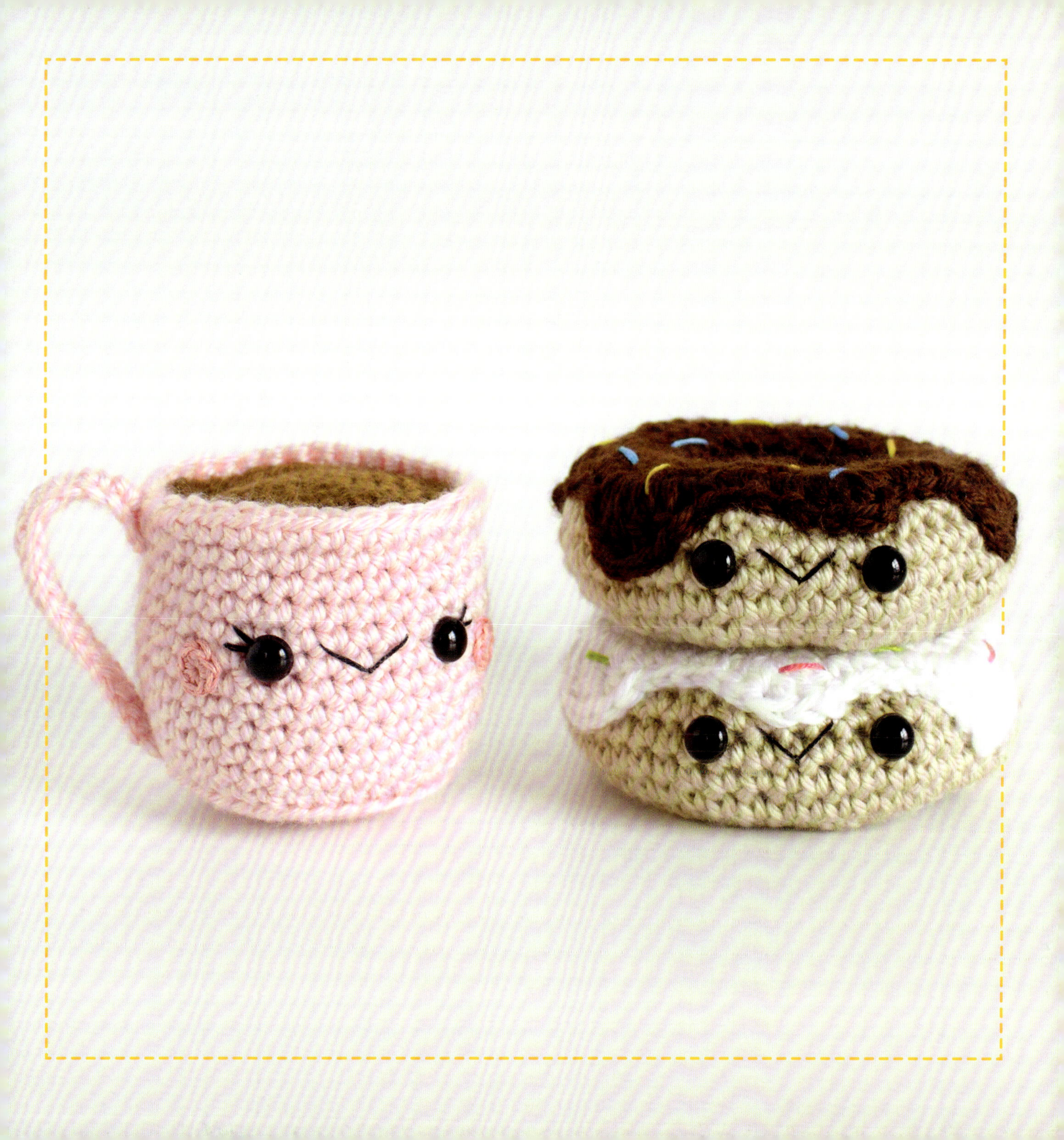

TASSE

HENKEL:

Den Anfangsfaden zum späteren Annähen lang genug lassen.

In Blau 17 Lm häkeln.

1. R: Ab der 2. Lm von der Häkelnadel hStb (16 M insgesamt).

Die Arbeit beenden und das Fadenende zum Annähen lang genug lassen.

Zur Seite legen *(Foto 1)*.

TASSE:

In Blau häkeln

1. Rd: 6 fM in einen magischen Ring häkeln (6 M).
2. Rd: 2 fM in jede M (12 M).
3. Rd: *1 fM, 2 fM in die nächste M* 6x (18 M).
4. Rd: *2 fM, 2 fM in die nächste M* 6x (24 M).
5. Rd: *3 fM, 2 fM in die nächste M* 6x (30 M).
6. Rd: *4 fM, 2 fM in die nächste M* 6x (36 M).
7. Rd: 36 fM in die **hinteren** Maschenglieder (36 M).
8.–18. Rd: 36 fM (36 M).

Die Arbeit beenden und das Fadenende vernähen *(Foto 2)*.

DEN HENKEL ANBRINGEN:

Mit dem Anfangsfaden das Ende des Henkels an die Tasse nähen (direkt über die Unterkante, *Fotos 3,4*). Den Faden mit einem Knoten sichern und abschneiden. Die Nadel mit dem Endfaden in den Tassenboden einstechen und nach oben führen. Das obere Ende des Henkels etwa 1cm nach innen einschlagen *(Foto 5)* und mit dem Endfaden an die Tasse nähen *(Fotos 6,7)*. Den Faden mit einem Knoten sichern und abschneiden. Die Sicherheitsaugen einsetzen und den Mund aufsticken *(Foto 8)*.

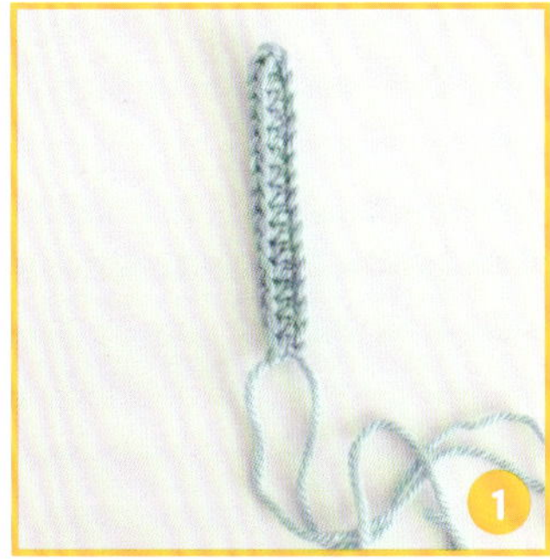

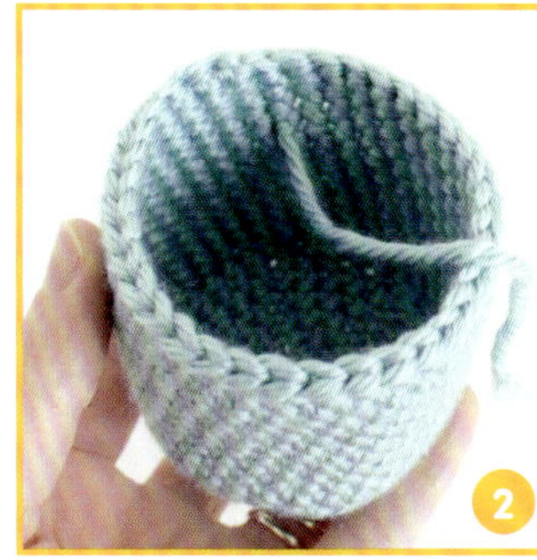

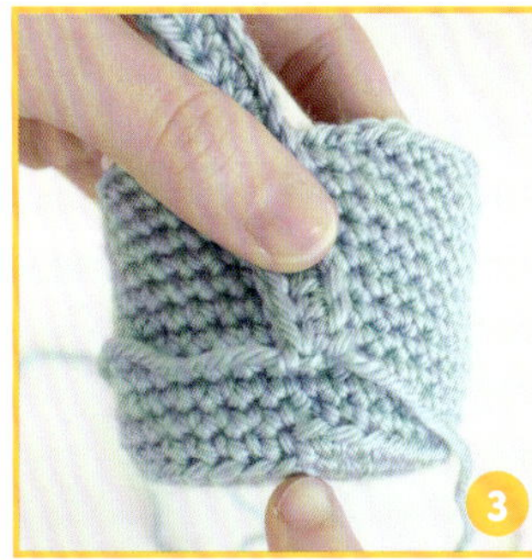

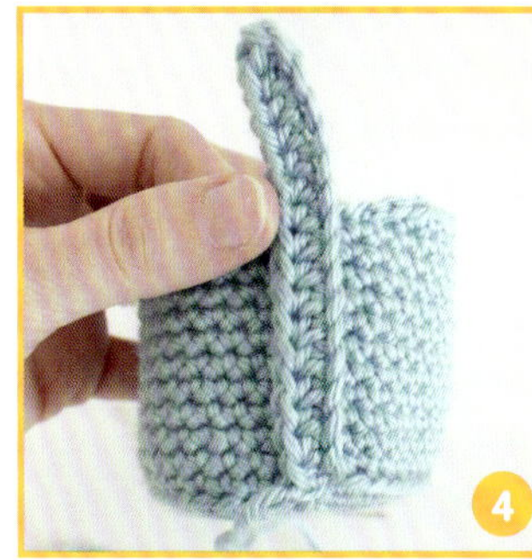

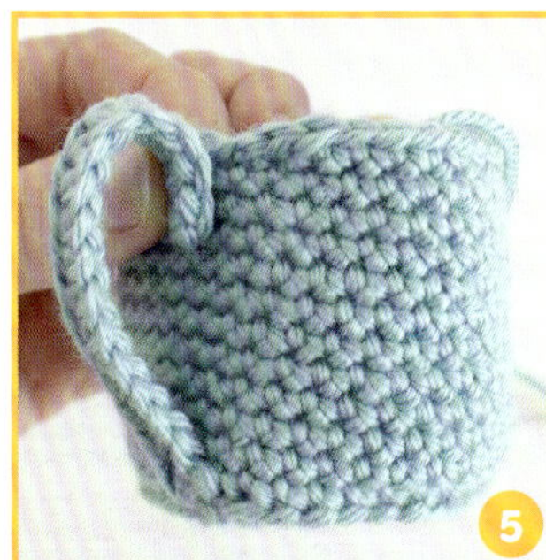

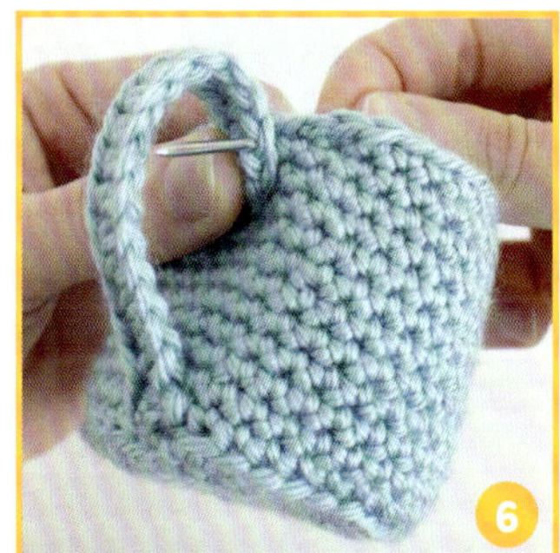

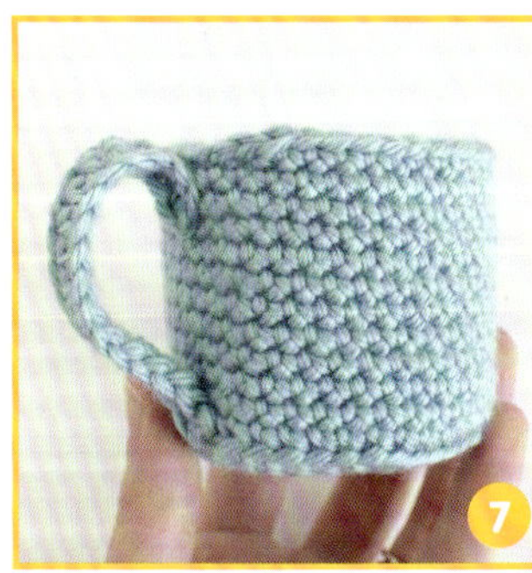

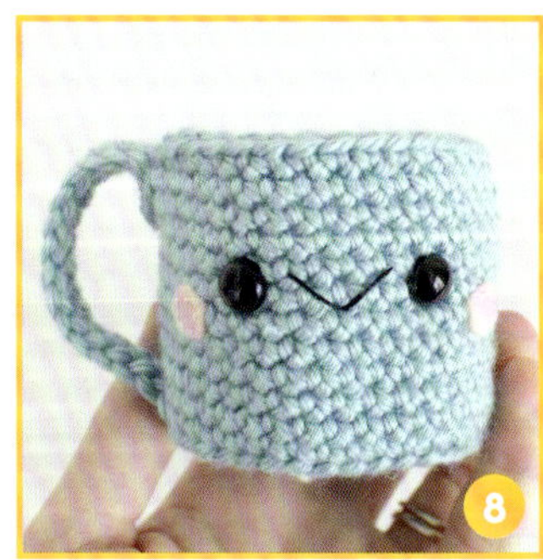

OPTIONAL:
Wangen aus Filz: dafür zwei kleine Kreise aus rosa Filz ausschneiden und neben den Sicherheitsaugen aufnähen.

ODER
Gehäkelte Wangen: mit rosa Stickgarn und Häkelnadel 3,5mm wie folgt häkeln:

1. Rd: 8 fM in einen magischen Ring häkeln (8 M).

Die Arbeit beenden. Die Wangen neben den Sicherheitsaugen aufnähen.

KAFFEE:
In Braun häkeln

1. Rd: 6 fM in einen magischen Ring häkeln (6 M).
2. Rd: 2 fM in jede M (12 M).
3. Rd: *1 fM, 2 fM in die nächste M* 6x (18 M).
4. Rd: *2 fM, 2 fM in die nächste M* 6x (24 M).
5. Rd: *3 fM, 2 fM in die nächste M* 6x (30 M).
6. Rd: *4 fM, 2 fM in die nächste M* 6x (36 M).

Die Arbeit beenden und ein Fadenende zum Annähen hängen lassen.
Den Kaffee an die Tasse nähen. Dafür die Nähnadel durch die Maschen dicht unter der 18. Rd der Tasse führen *(Fotos 9–12)*. Vor dem Schließen der Naht die Tasse mit Füllwatte ausstopfen.

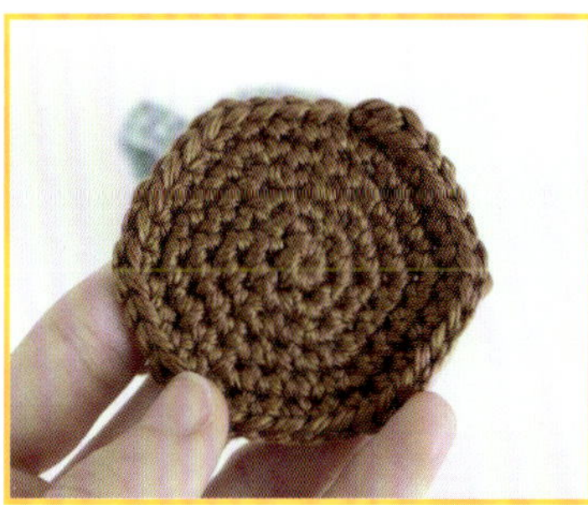

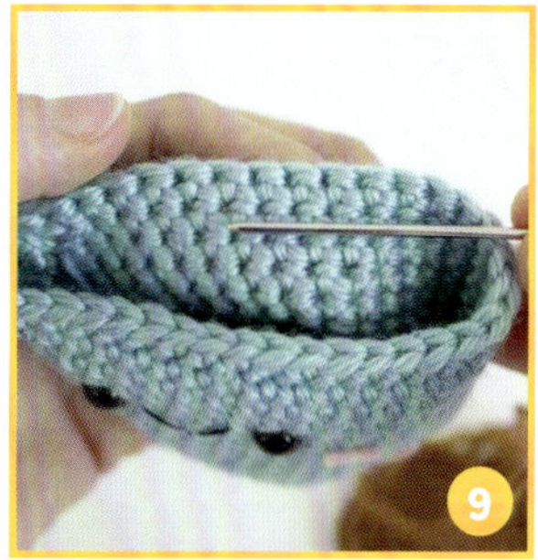

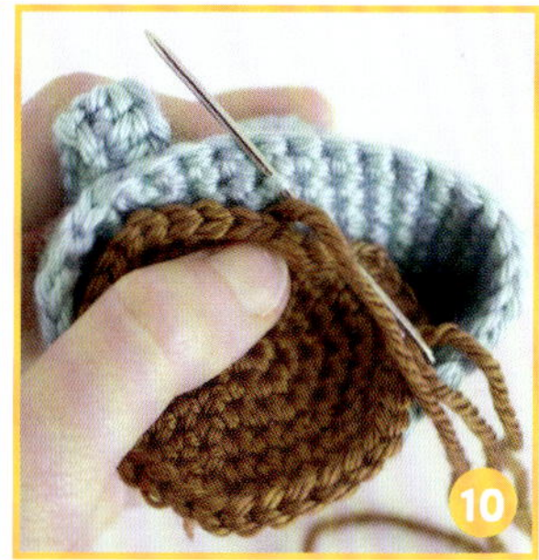

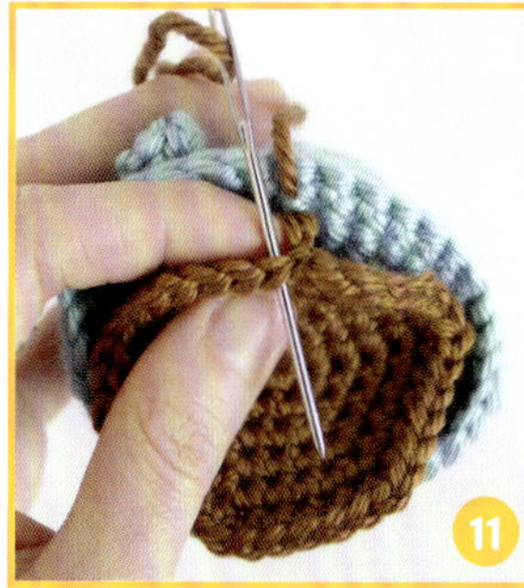

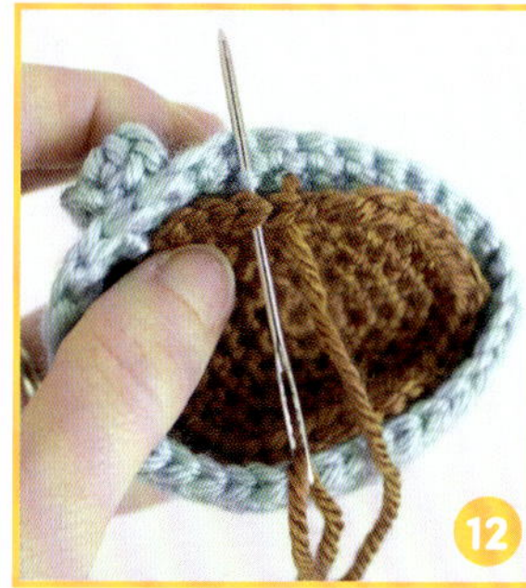

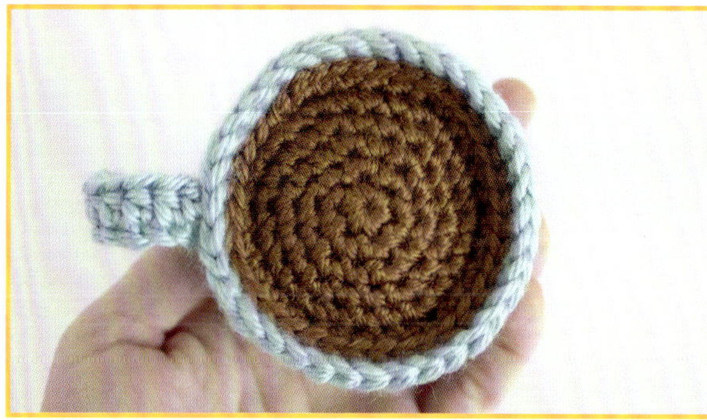

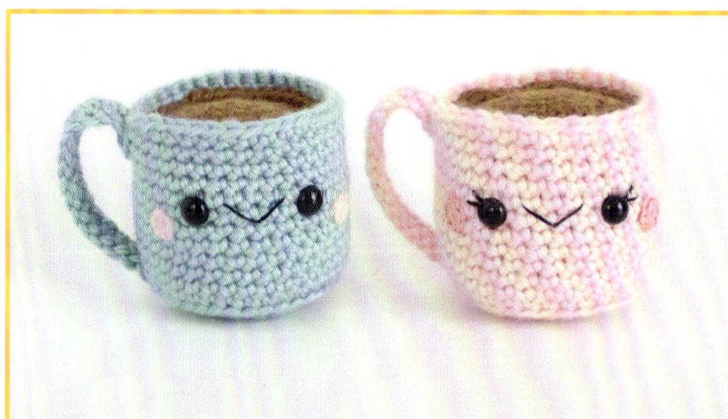

DONUT

TEIG:

Vor Beginn der ersten Häkelrunde darauf achten, dass die Luftmaschenkette nicht verdreht ist.

In Beige häkeln

21 Lm, dann mit 1 Km zu einem Ring schließen, 1 Lm. *(Fotos 1,2)*.

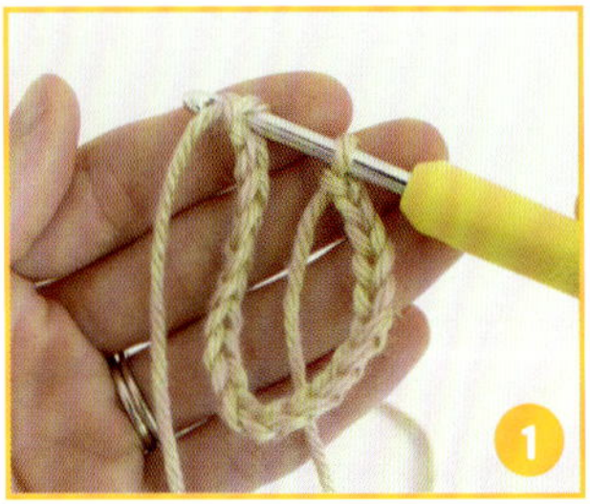

1

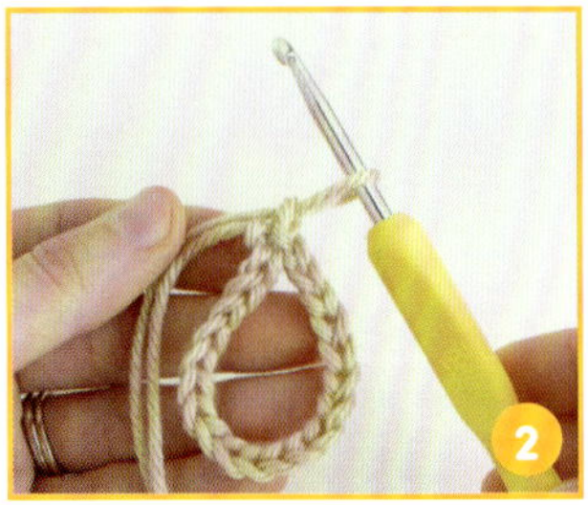

2

1. Rd: *2 fM, 2 fM in die nächste M* 7x (28 M).
2. Rd: *3 fM, 2 fM in die nächste M* 7x (35 M).
3. Rd: *4 fM, 2 fM in die nächste M* 7x (42 M).
4. Rd: *5 fM, 2 fM in die nächste M* 7x (49 M).
5.–8. Rd: 49 fM (49 M).
9. Rd: *5 fM, 1 Abn* 7x (42 M).
10. Rd: *4 fM, 1 Abn* 7x (35 M).
11. Rd: *3 fM, 1 Abn* 7x (28 M).
12. Rd: *2 fM, 1 Abn* 7x (21 M).

Die Arbeit beenden und ein langes Fadenende zum Annähen hängen lassen.
Die Sicherheitsaugen einsetzen und den Mund aufsticken *(Foto 3)*.

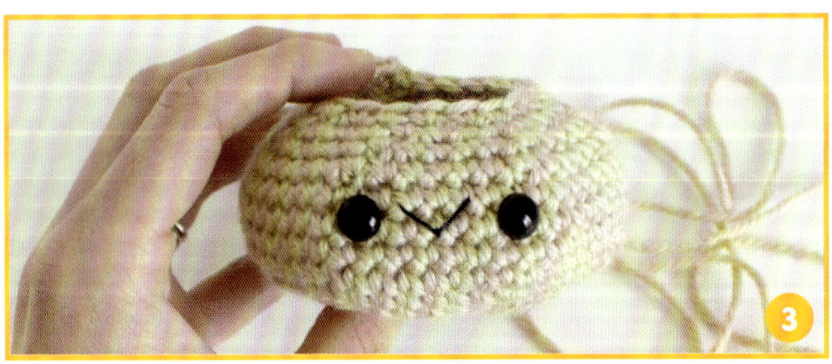

3

Den Donut zusammennähen, dafür flach drücken, sodass die Kanten aufeinanderliegen. Dann die Nähnadel durch die Maschen der Kanten führen *(Fotos 4–7)*. Vor dem Schließen der Naht den Donut mit Füllwatte ausstopfen.

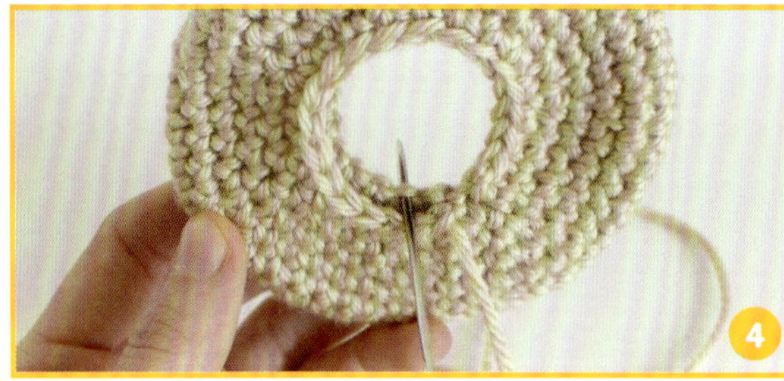

4

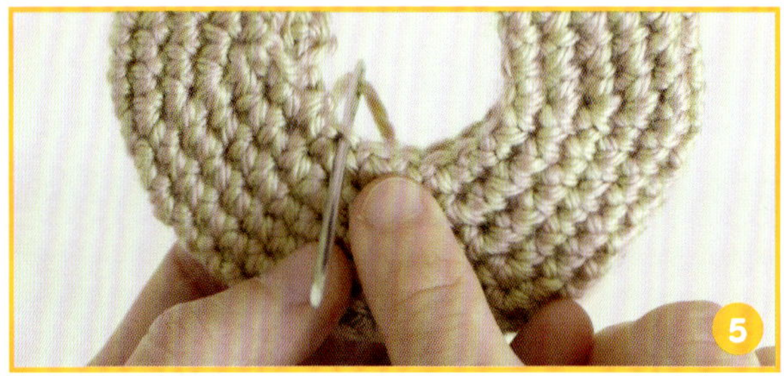

5

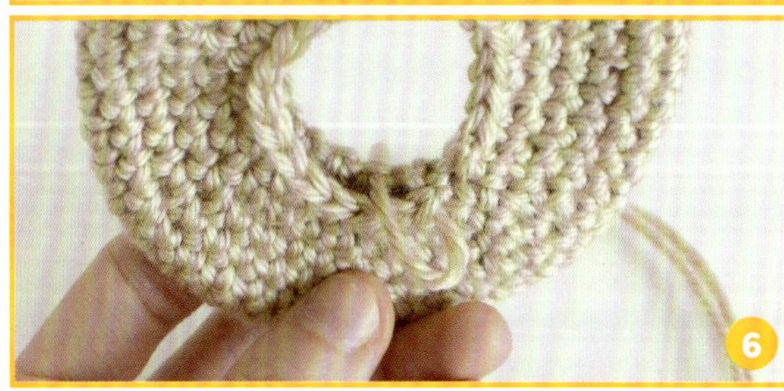

6

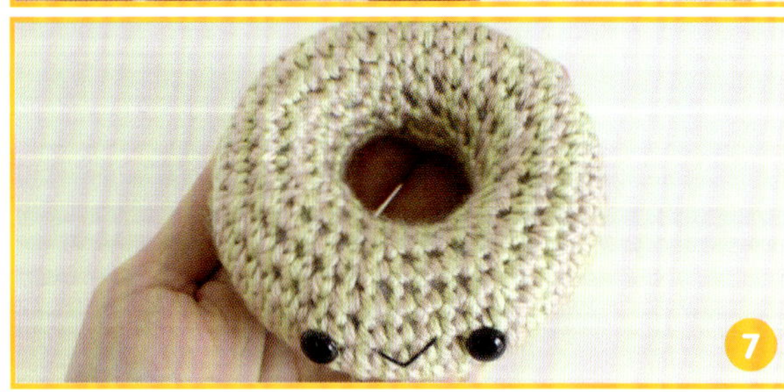

7

ZUCKERGUSS:

Den Anfangsfaden zum späteren Annähen lang genug lassen. Vor Beginn der ersten Häkelrunde darauf achten, dass die Luftmaschenkette nicht verdreht ist.

In Weiß häkeln

21 Lm, dann mit 1 Km zu einem Kreis schließen, 1 Lm *(Fotos 8,9)*.

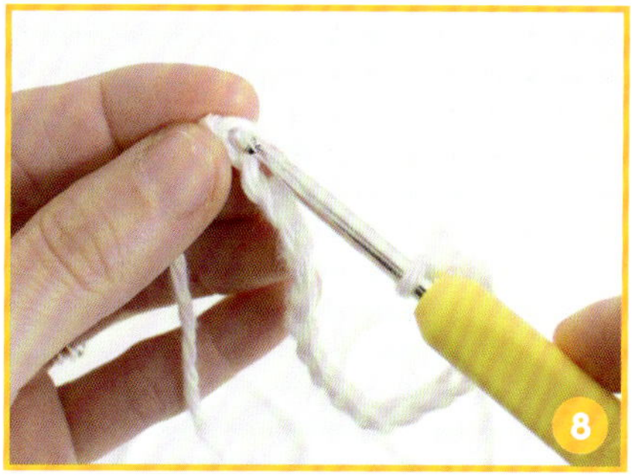

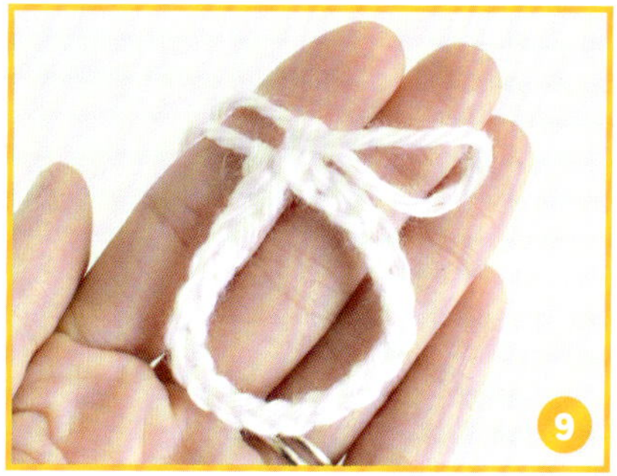

1. Rd: *2 fM, 2 fM in die nächste M* 7x (28 M).
2. Rd: *3 fM, 2 fM in die nächste M* 7x (35 M).
3. Rd: *4 fM, 2 fM in die nächste M* 7x (42 M).
4. Rd: *5 fM, 2 fM in die nächste M* 7x (49 M).

Für die Zuckergusstropfen am Rand *(Fotos 12,13)* die nächste Runde wie folgt häkeln:

5. Rd: *(3 fM, hStb, Stb) in die nächste M, 2 DStb in die nächste M, (Stb, hStb) in die nächste M* (= 1. Tropfen),
(5 fM, hStb, Stb) in die nächste M, (Stb, hStb) in die nächste M (= 2. Tropfen),
(5 fM, hStb, Stb) in die nächste M, 2 DStb in die nächste M, (Stb, hStb) in die nächste M (= 3. Tropfen),
(5 fM, hStb, Stb) in die nächste M, (Stb, hStb) in die nächste M (= 4. Tropfen),
(5 fM, hStb, Stb) in die nächste M, 2 DStb in die nächste M, (Stb, hStb) in die nächste M (= 5. Tropfen),
(5 fM, hStb, Stb) in die nächste M, (Stb, hStb) in die nächste M (= 6. Tropfen),
6 fM (64 M insgesamt).

Die Arbeit beenden und das Fadenende zum Annähen lang genug lassen. Mit Stickgarn Streusel aufsticken *(Foto 14)*.

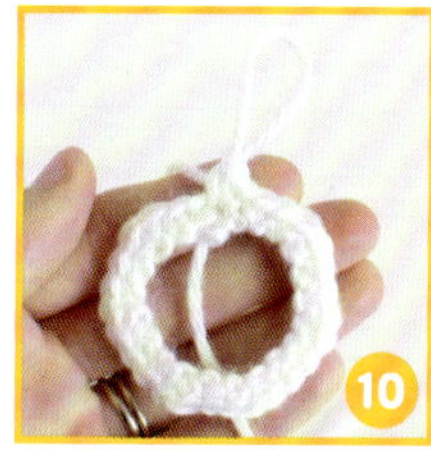

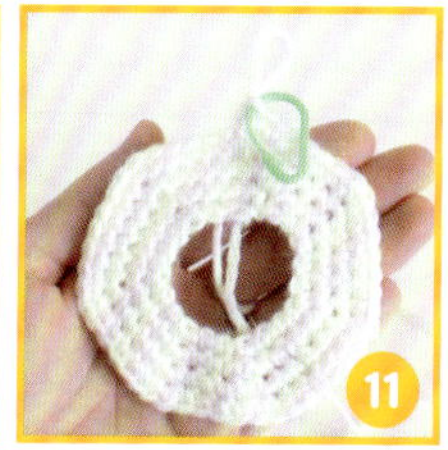

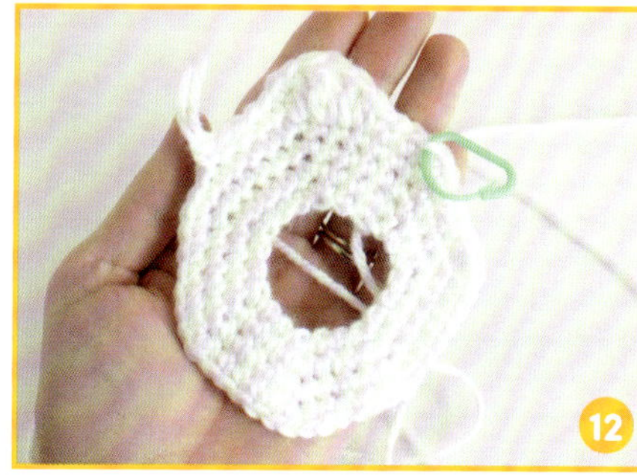

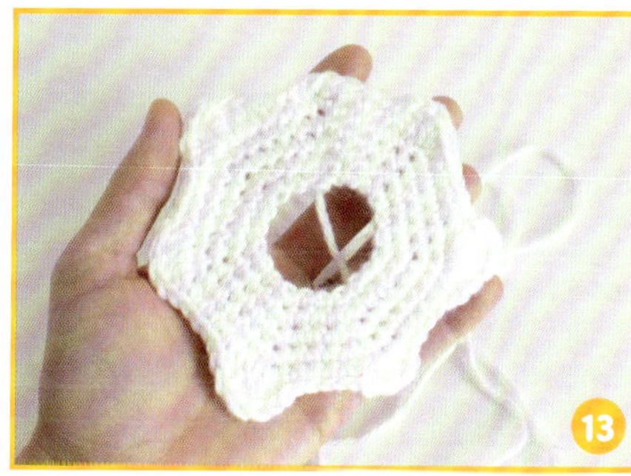

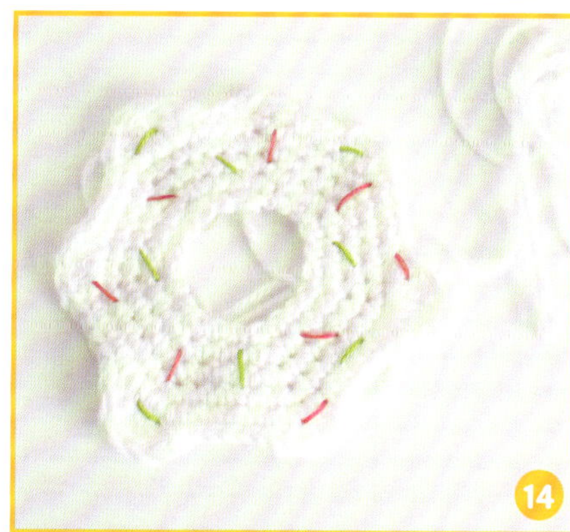

ZUSAMMENSETZEN

1. Mit dem Anfangsfaden des Zuckergusses diesen in der Mitte an den Donut nähen *(Fotos 1–3)*. Den Faden mit einem Knoten sichern und das Ende im Innern des Donuts verwahren.

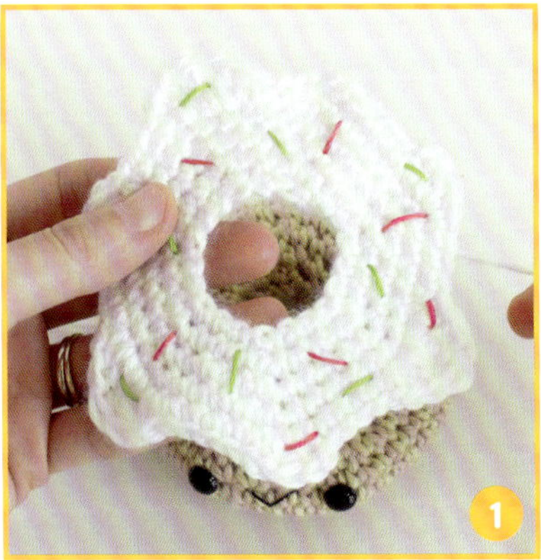

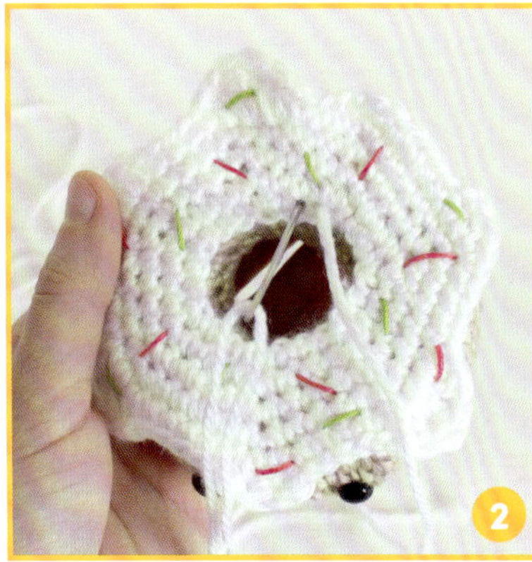

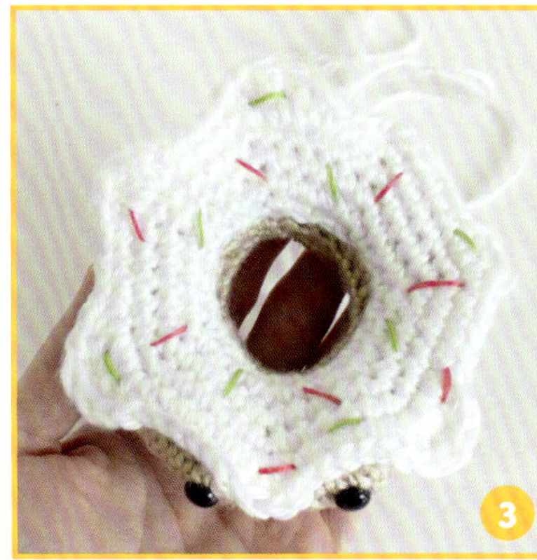

2. Mit dem Endfaden des Zuckergusses diesen an der letzten Runde (Zuckergusstropfen) an den Donut nähen *(Fotos 4–6)*. Den Faden mit einem Knoten sichern und das Ende im Innern des Donuts verwahren.

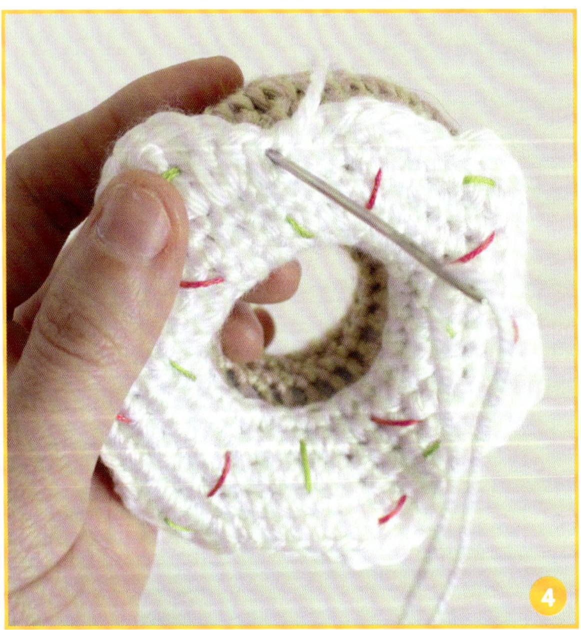

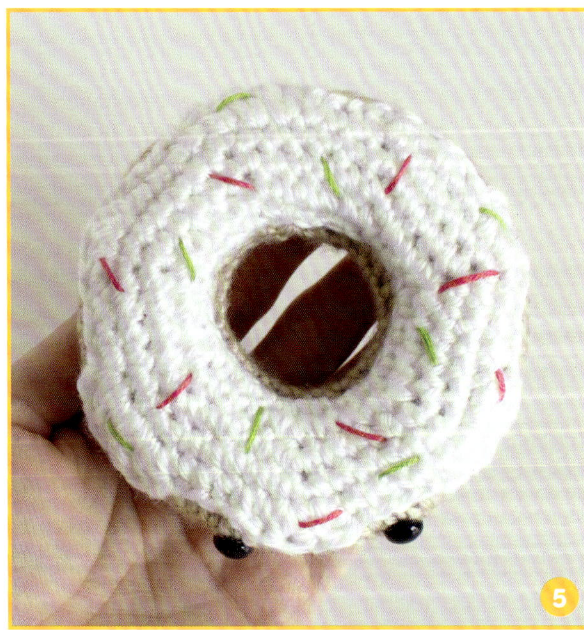

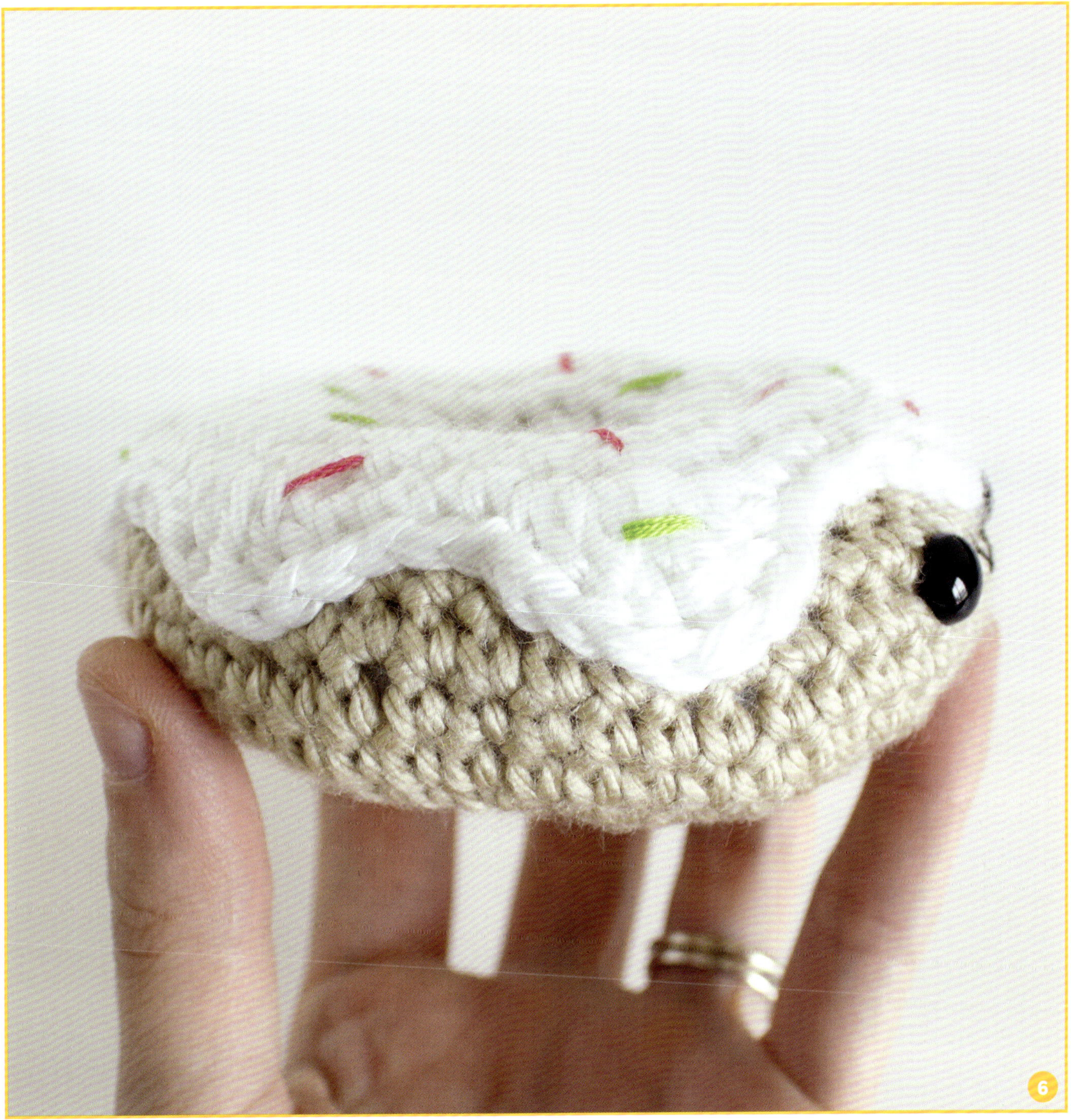
6

KUCHEN

MASSE

- Etwa 4cm breit und 7,5cm hoch

MATERIAL

- Häkelgarn (Lauflänge 100–120m/50g), in Beige für den Teig, einer beliebigen Farbe für die Füllung (in dieser Anleitung Orange) und Weiß
- Häkelnadel 4,25mm
- Sicherheitsaugen, 9mm Ø
- Schwarzes Stickgarn und kleine Sticknadel
- Füllwatte aus Polyester
- Nähnadel
- Schere
- Maschenmarkierer
- Optional:
  - für die Wangen: rosa Filz oder rosa Stickgarn und Häkelnadel 3,5mm
  - Pappe: zum Stabilisieren der Seiten
  - für die Kirsche: rotes und grünes Garn sowie Sicherheitsaugen, 6mm Ø

ABKÜRZUNGEN

- Abn – unsichtbare Abnahme(n)
- fM – feste Masche(n)
- hStb – halbe(s) Stäbchen
- Km – Kettmasche(n)
- M – Masche(n)
- Lm – Luftmasche(n)
- R – Reihe(n)
- Rd – Runde(n)
- Stb – Stäbchen

HINWEIS ZUR ANLEITUNG

- Alle Teile werden einzeln gehäkelt und dann zusammengesetzt.
- Die Pappe wird zum Schluss hinzugefügt, bevor das Teil ausgestopft und die Nähte geschlossen werden.
- Kuchenoberseite und Füllung werden auf dieselbe Weise gehäkelt, wobei die Füllung noch um die 18.–25. Rd (= Kuchenrückseite) ergänzt wird.

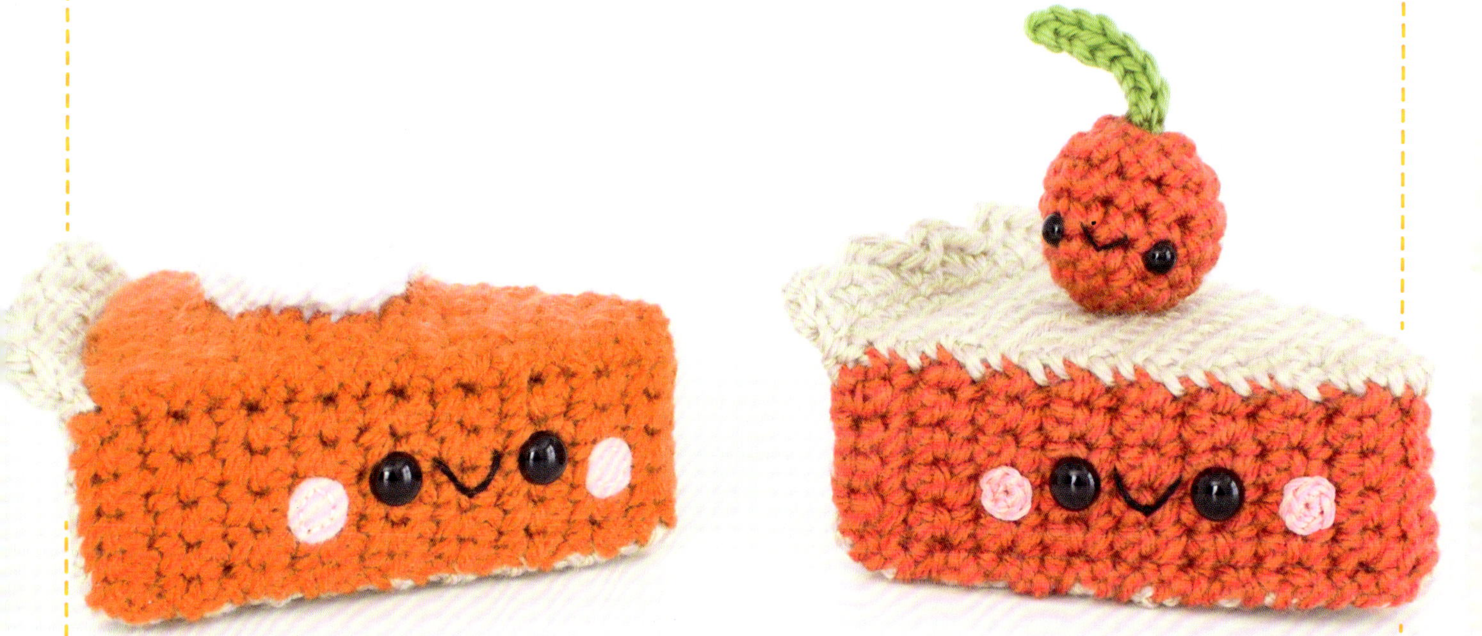

KUCHENSTÜCK

OBERSEITE:

Die Farbe kann variieren. Für einen Kuchen mit Teigdeckel in der Farbe des Teigs häkeln. Wenn der Kuchen keinen Teigdeckel haben soll, in der Farbe der Füllung häkeln.

In Orange 2 Lm häkeln.

1. R: 2 fM in die 2. Lm ab der Häkelnadel (2 M). 1 Lm und wenden.
2. R: 2 fM in jede M (4 M). 1 Lm und wenden.
3. R: 4 fM (4 M). 1 Lm und wenden.
4. R: 2 fM in eine M, 2 fM, 2 fM in die letzte M (6 M). 1 Lm und wenden.
5.–6. R: 6 fM (6 M). 1 Lm und wenden.
7. R: 2 fM in eine M, 4 fM, 2 fM in die letzte M (8 M). 1 Lm und wenden.
8.–9. R: 8 fM (8 M). 1 Lm und wenden.
10. R: 2 fM in eine M, 6 fM, 2 fM in die letzte M (10 M). 1 Lm und wenden.
11.–12. R: 10 fM (10 M). 1 Lm und wenden.
13. R: 2 fM in eine M, 8 fM, 2 fM in die letzte M (12 M). 1 Lm und wenden.
14.–15. R: 12 fM (12 M). 1 Lm und wenden.
16. R: 2 fM in eine M, 10 fM, 2 fM in die letzte M (14 M). 1 Lm und wenden.
17. R: 14 fM (14 M).

Die Arbeit beenden und ein Fadenende zum Annähen hängen lassen.

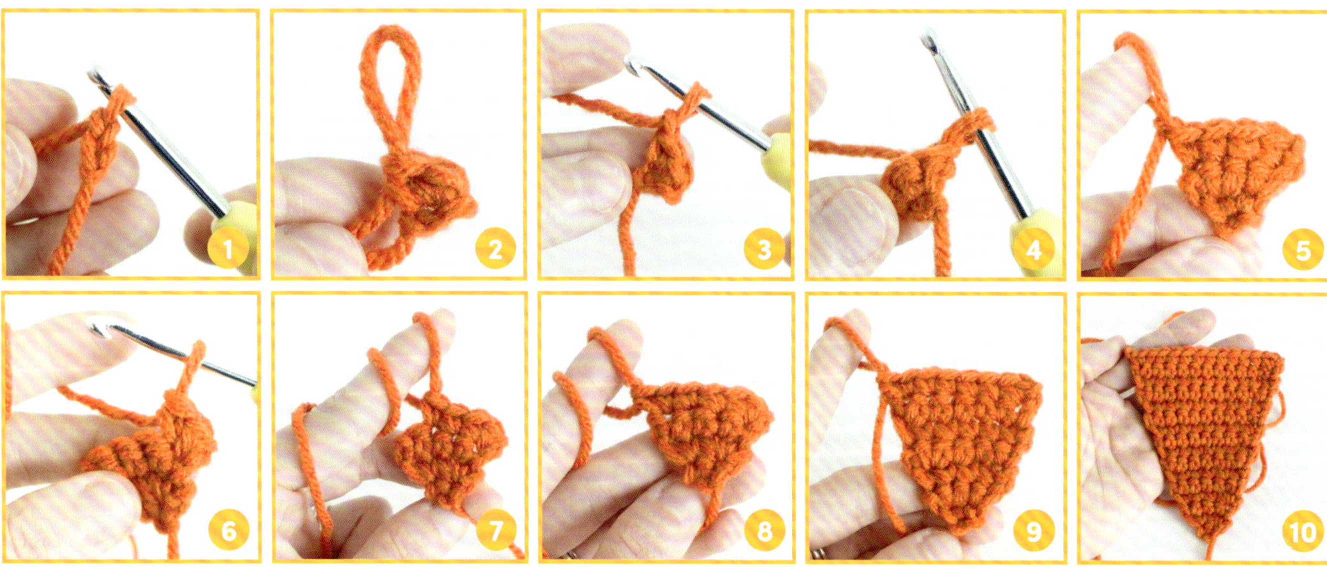

FÜLLUNG:
In Beige 2 Lm häkeln.

1. R: 2 fM in die 2. Lm von der Häkelnadel (2 M). 1 Lm und wenden.
2. R: 2 fM in jede M (4 M). 1 Lm und wenden.
3. R: 4 fM (4 M). 1 Lm und wenden.
4. R: 2 fM in eine M, 2 fM, 2 fM in die letzte M (6 M). 1 Lm und wenden.
5.–6. R: 6 fM (6 M). 1 Lm und wenden.
7. R: 2 fM in eine M, 4 fM, 2 fM in die letzte M (8 M). 1 Lm und wenden.
8.–9. R: 8 fM (8 M). 1 Lm und wenden.
10. R: 2 fM in eine M, 6 fM, 2 fM in die letzte M (10 M). 1 Lm und wenden.
11.–12. R: 10 fM (10 M). 1 Lm und wenden.
13. R: 2 fM in eine M, 8 fM, 2 fM in die letzte M (12 M). 1 Lm und wenden.
14.–15. R: 12 fM (12 M). 1 Lm und wenden.
16. R: 2 fM in eine M, 10 fM, 2 fM in die letzte M (14 M). 1 Lm und wenden.
17.–18. R: 14 fM (14 M). 1 Lm und wenden.
19. R: 14 fM in die **vorderen** Maschenglieder (14 M). 1 Lm und wenden.
20.–24. R: 14 fM (14 M). 1 Lm und wenden.
25. R: *(hStb, Stb, hStb) in die 1. M, Km in die nächste M, 1 fM in die nächste M* 5x (25 M).

Die Arbeit beenden und ein Fadenende zum Annähen hängen lassen *(Foto 1)*.

Seiten:
6 Lm in Orange häkeln.

1. R: 5 fM ab der 2. Lm von der Häkelnadel (5 M). 1 Lm und wenden.
2.–17. R: 5 fM (5 M). 1 Lm und wenden.
18. R: 5 fM in die **vorderen** Maschenglieder. 1 Lm und wenden.
19.–34. R: 5 fM (5 M). 1 Lm und wenden.

Die Arbeit beenden und ein Fadenende zum Annähen hängen lassen.

Die Sicherheitsaugen einsetzen und den Mund aufsticken *(Foto 2)*.

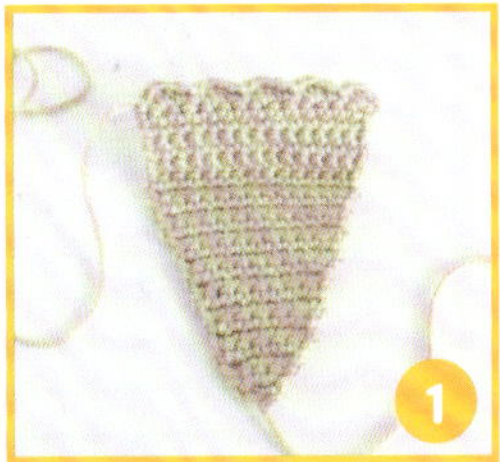
1

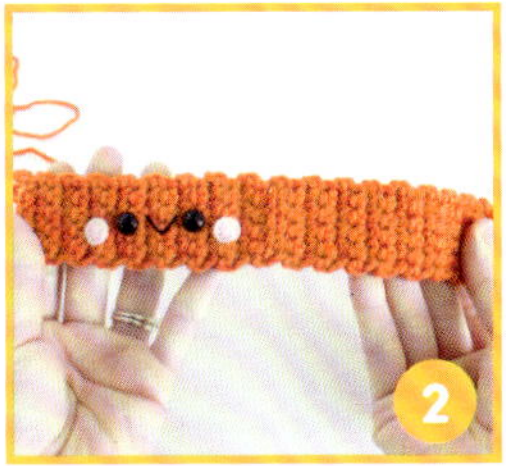
2

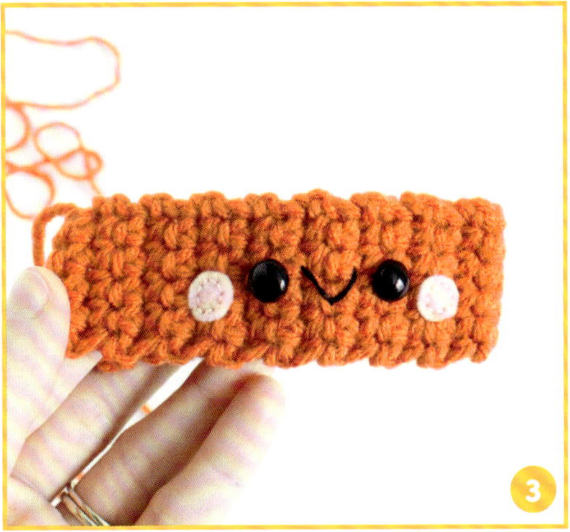
3

OPTIONAL:
Wangen aus Filz: dafür zwei kleine Kreise aus rosa Filz ausschneiden und neben den Sicherheitsaugen aufnähen.

ODER

Gehäkelte Wangen: mit rosa Stickgarn und Häkelnadel 3,5mm wie folgt häkeln:

1. Rd: 5 fM in einen magischen Ring häkeln (5 M).

Die Arbeit beenden. Die Wangen neben den Augen aufnähen *(Foto 3)*.

SAHNE

39 Lm in Weiß häkeln.

1. R: fM ab der 2. Lm von der Häkelnadel (38 M).

Die Arbeit beenden und ein Fadenende zum Annähen hängen lassen *(Foto 1)*.

Für den Sahneklecks die Maschenkette aufrollen, dabei sollte das Ende ohne Endfaden innen liegen *(Foto 2)*. Auf diese Weise die Kette zu einem Kreis formen *(Foto 3)*. Den Kreis mit dem Endfaden zusammennähen, dafür die Nähnadel durch den Kreis führen *(Fotos 4,5)*. Darauf achten, dass er sich nicht auflösen kann. Ein Stück Endfaden zum Annähen an den Kuchen hängen lassen.

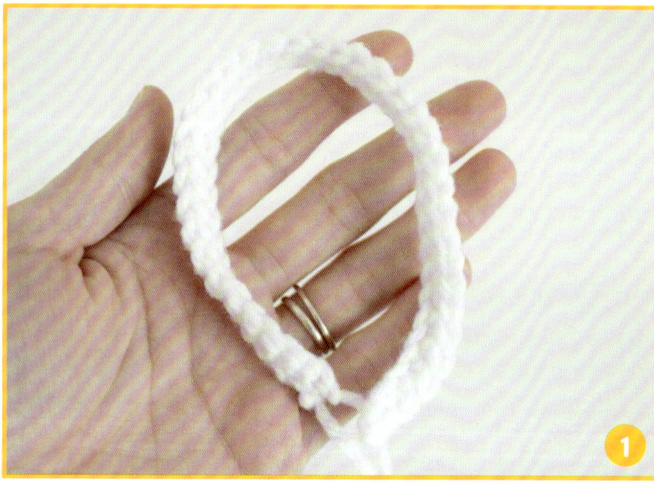

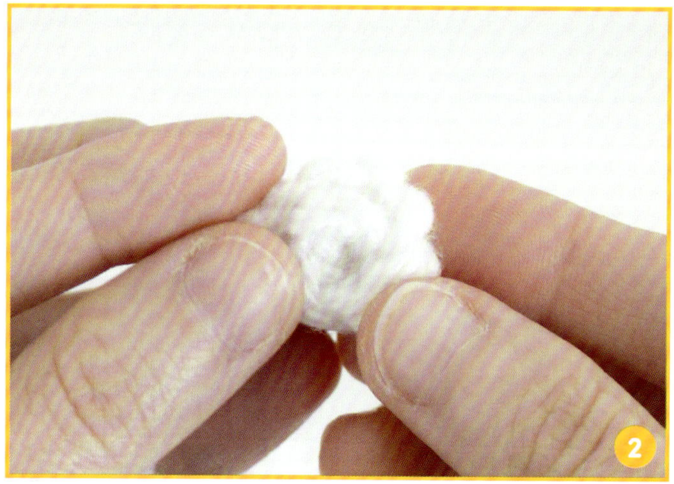

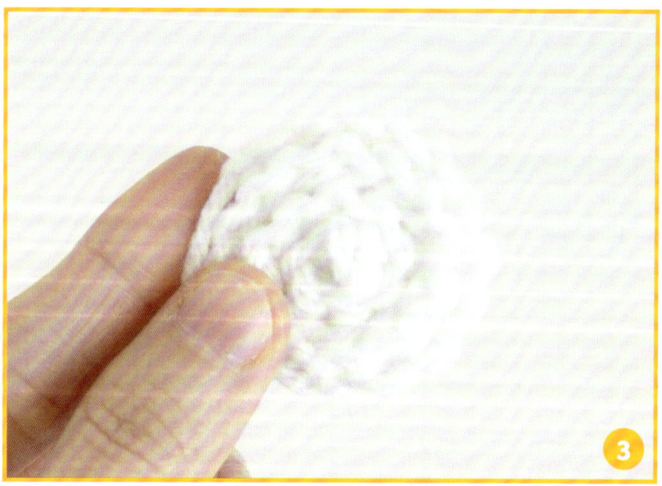

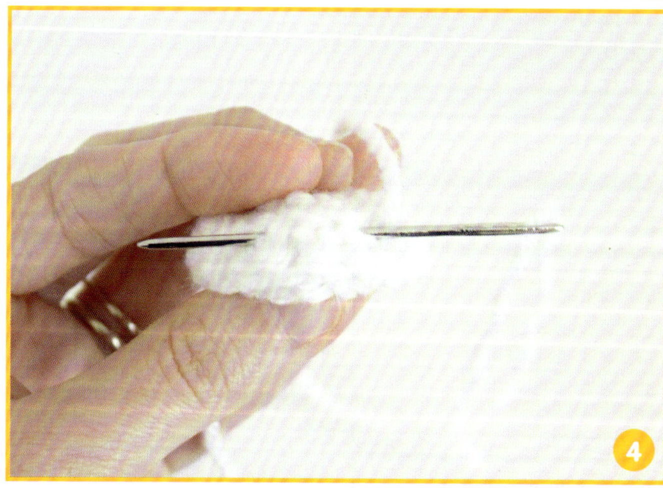

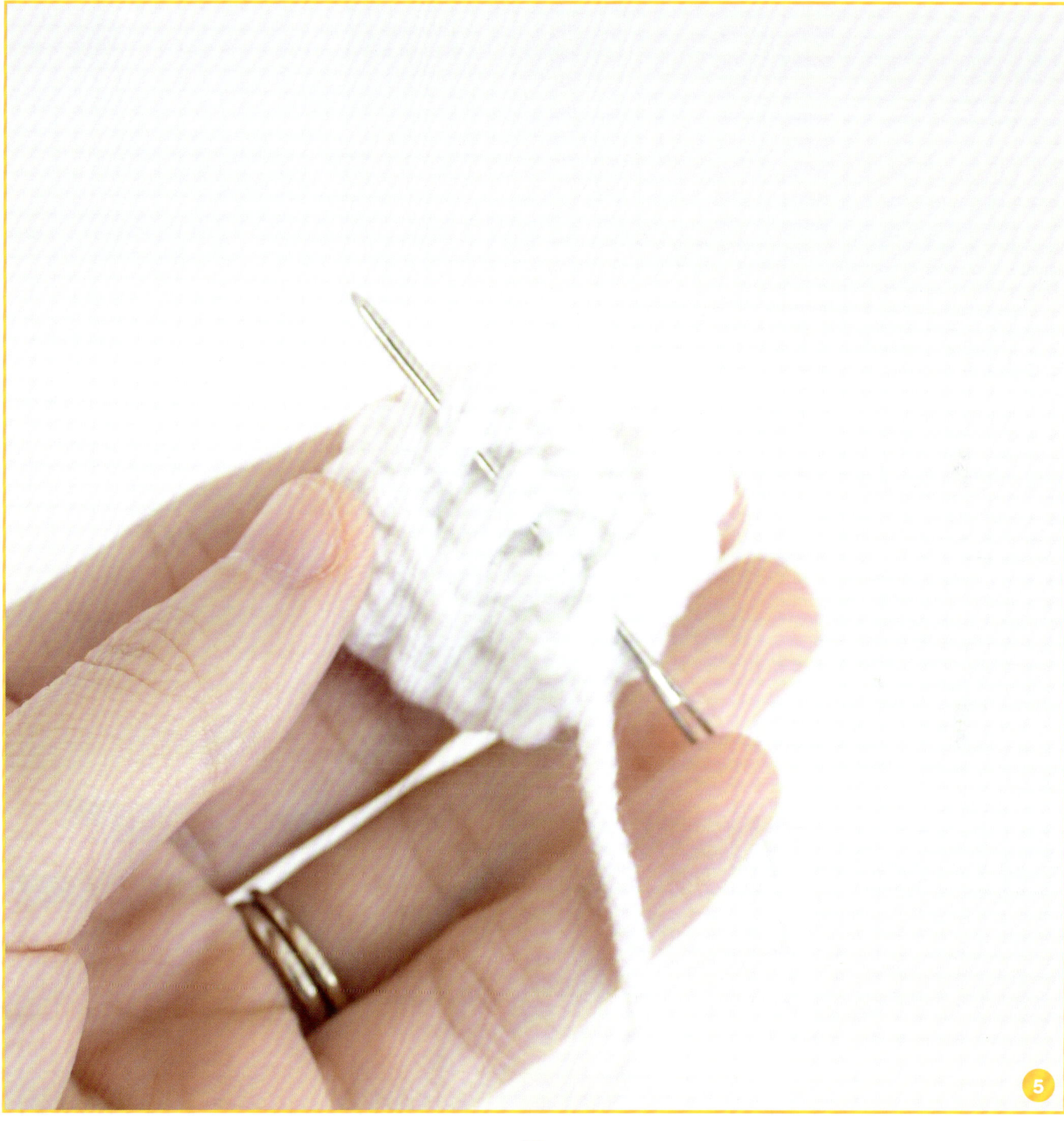
5

ZUSAMMENSETZEN

1. Wenn der Kuchen mit Pappe verstärkt werden soll, die Konturen der Oberseite übertragen und ausschneiden. Dasselbe mit der Unterseite wiederholen, dabei den Kuchenrand jedoch nicht übertragen (19.–25. R der Unterseite). Zur Seite legen *(Fotos 1,2)*.

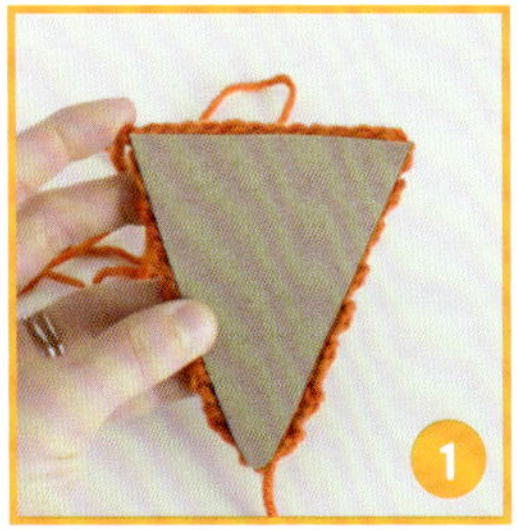

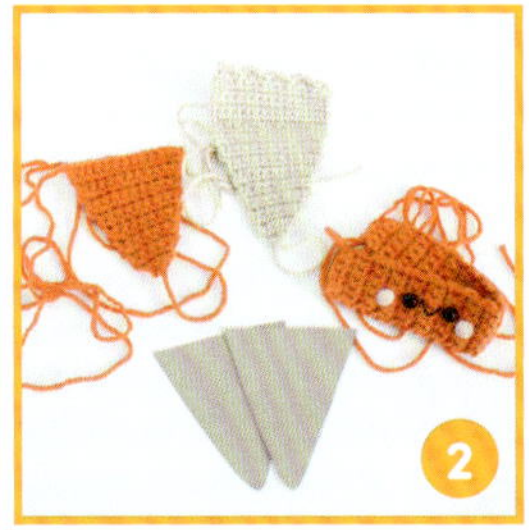

2. Die Seiten an den Teigboden nähen, dabei an der kurzen Seite beginnen *(Foto 3)*. Dann an einer langen Seite fortfahren und auch die andere lange Seite annähen *(Fotos 4,5)*. Die zweite kürzere Seite ebenfalls annähen.

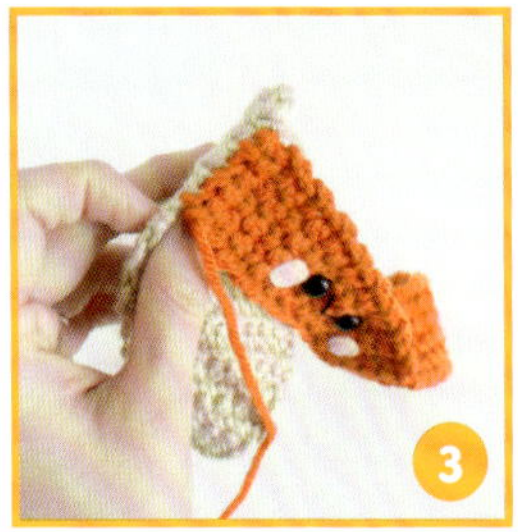

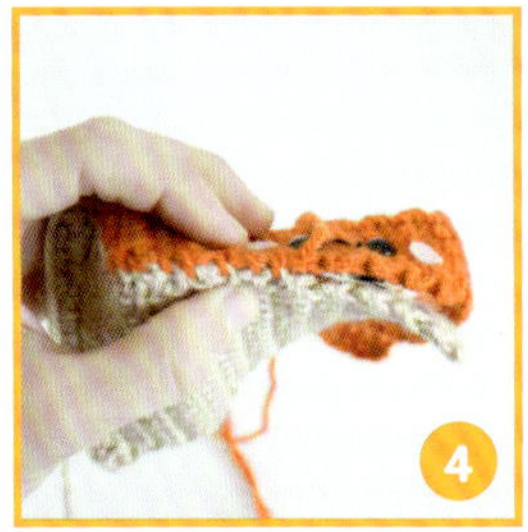

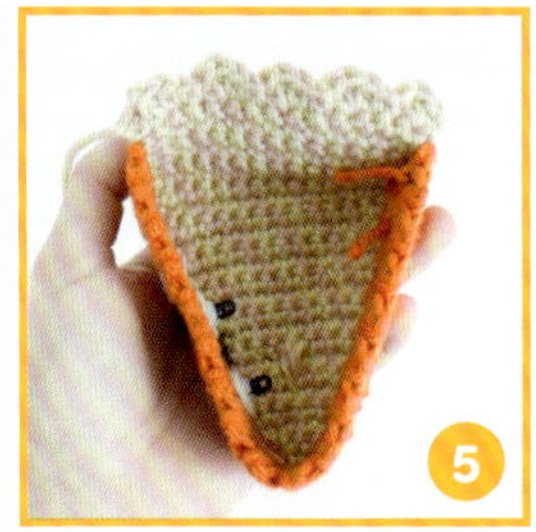

3. Die Oberseite nur an den langen Seiten annähen *(Fotos 6,7)*. Die Rückseite offen lassen, die Pappe einlegen und mit Füllwatte ausstopfen.

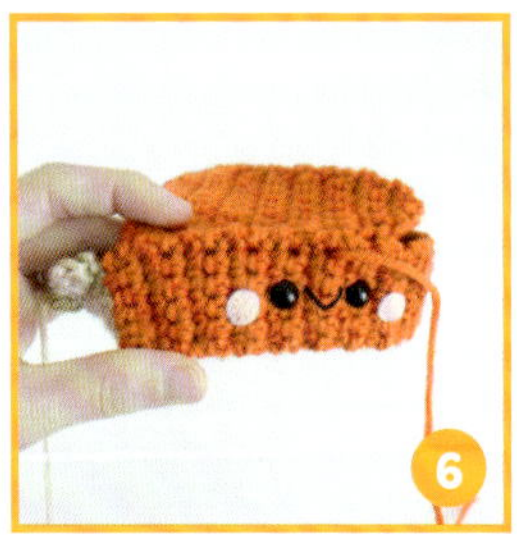

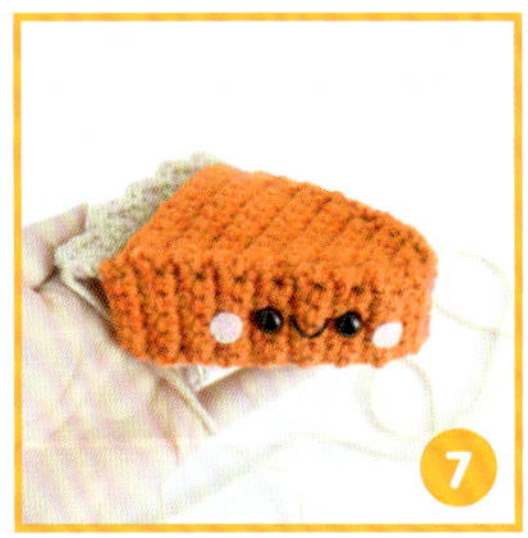

4. Mit dem Endfaden des Teigbodens die Öffnung schließen. Dabei die Nähnadel durch die Maschen hinter der letzten Reihe der Oberseite (innen, *Foto 8*) und durch die 1. waagerecht verlaufende Reihe des Teigs direkt unter der geschwungenen Reihe führen *(Fotos 9,10)*.

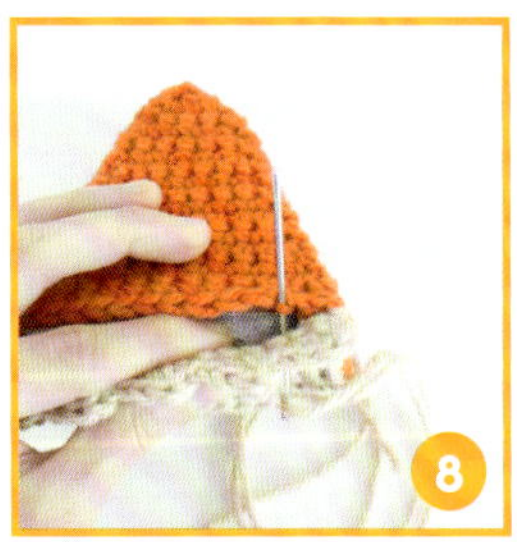

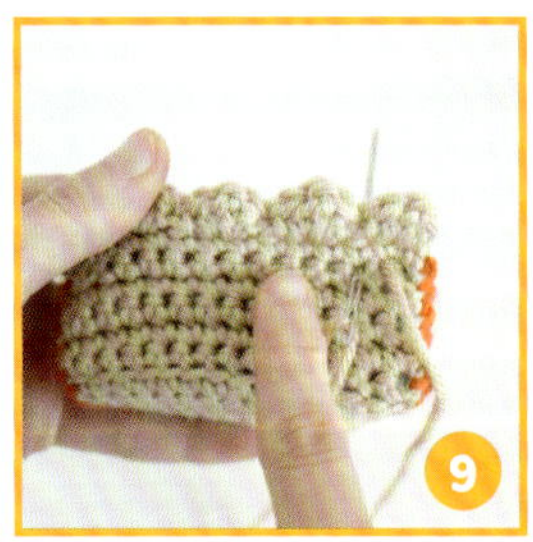

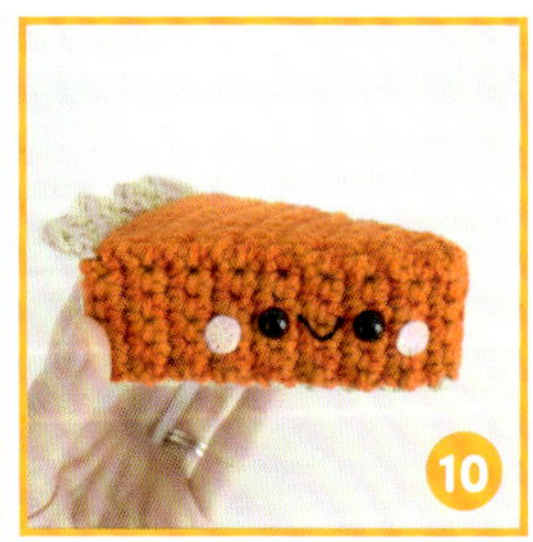

5. Den Sahneklecks mit dem Endfaden annähen, dafür die Nadel durch die Unterseite der Sahne und die Oberseite des Kuchens führen *(Fotos 11,12)*. Fortfahren, bis der Sahneklecks fest sitzt. Den Faden vernähen und mit einem Knoten sichern. Die Sahne vorsichtig in Form ziehen, sodass sie luftiger wirkt *(Fotos 13,14)*.

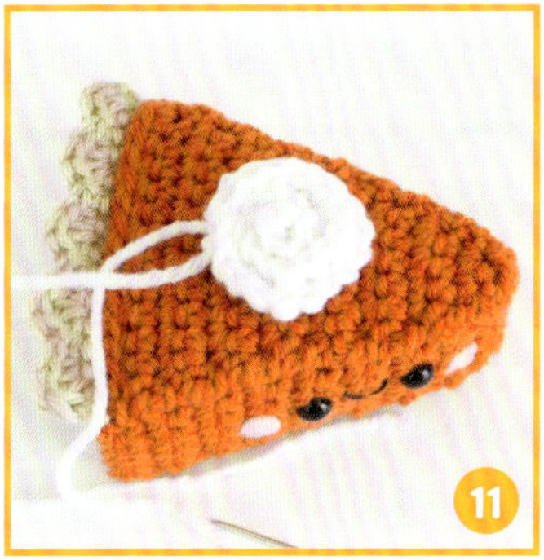

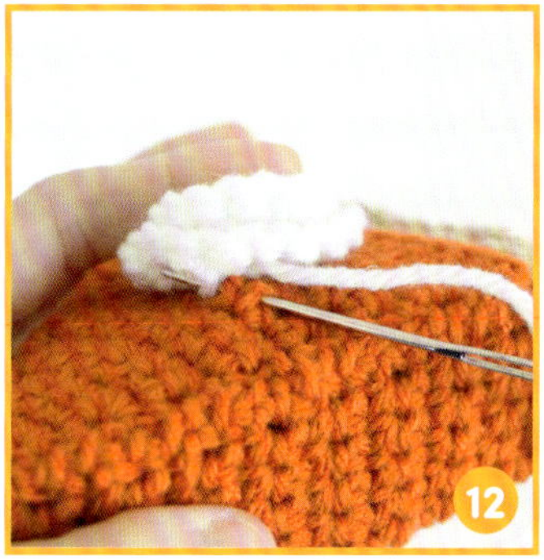

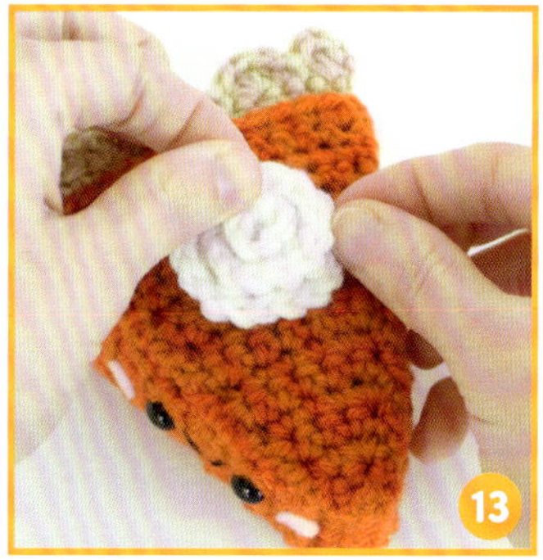

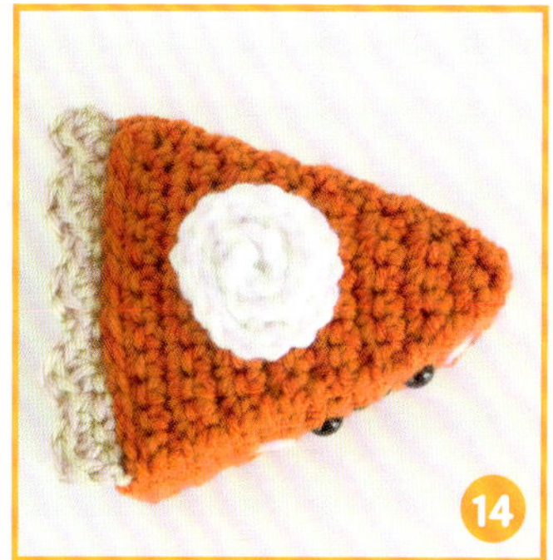

KLEINES EXTRA!
MINI-KIRSCHE FÜR DEN KIRSCHKUCHEN

KIRSCHE:

In Rot häkeln

1. Rd: 4 fM in einen magischen Ring häkeln (4 M).
2. Rd: 2 fM in jede M (8 M).
3. Rd: *1 fM, 2 fM in die nächste M* 4x (12 M).
4.–6. Rd: 12 fM (12 M).

Die Sicherheitsaugen einsetzen und den Mund aufsticken.
Mit Füllwatte ausstopfen.

7. Rd: *1 fM, 1 Abn* 4x (8 M).
8. Rd: 4 Abn (4 M).

Die Arbeit beenden und die Kirsche schließen.

STIEL:

8 Lm in Grün häkeln

1. R: Km ab der 2. Lm von der Häkelnadel (7 M).

Die Arbeit beenden und ein Fadenende zum Annähen hängen lassen.
Den Stiel oben auf die Kirsche nähen.

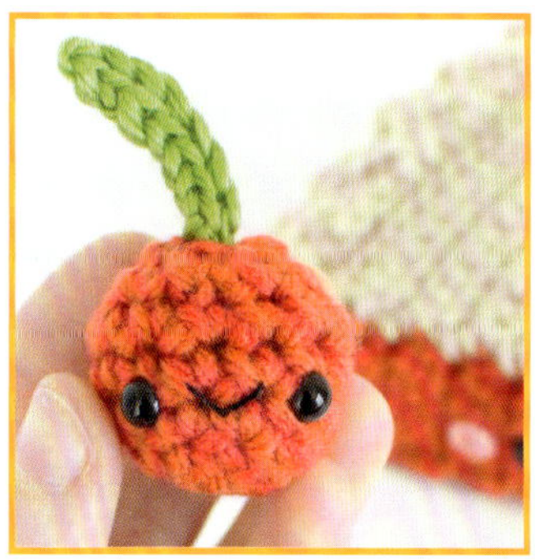
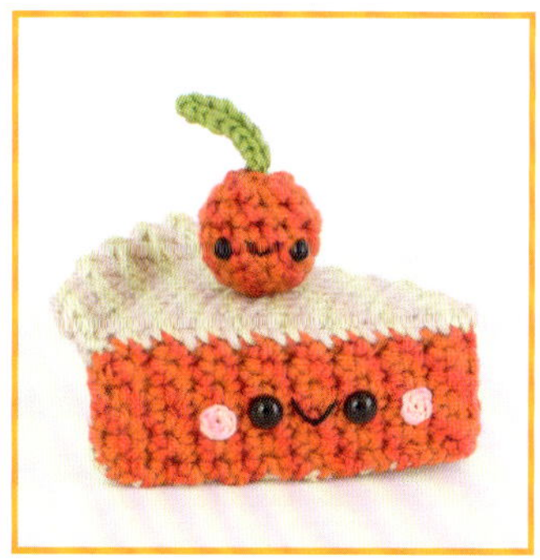

AUF DEM MARKT

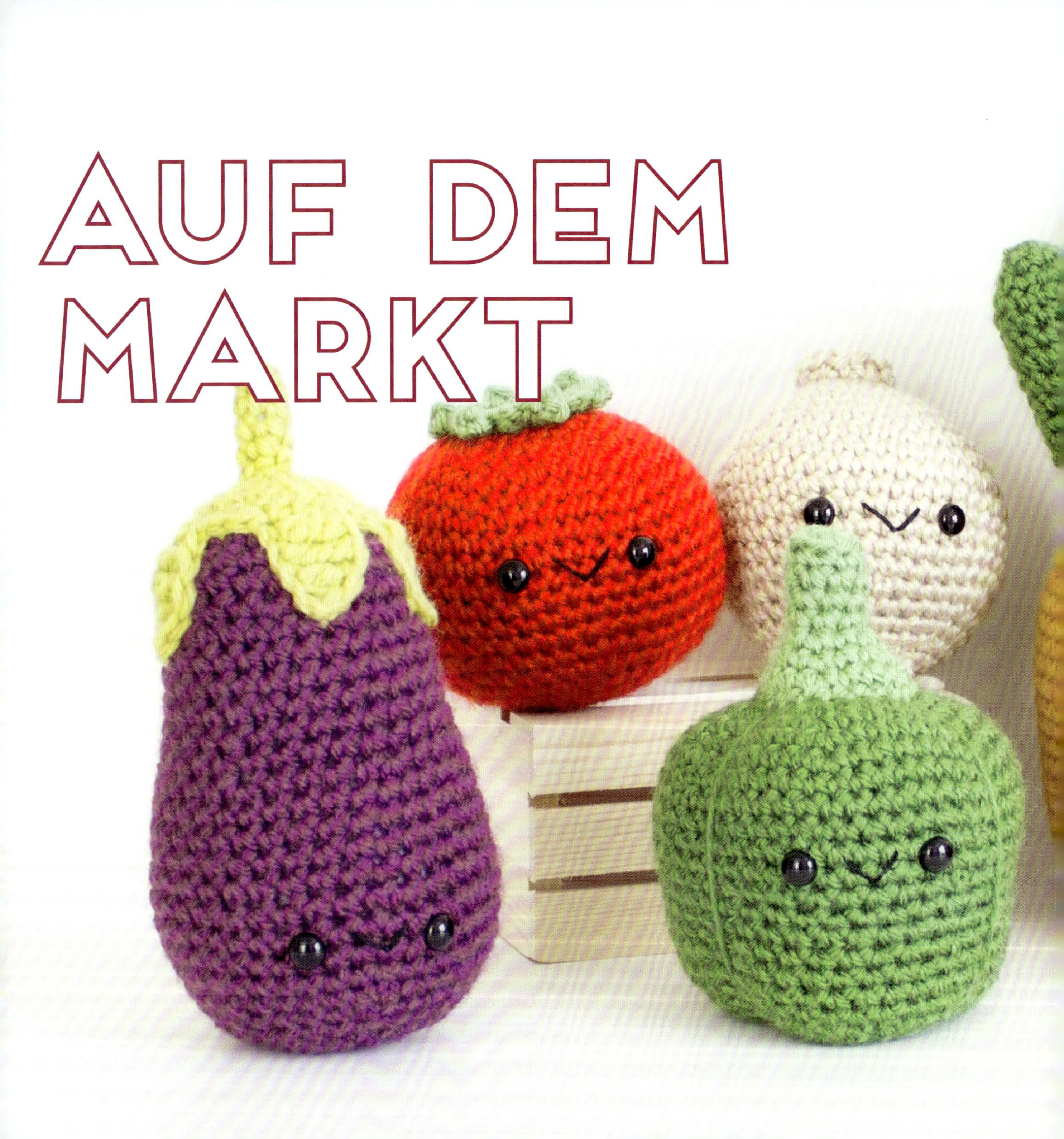

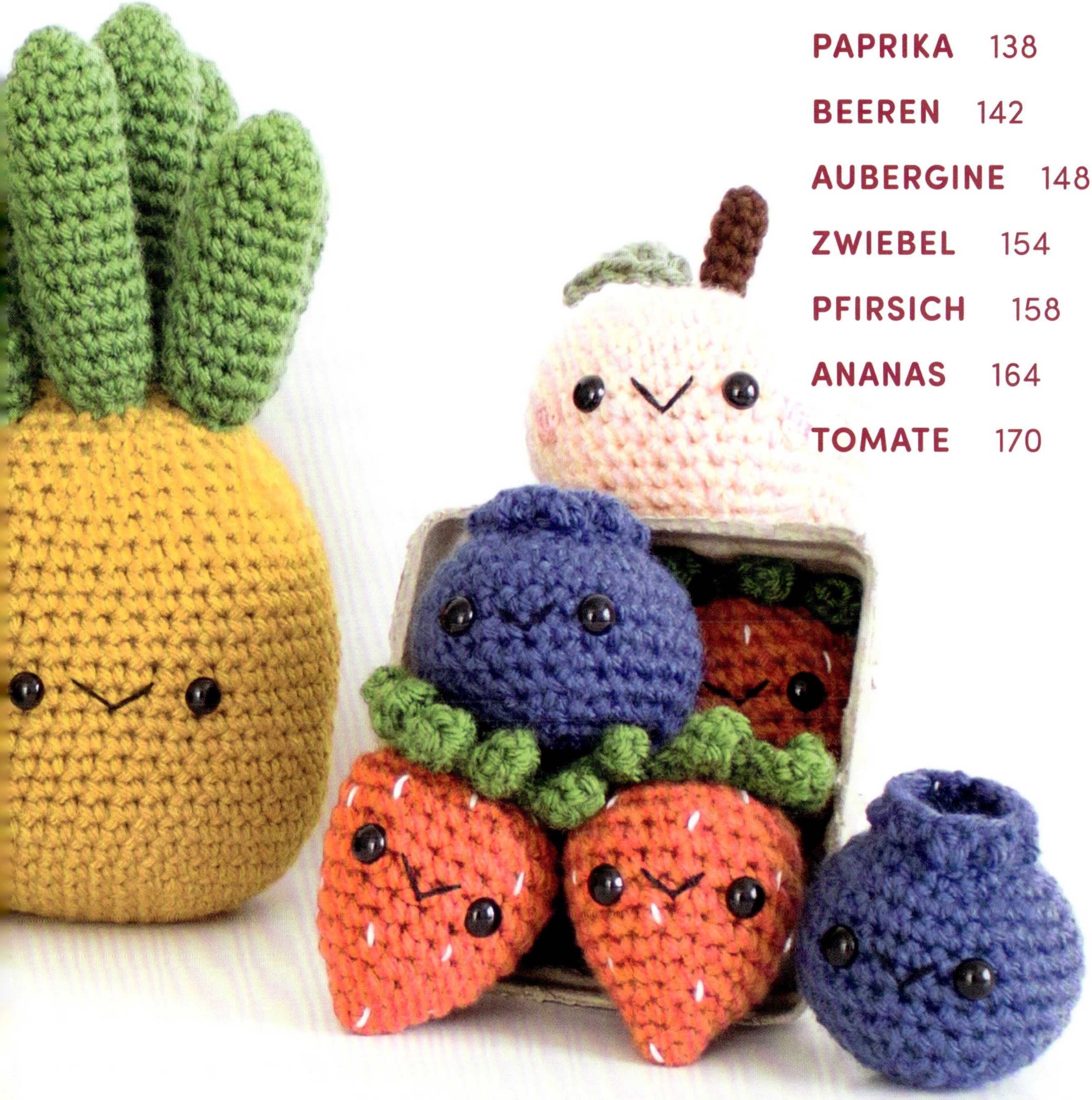

PAPRIKA

MASSE

- Etwa 11cm hoch und 9cm breit

MATERIAL

- Häkelgarn (Lauflänge 100–120m/50g), in Grün und Hellgrün
- Häkelnadel 4,25mm
- Sicherheitsaugen, 9mm Ø
- Schwarzes Stickgarn und kleine Sticknadel
- Füllwatte aus Polyester
- Nähnadel
- Schere
- Maschenmarkierer
- Stecknadeln (optional, aber sehr hilfreich beim Anbringen des Stiels)

ABKÜRZUNGEN

- Abn – unsichtbare Abnahme(n)
- fM – feste Masche(n)
- M – Masche(n)
- Rd – Runde(n)

HINWEIS ZUR ANLEITUNG

- Diese Anleitung wird in Spiralrunden gehäkelt.

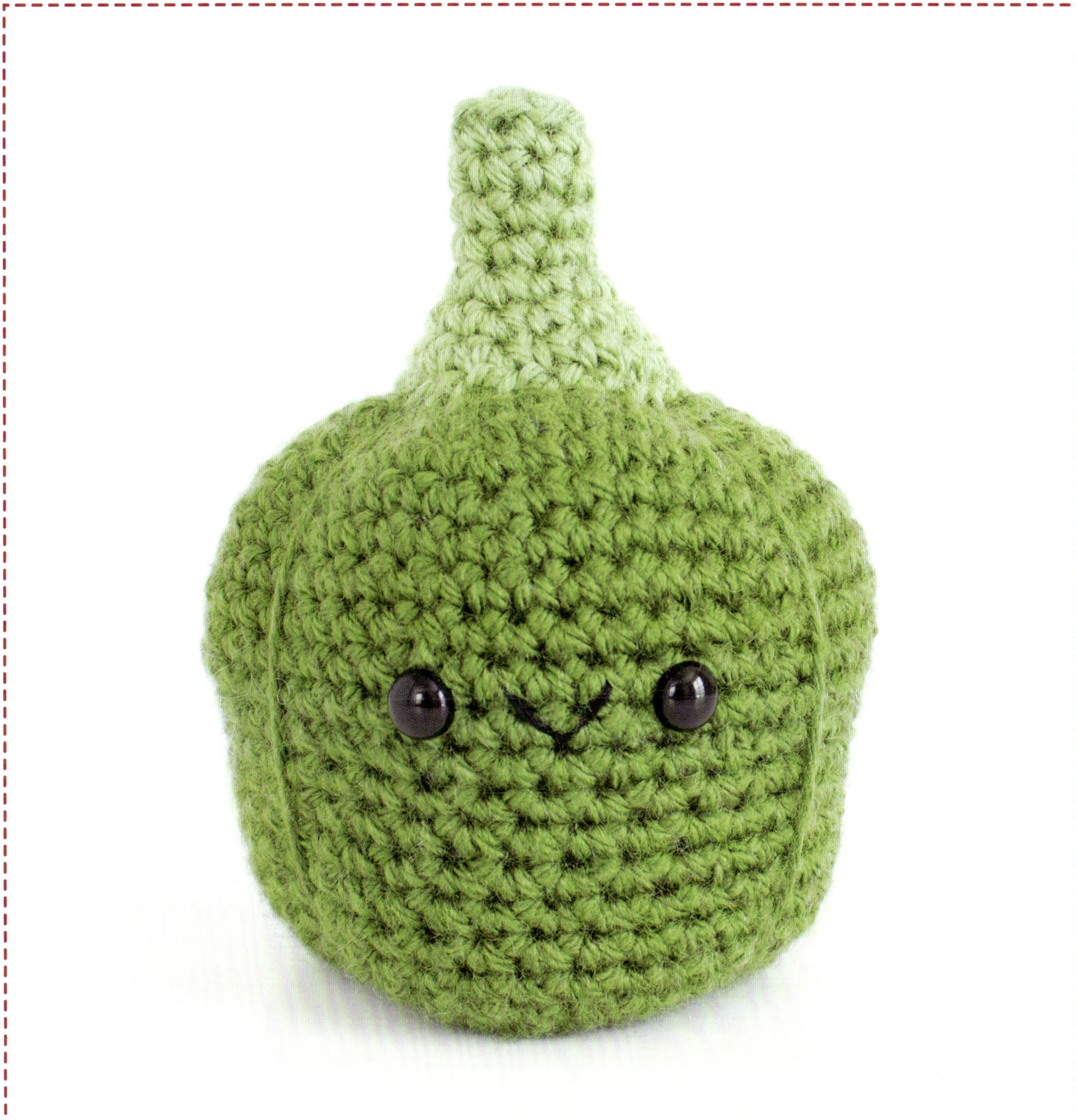

PAPRIKA

In Grün häkeln

1. Rd: 6 fM in einen magischen Ring häkeln (6 M).
2. Rd: 2 fM in jede M (12 M).
3. Rd: *1 fM, 2 fM in die nächste M* 6x (18 M).
4. Rd: *2 fM, 2 fM in die nächste M* 6x (24 M).
5. Rd: *3 fM, 2 fM in die nächste M* 6x (30 M).
6. Rd: *4 fM, 2 fM in die nächste M* 6x (36 M).
7. Rd: *5 fM, 2 fM in die nächste M* 6x (42 M).
8. Rd: *6 fM, 2 fM in die nächste M* 6x (48 M).
9.–11. Rd: 48 fM (48 M).
12. Rd: *6 fM, 1 Abn* 6x (42 M).
13. Rd: 42 fM (42 M).
14. Rd: *5 fM, 1 Abn* 6x (36 M).
15.–20. Rd: 36 fM (36 M).

Die Sicherheitsaugen einsetzen und den Mund aufsticken.

21. Rd: *4 fM, 1 Abn* 6x (30 M).
22. Rd: 30 fM (30 M).

Mit dem Ausstopfen beginnen und nach und nach weiteres Füllmaterial hinzufügen.

23. Rd: *3 fM, 1 Abn* 6x (24 M).
24. Rd: *2 fM, 1 Abn* 6x (18 M).
25. Rd: *1 fM, 1 Abn* 6x (12 M).
26. Rd: 6 Abn (6 M).

Die Arbeit beenden und die Paprika schließen, dabei den Faden lang genug hängen lassen, um damit die Einkerbungen zu arbeiten.

EINKERBUNGEN:

1. Den Endfaden in eine Nähnadel fädeln und diese mittig in die 26. Rd einstechen *(Foto 1)*. Durch die Paprika führen und mittig durch den magischen Ring *(1. Rd, Foto 2)* wieder ausstechen. Den Faden vorsichtig durchziehen.

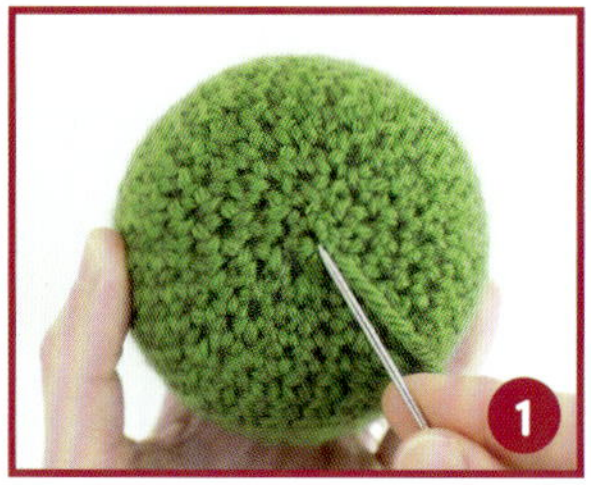

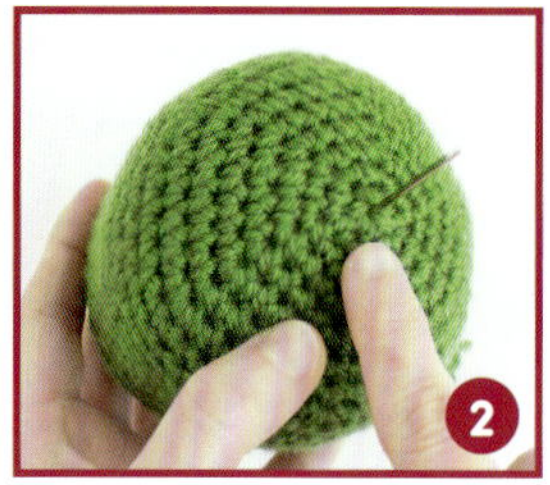

2. Dann auf einer Seite nach unten führen *(Foto 3)* und wieder mittig in der 26. Rd einstechen *(Foto 4)*. Dann wieder durch den magischen Ring ausstechen *(Foto 5)* und auf der anderen Seite nach unten führen, sodass eine weitere Einkerbung entsteht *(Foto 6)*. Diese Schritte wiederholen, bis insgesamt 4 Einkerbungen gearbeitet sind *(Foto 7)*.

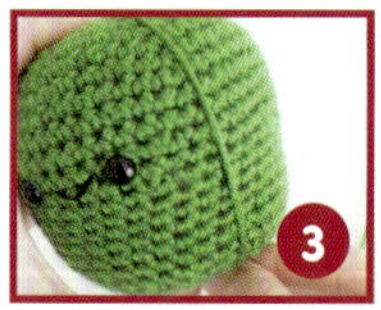

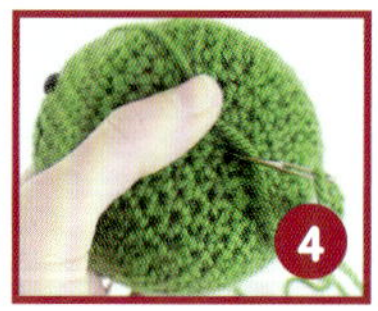

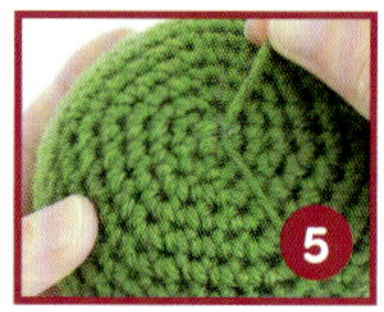

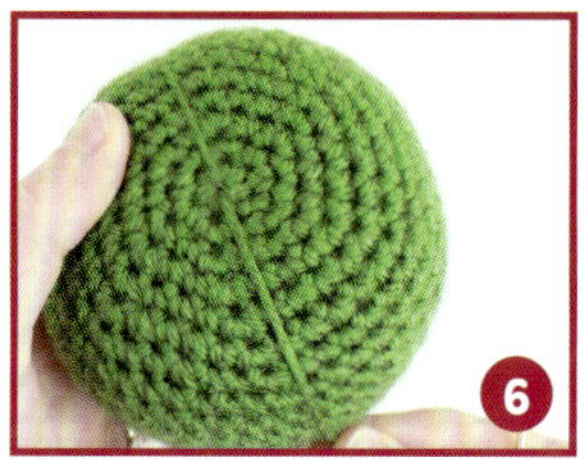

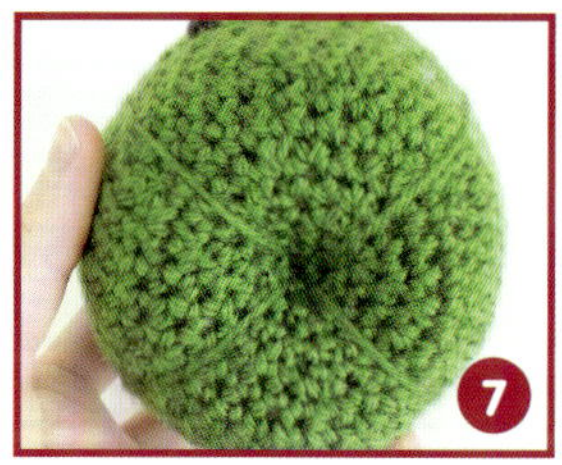

3. Zum Schluss tritt der Endfaden oben an der Paprika aus *(Foto 8)*. Diesen dann verknoten und zurückschneiden.

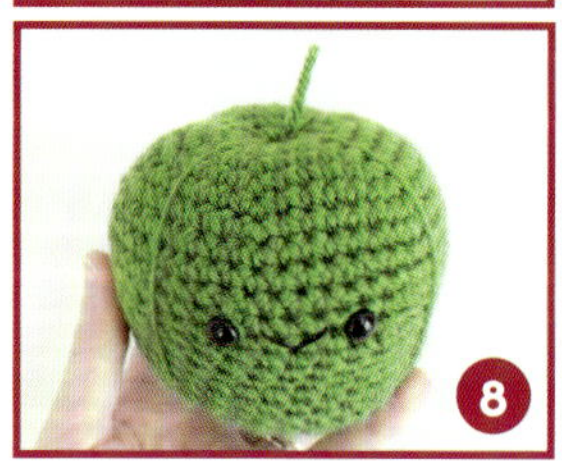

STIEL

In Hellgrün häkeln

1. Rd: 4 fM in einen magischen Ring häkeln (4 M).
2. Rd: 2 fM in jede M (8 M).
3. Rd: 8 fM in die **hinteren** Maschenglieder (8 M).
4.–6. Rd: 8 fM (8 M).
7. Rd: *1 fM, 2 fM in die nächste M* 4x (12 M).
8. Rd: *2 fM, 2 fM in die nächste M* 4x (16 M).
9. Rd: *3 fM, 2 fM in die nächste M* 4x (20 M).

Die Arbeit beenden und ein Fadenende zum Annähen hängen lassen.
Den Stiel ausstopfen *(Foto 1)*.
Oben auf der Paprika feststecken und annähen *(Fotos 2–4)*.

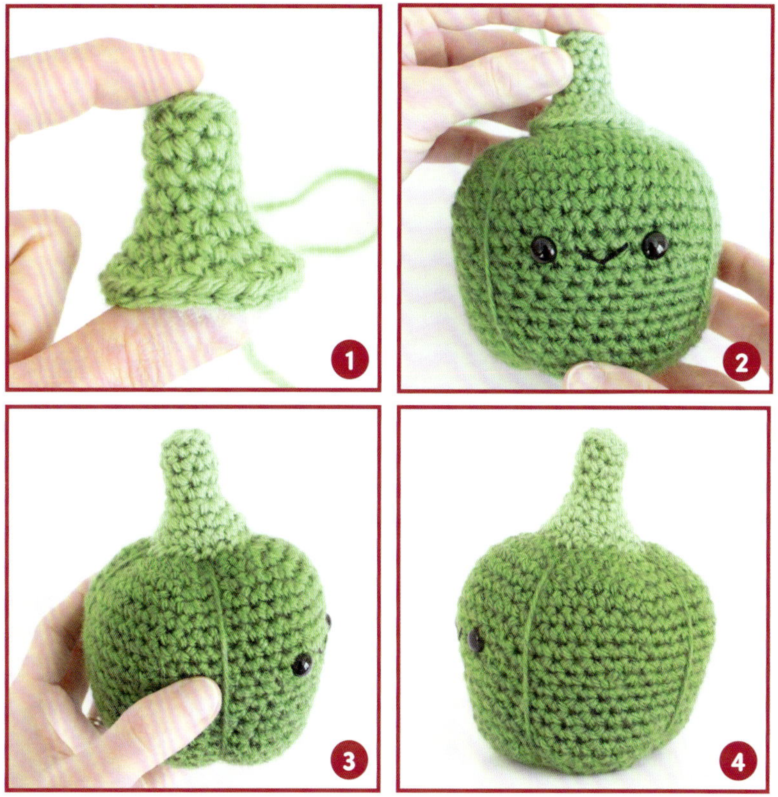

BEEREN

MASSE

- Heidelbeere: etwa 6cm hoch und 6cm breit
- Erdbeere: etwa 6cm hoch und 6cm breit

MATERIAL

- Häkelgarn (Lauflänge 100–120m/50g), in
  - Blau für die Heidelbeere
  - Rot und Grün für die Erdbeere
- Häkelnadel 4,25mm
- Sicherheitsaugen, 9mm Ø (1 Paar je Beere)
- Schwarzes und weißes Stickgarn
- Kleine Sticknadel
- Füllwatte aus Polyester
- Nähnadel
- Schere
- Maschenmarkierer
- Optional:
  - Beerenschale

ABKÜRZUNGEN

- Abn – unsichtbare Abnahme(n)
- fM – feste Masche(n)
- Km – Kettmasche(n)
- Lm – Luftmasche(n)
- M – Masche(n)
- Rd – Runde(n)
- Stb – Stäbchen

HINWEIS ZUR ANLEITUNG

- Diese Anleitung wird in Spiralrunden gehäkelt.

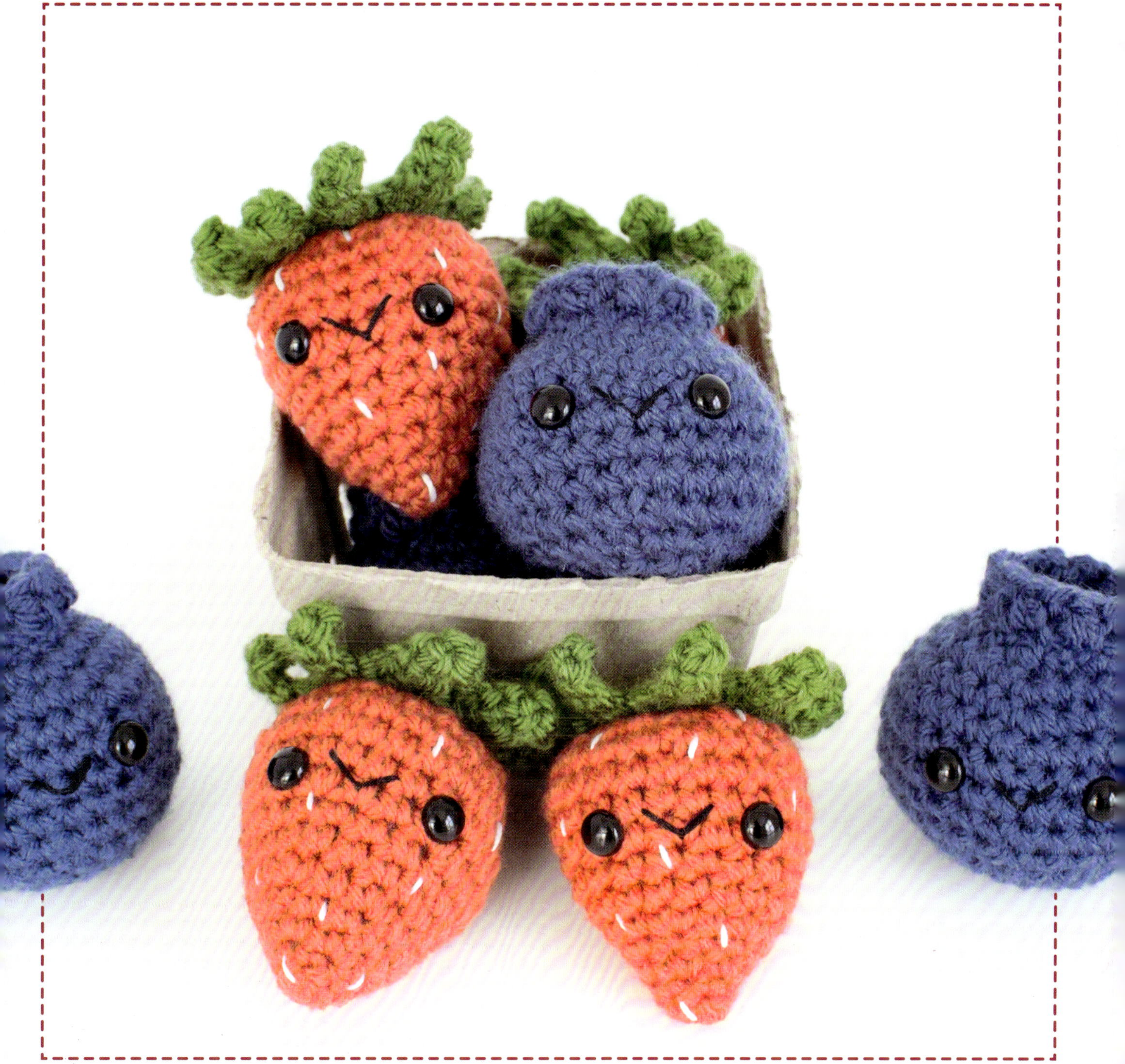

HEIDELBEERE

In Blau häkeln

1. Rd: 6 fM in einen magischen Ring häkeln (6 M).
2. Rd: 2 fM in jede M (12 M).
3. Rd: *1 fM, 2 fM in die nächste M* 6x (18 M).
4. Rd: *2 fM, 2 fM in die nächste M* 6x (24 M).
5. Rd: *3 fM, 2 fM in die nächste M* 6x (30 M).
6.–10. Rd: 30 fM (30 M).

Die Sicherheitsaugen einsetzen und den Mund aufsticken.

11. Rd: *3 fM, 1 Abn* 6x (24 M).
12. Rd: *2 fM, 1 Abn* 6x (18 M).

Ausstopfen und nach und nach weitere Füllwatte hinzufügen.

13. Rd: *1 fM, 1 Abn* 6x (12 M).
14. Rd: 6 Abn (6 M).

Die Arbeit beenden und die Beere schließen.

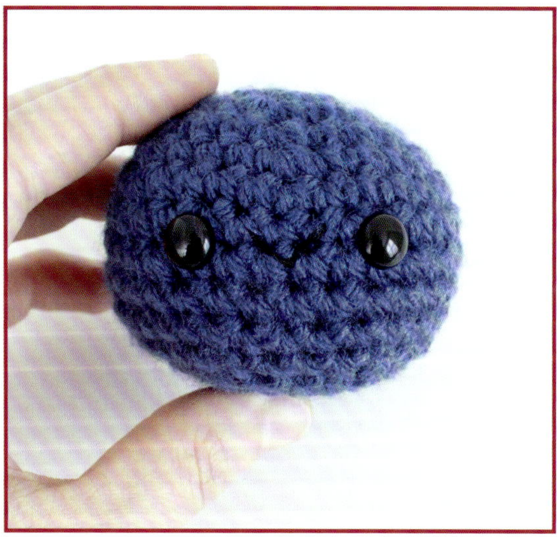

OBERSEITE

Den Anfangsfaden lang hängen lassen.

In Blau häkeln

18 Lm, ab der 2. Lm von der Häkelnadel *Stb, Km* 9x.

Die Arbeit beenden und ein Fadenende zum Annähen hängen lassen *(Foto 1)*.

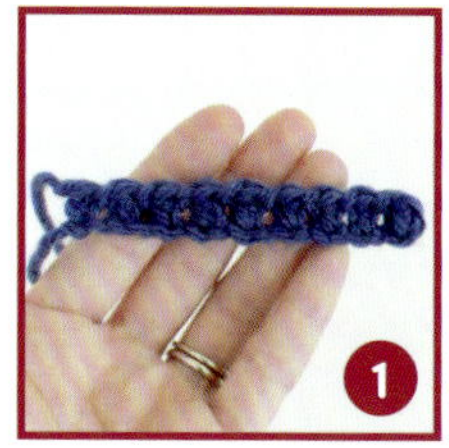

OBERSEITE ANBRINGEN:

1. Die Enden der Oberseite zu einem Ring schließen *(Foto 2)*. Dazu den Endfaden in eine Nähnadel fädeln und die Enden zusammennähen *(Fotos 3,4)*. Nicht verknoten.

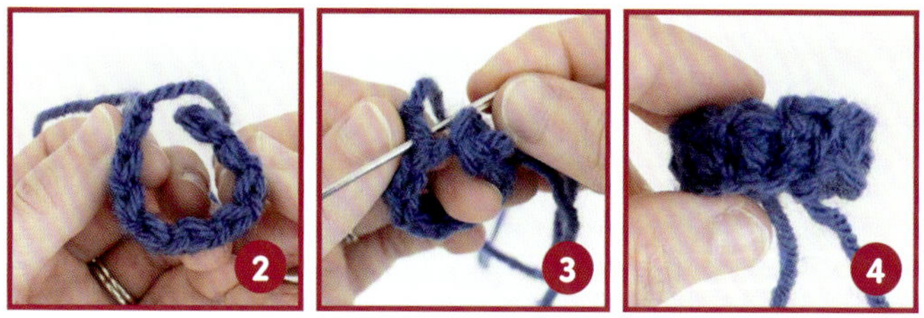

2. Die Oberseite auf den magischen Ring oben auf die Heidelbeere legen.

3. Dann den Anfangsfaden in eine Nähnadel fädeln und diesen rundum durch die Maschen der Heidelbeere führen. Zum Schluss den Faden mit einem Knoten sichern *(Fotos 5,6)*. Zurückschneiden und das Ende im Inneren verwahren.

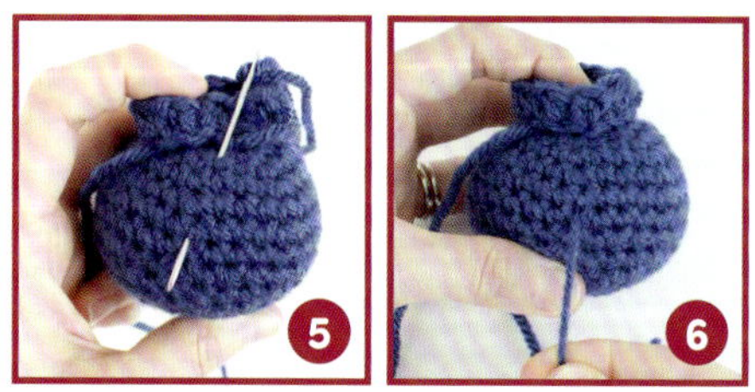

4. Dann den Endfaden in eine Nähnadel fädeln *(Foto 7)* und damit die Oberseite an die Heidelbeere nähen *(Fotos 8,9)*. Das Fadenende verknoten und im Inneren der Heidelbeere verwahren.

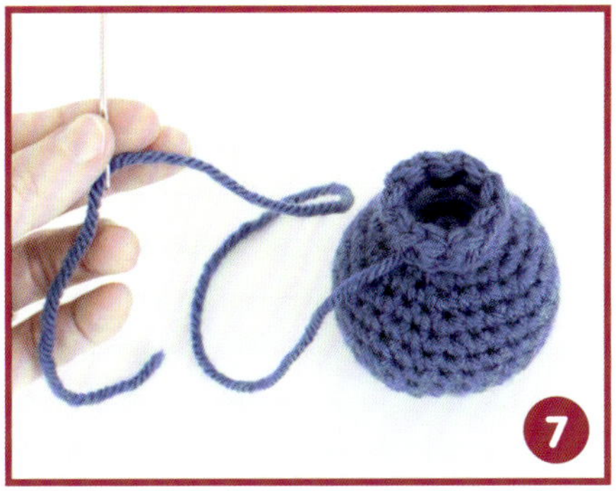

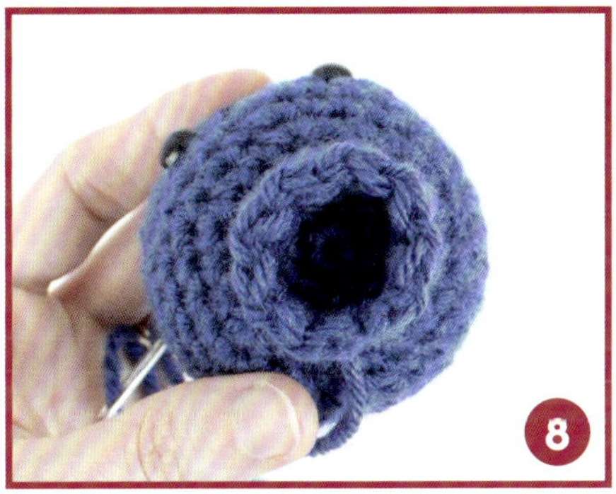

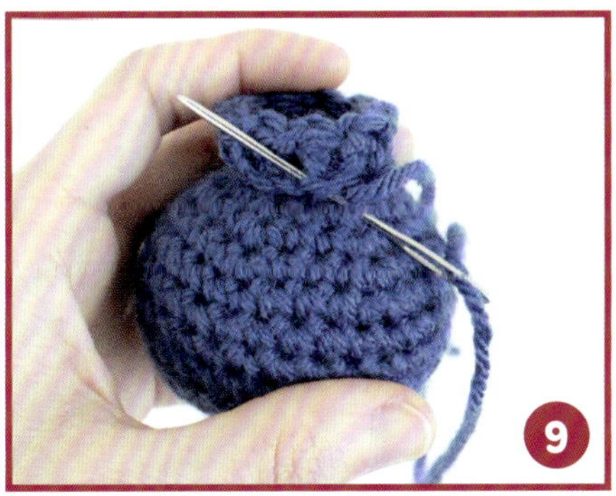

ERDBEERE

In Rot häkeln

1. Rd: 6 fM in einen magischen Ring häkeln (6 M).
2. Rd: 6 fM (6 M).
3. Rd: 2 fM in jede M (12 M).
4. Rd: 12 fM (12 M).
5. Rd: *1 fM, 2 fM in die nächste M* 6x (18 M).
6.–7. Rd: 18 fM (18 M).
8. Rd: *2 fM, 2 fM in die nächste M* 6x (24 M).
9. Rd: 24 fM (24 M).
10. Rd: *3 fM, 2 fM in die nächste M* 6x (30 M).
11. Rd: *3 fM, 1 Abn* 6x (24 M).

Die Sicherheitsaugen einsetzen und den Mund aufsticken.
Die Samen mit weißem Stickgarn über die Beere verstreut aufsticken.*

12. Rd: *2 fM, 1 Abn* 6x (18 M).

Ausstopfen und nach und nach weiteres Füllmaterial hinzufügen.

13. Rd: *1 fM, 1 Abn* 6x (12 M).
14. Rd: 6 Abn (6 M).

Die Arbeit beenden und die Beere schließen.

*Die Samen an der unteren Spitze beginnen und einen Stich nach oben ausführen *(Fotos 1–3)*. Dann das Stickgarn zur Seite legen und die 12. Rd häkeln *(Foto 4)*. Anschließend weitere Samen aufsticken, bevor die Erdbeere geschlossen wird *(Foto 5)*.

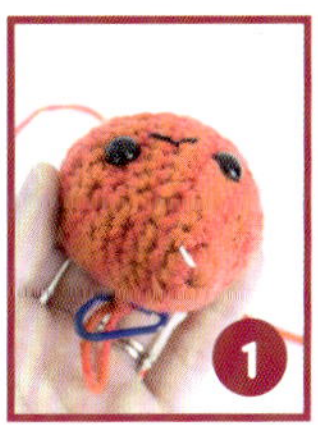

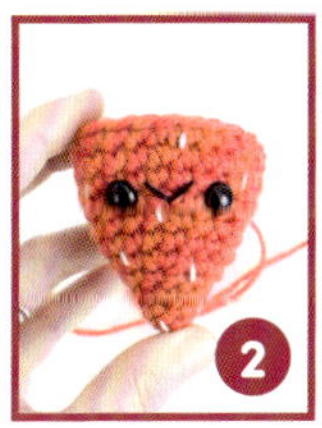

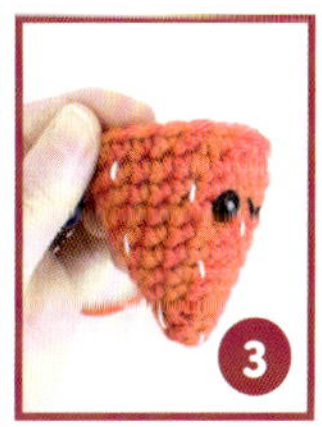

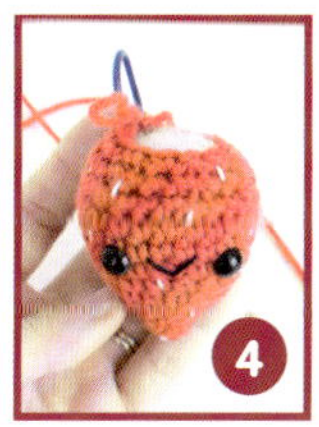

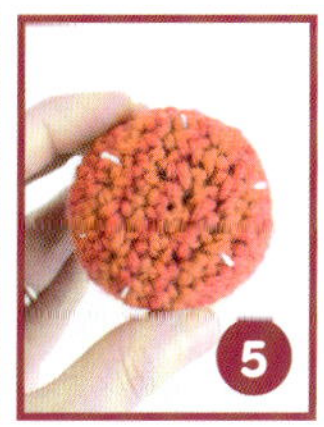

BLATT

In Grün häkeln

1. Rd: 8 fM in einen magischen Ring häkeln (8 M).
2. Rd: 2 fM in jede M (16 M).
3. Rd: *1 fM, 5 Lm, dann ab der 2. Lm von der Häkelnadel aus 4 fM, Km in die 1. fM, 1 fM in die nächste M* 8x (= insgesamt 8 Blätter). *(Fotos 1–6)*

Die Arbeit beenden und ein Fadenende zum Annähen hängen lassen.

Die Blätter oben auf die Erdbeere legen *(Foto 7)*. Mit der Nähnadel gleichzeitig in das Blatt und die Erdbeere stechen und die Nadel wieder nach oben zum Blatt führen *(Fotos 8,9)*. Dabei zwischen der 2. und 3. Rd annähen. So entsteht eine Reihe mit Geradstichen zwischen der 2. und 3. Rd *(Fotos 10–12)*. Anschließend den Faden mit einem Knoten sichern und im Inneren der Erdbeere verwahren.

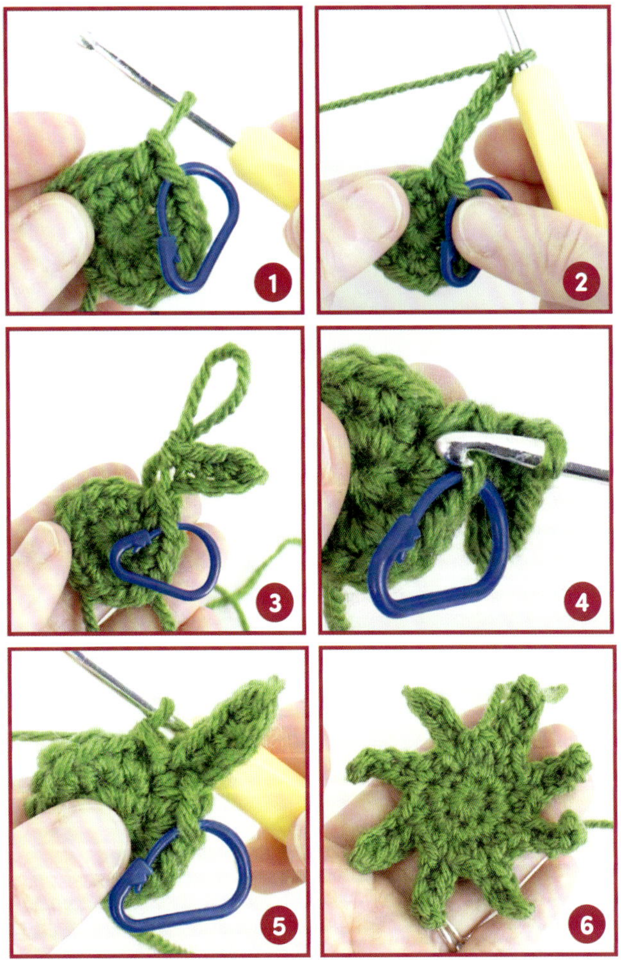

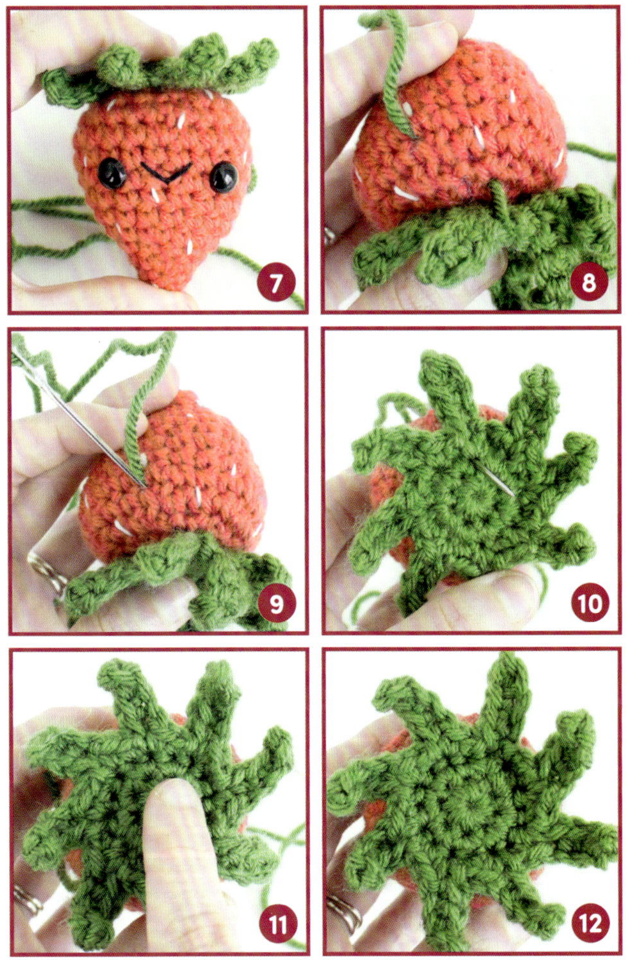

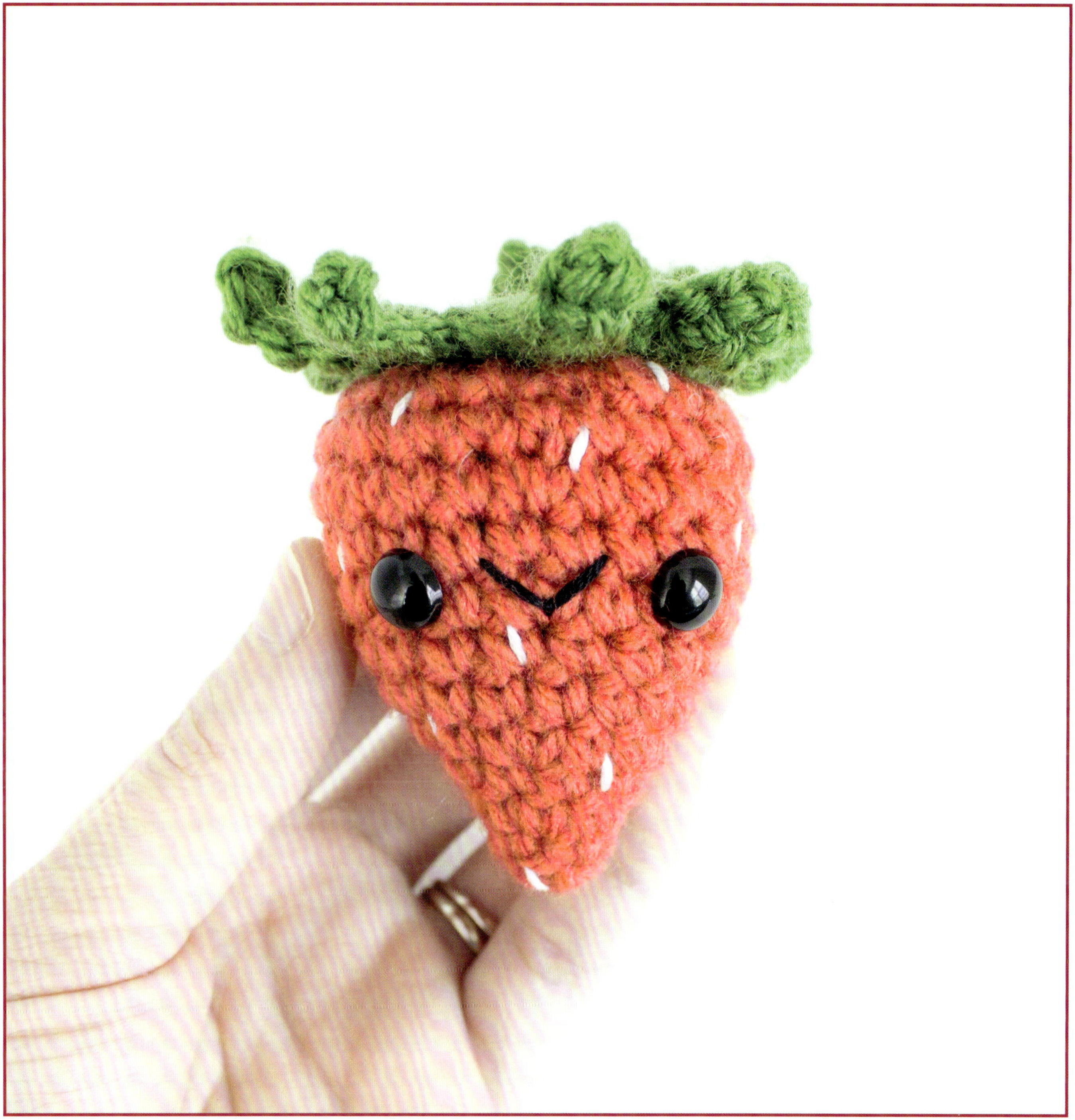

AUBERGINE

MASSE

- Etwa 16,5cm hoch und 7,5cm breit

MATERIAL

- Häkelgarn (Lauflänge 100–120m/50g), in Lila und Grün
- Häkelnadel 4,25mm
- Sicherheitsaugen, 9mm Ø
- Schwarzes Stickgarn und kleine Sticknadel
- Füllwatte aus Polyester
- Nähnadel
- Schere
- Maschenmarkierer
- Stecknadeln (optional, aber sehr hilfreich beim Anbringen der Blätter)

ABKÜRZUNGEN

- Abn – unsichtbare Abnahme(n)
- DStb – Doppelstäbchen
- fM – feste Masche(n)
- hStb – halbe(s) Stäbchen
- Km – Kettmasche(n)
- Lm – Luftmasche(n)
- M – Masche(n)
- Rd – Runde(n)
- Stb – Stäbchen
- überspr – überspringen

HINWEIS ZUR ANLEITUNG

- Diese Anleitung wird in Spiralrunden gehäkelt.

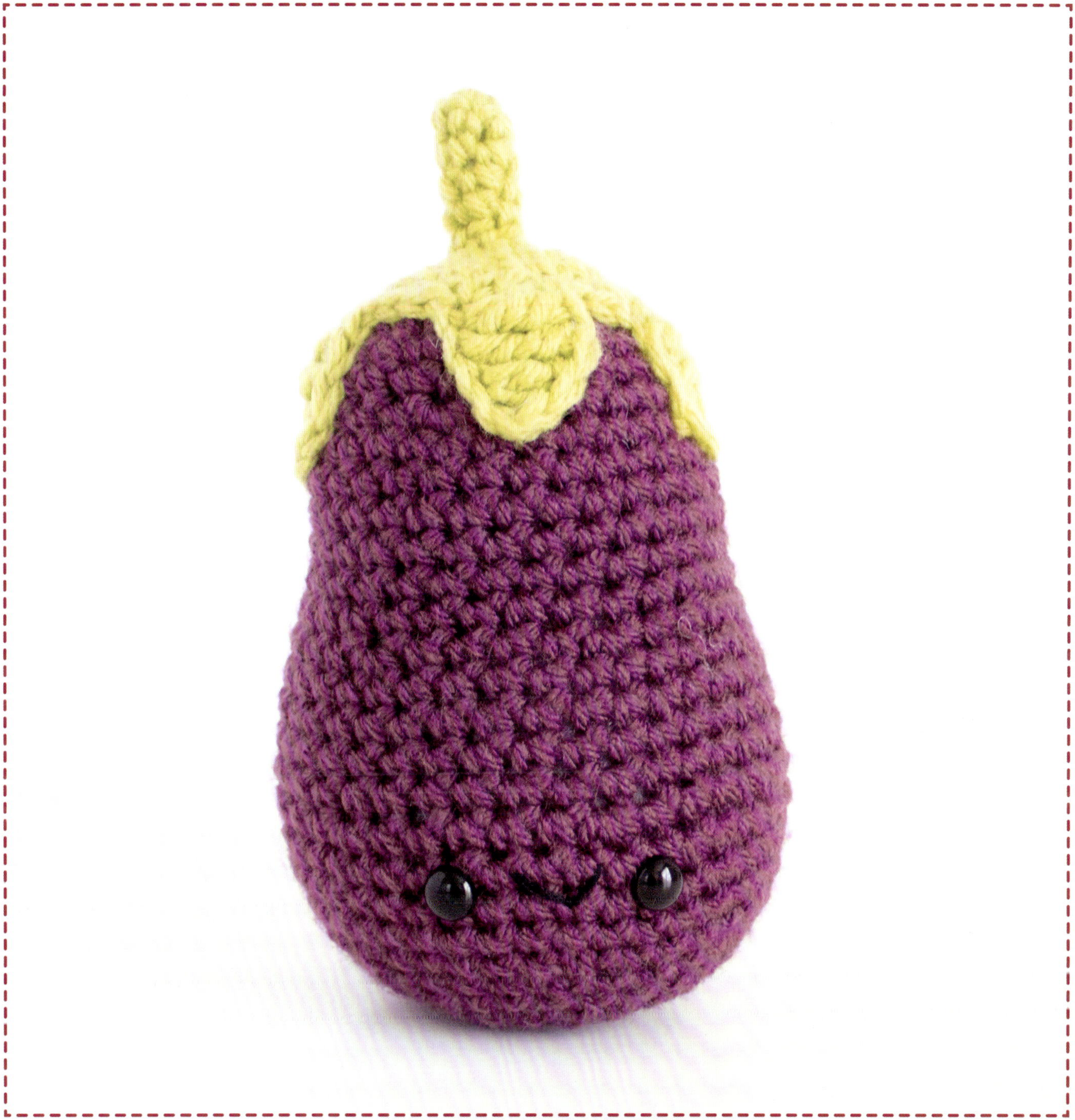

AUBERGINE

In Lila häkeln

1. Rd: 6 fM in einen magischen Ring häkeln (6 M).
2. Rd: 2 fM in jede M (12 M).
3. Rd: *1 fM, 2 fM in die nächste M* 6x (18 M).
4. Rd: *2 fM, 2 fM in die nächste M* 6x (24 M).
5.–7. Rd: 24 fM (24 M).
8. Rd: *3 fM, 2 fM in die nächste M* 6x (30 M).
9.–14. Rd: 30 fM (30 M).
15. Rd: *4 fM, 2 fM in die nächste M* 6x (36 M).
16.–19. Rd: 36 fM (36 M).
20. Rd: *5 fM, 2 fM in die nächste M* 6x (42 M).
21.–23. Rd: 42 fM (42 M).
24. Rd: *5 fM, 1 Abn* 6x (36 M).
25. Rd: *4 fM, 1 Abn* 6x (30 M).

Die Sicherheitsaugen einsetzen und den Mund aufsticken.

26. Rd: 30 fM (30 M).

Ausstopfen und nach und nach weiteres Füllmaterial hinzufügen.

27. Rd: *3 fM, 1 Abn* 6x (24 M).
28. Rd: *2 fM, 1 Abn* 6x (18 M).
29. Rd: *1 fM, 1 Abn* 6x (12 M).
30. Rd: 6 Abn (6 M).

Die Arbeit beenden und schließen.

BLÄTTER

In Grün häkeln

1. Rd: 6 fM in einen magischen Ring häkeln (6 M).
2. Rd: 2 fM in jede M (12 M).
3. Rd: *1 fM, 2 fM in die nächste M* 6x (18 M).
4. Rd: *2 fM, 2 fM in die nächste M* 6x (24 M).
5. Rd: *1 fM, 6 Lm, dann in die 2. Lm von der Häkelnadel aus hStb, Stb, 2 DStb, 2 M überspr, Km, fM* 5x (= insgesamt 5 Blätter, *Fotos 1–11*).

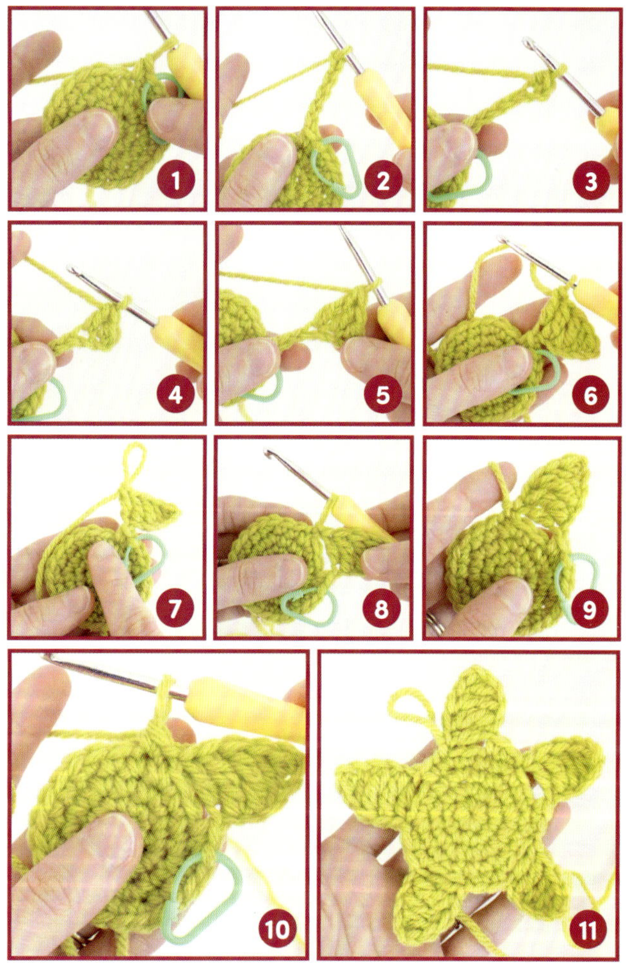

Die Arbeit beenden und ein sehr langes Fadenende zum Annähen hängen lassen.

Einen weiteren langen grünen Faden in eine Nähnadel fädeln und die Lücke zwischen der 4. und 5. Rd schließen *(Fotos 12–14)*. Auf der Rückseite der Arbeit den Faden zur nächsten Lücke führen *(Foto 15)*. Zum Schluss den Faden mit einem Knoten sichern und zurückschneiden *(Foto 16)*.

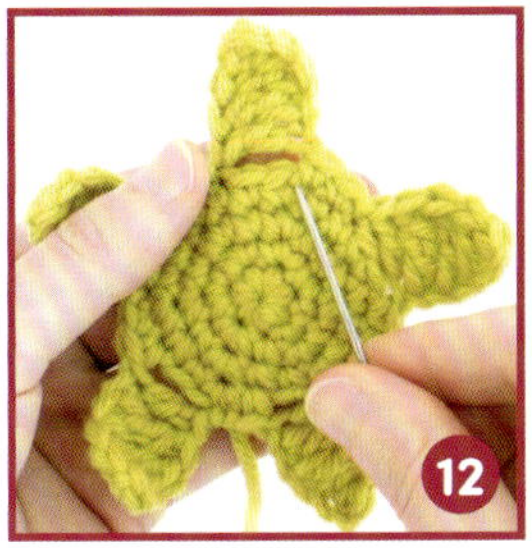

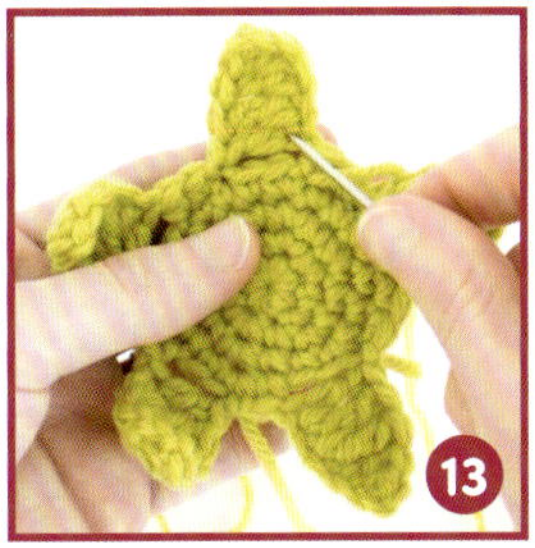

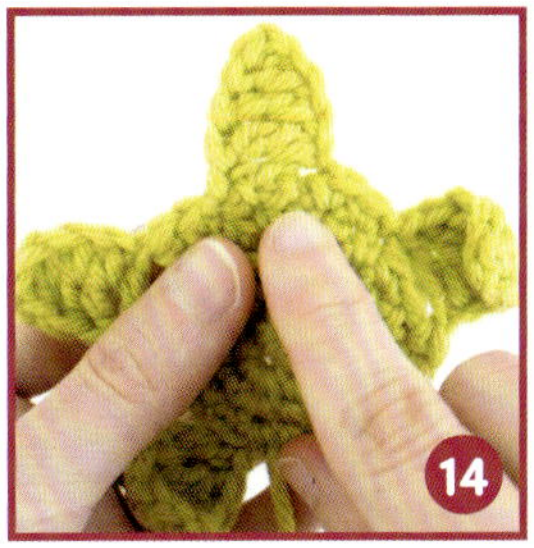

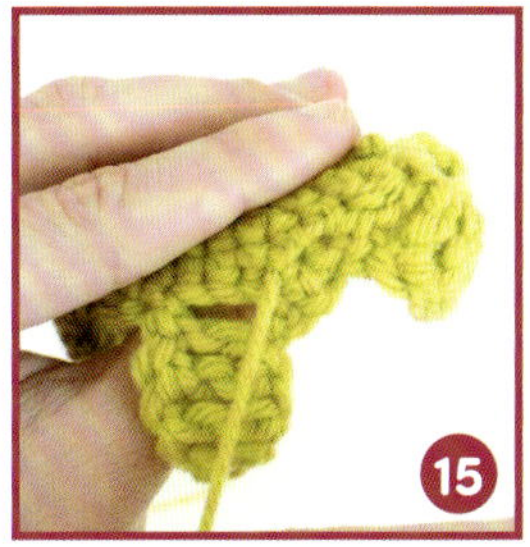

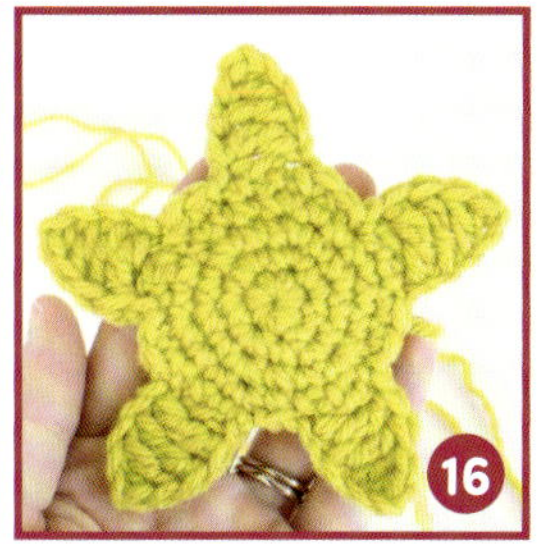

STIEL

In Grün häkeln

1. Rd: 5 fM in einen magischen Ring häkeln (5 M).
2.–5. Rd: 5 fM (5 M).

Die Arbeit beenden und ein Fadenende zum Annähen hängen lassen.

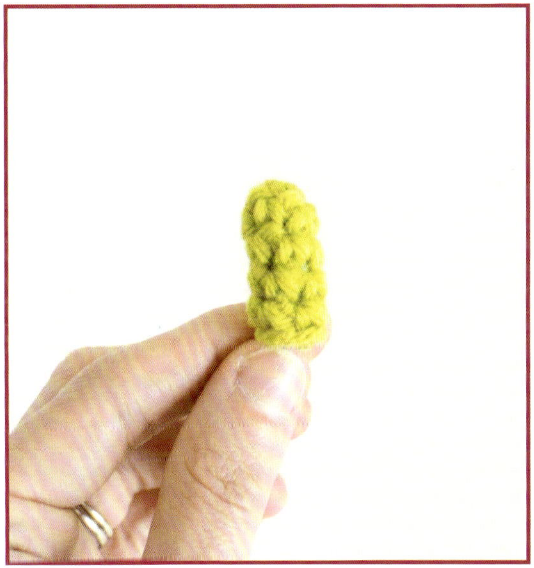

ZUSAMMENSETZEN

1. Die Blätter oben auf die Aubergine legen *(Fotos 1,2)*. Am besten mit Stecknadeln feststecken. Dann mit der Nähnadel den Rand rundum annähen *(Fotos 3–5)*. Den Faden mit einem Knoten sichern und im Innern der Aubergine verwahren.

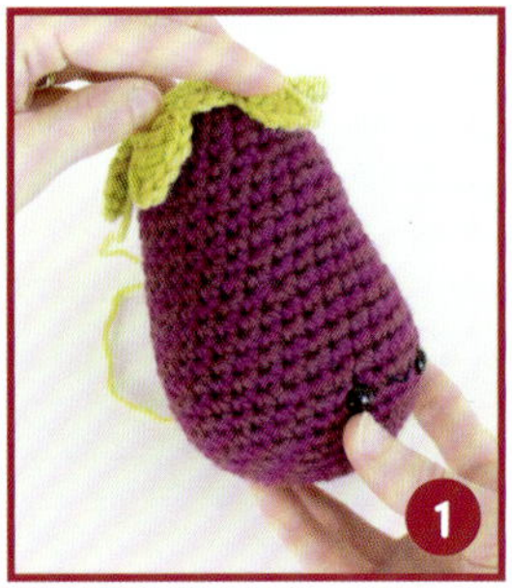

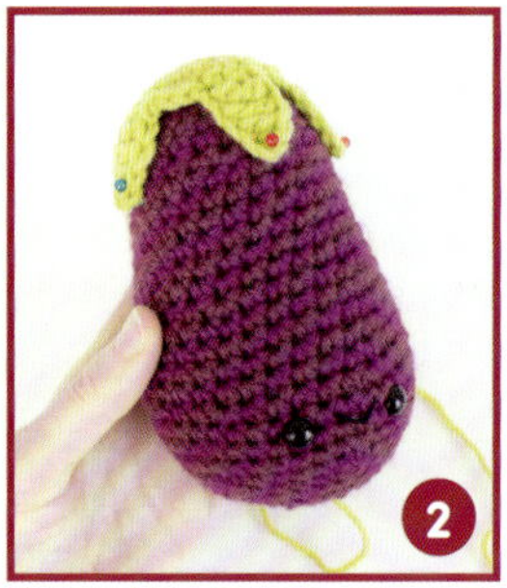

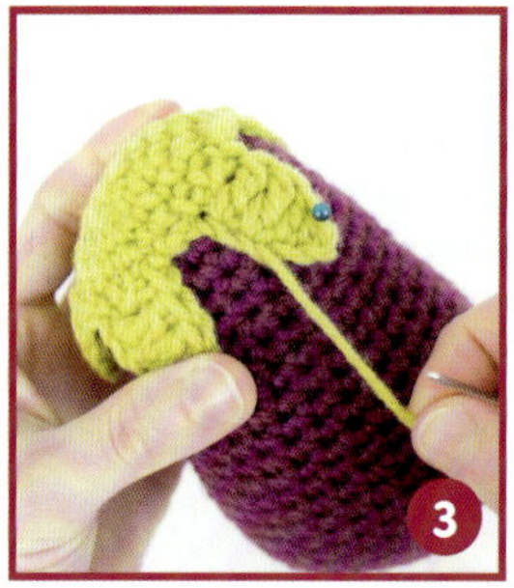

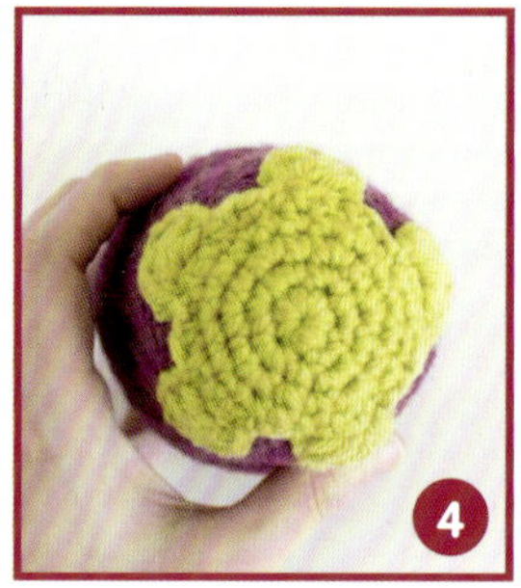

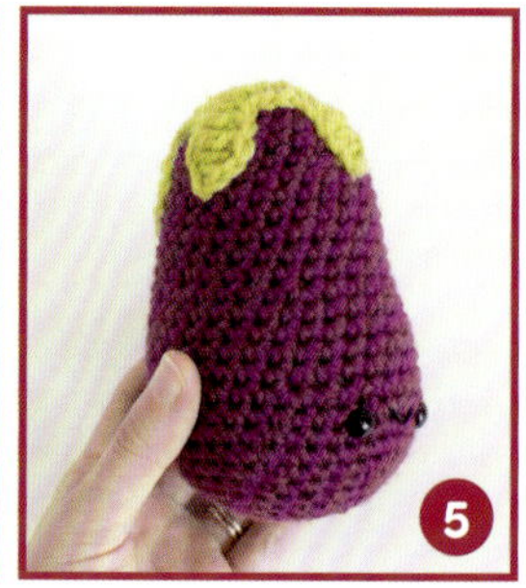

2. Den Stiel auf den magischen Ring der Blätter setzen und annähen. Den Faden mit einem Knoten sichern *(Fotos 6–8)*.

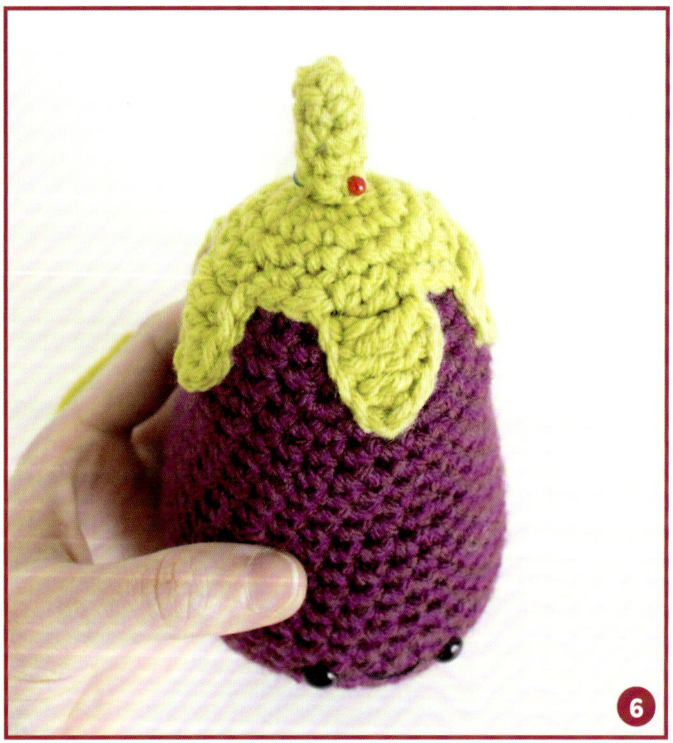

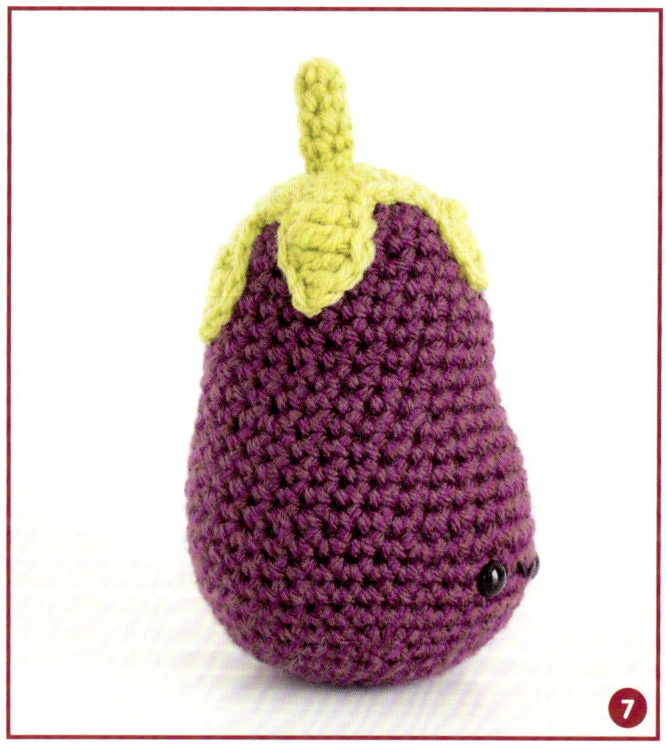

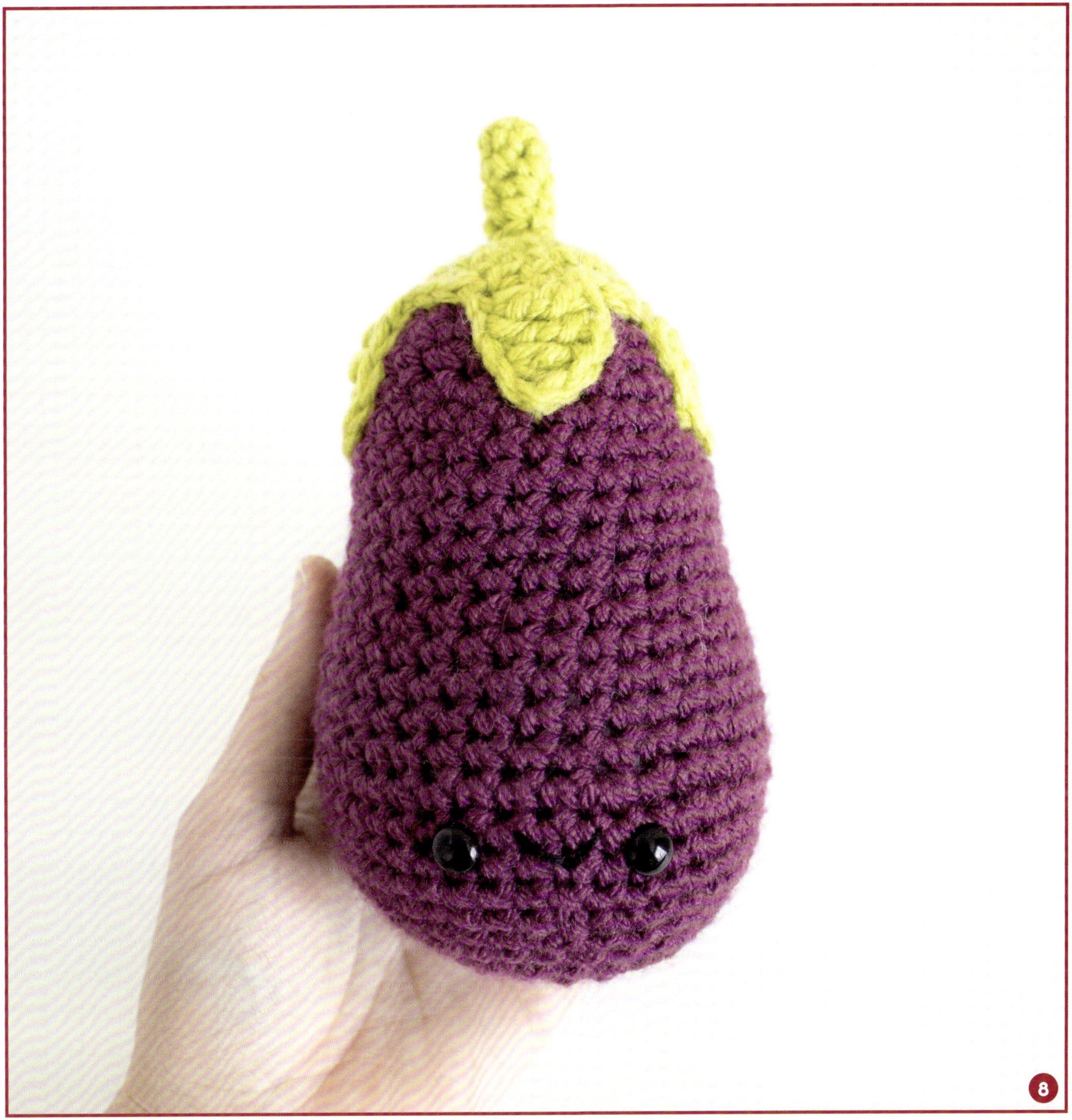

8

ZWIEBEL

MASSE

- Etwa 9cm hoch und 9cm breit

MATERIAL

- Häkelgarn (Lauflänge 100–120m/50g), in Beige und Weiß
- Häkelnadel 4,25mm
- Sicherheitsaugen, 9mm Ø
- Schwarzes Stickgarn und kleine Sticknadel
- Füllwatte aus Polyester
- Nähnadel
- Schere
- Maschenmarkierer
- Stecknadeln (optional, aber sehr hilfreich beim Anbringen der Oberseite)

ABKÜRZUNGEN

- Abn – unsichtbare Abnahme(n)
- fM – feste Masche(n)
- hStb – halbe(s) Stäbchen
- Km – Kettmasche(n)
- Lm – Luftmasche(n)
- M – Masche(n)
- Rd – Runde(n)
- Stb – Stäbchen

HINWEIS ZUR ANLEITUNG

- Diese Anleitung wird in Spiralrunden gehäkelt.

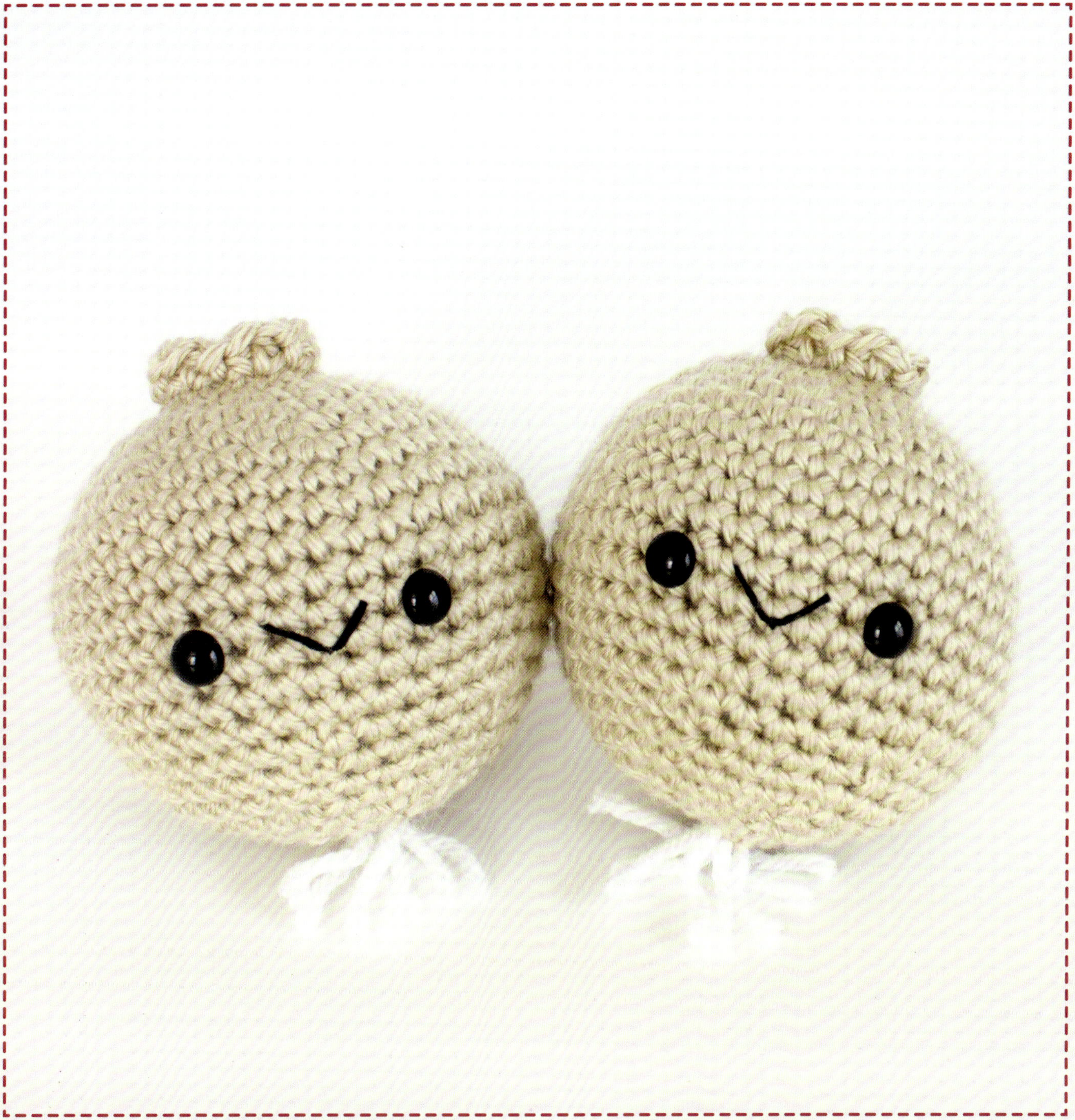

ZWIEBEL

In Beige häkeln

1. Rd: 6 fM in einen magischen Ring häkeln (6 M).
2. Rd: 2 fM in jede M (12 M).
3. Rd: *1 fM, 2 fM in die nächste M* 6x (18 M).
4. Rd: *2 fM, 2 fM in die nächste M* 6x (24 M).
5. Rd: *3 fM, 2 fM in die nächste M* 6x (30 M).
6. Rd: *4 fM, 2 fM in die nächste M* 6x (36 M).
7. Rd: *5 fM, 2 fM in die nächste M* 6x (42 M).
8.–15. Rd: 42 fM (42 M).

Die Sicherheitsaugen einsetzen und den Mund aufsticken.

16. Rd: *5 fM, 1 Abn* 6x (36 M).
17. Rd: *4 fM, 1 Abn* 6x (30 M).
18. Rd: 30 fM (30 M).

Ausstopfen und nach und nach weiteres Füllmaterial hinzufügen.

19. Rd: *3 fM, 1 Abn* 6x (24 M).
20. Rd: *2 fM, 1 Abn* 6x (18 M).
21. Rd: *1 fM, 1 Abn* 6x (12 M).
22. Rd: 6 Abn (6 M).

Die Arbeit beenden und die Zwiebel schließen *(Foto 1)*.

WEISSE WURZELN:

Ungefähr 8 Fäden von dem weißen Stickgarn zurechtschneiden *(Foto 2)*. Einen Faden an einem Ende verknoten und in eine Nähnadel fädeln. Damit unten an der Zwiebel einstechen und den Faden durch die 22. Rd ziehen *(Fotos 3–5)*. Dasselbe mit den anderen Fäden wiederholen *(Foto 6)*. Dann die Fäden auf die gewünschte Länge zurückschneiden *(Foto 7)*.

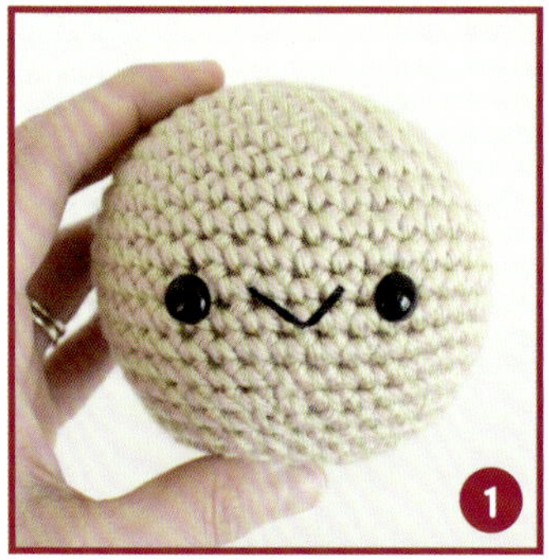
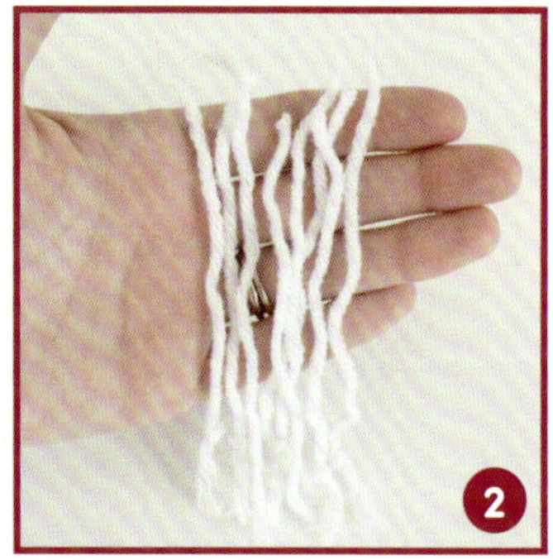
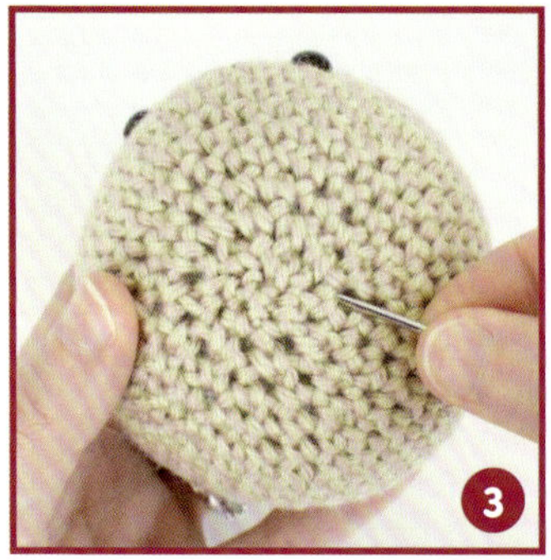
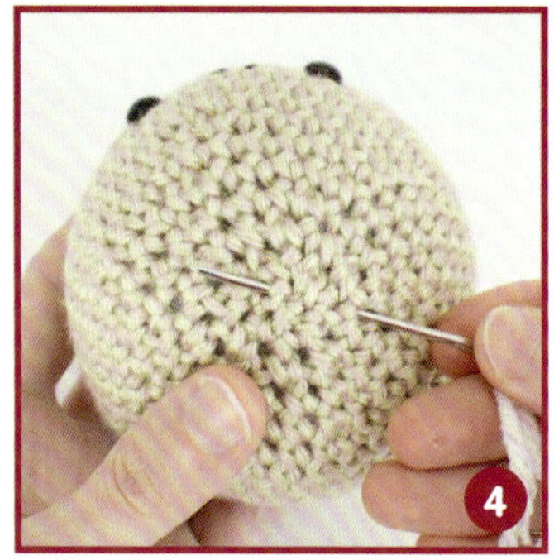
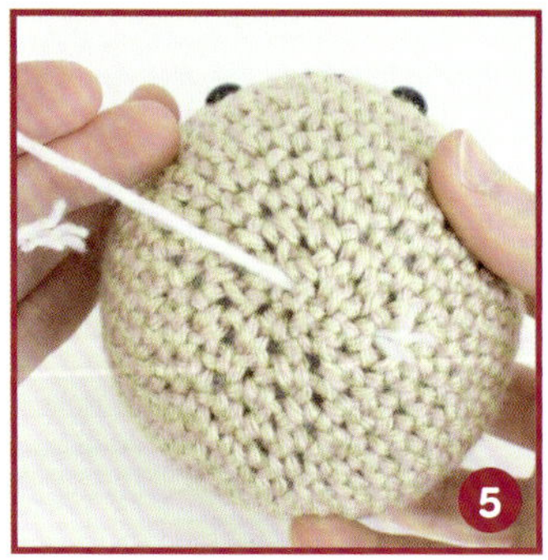
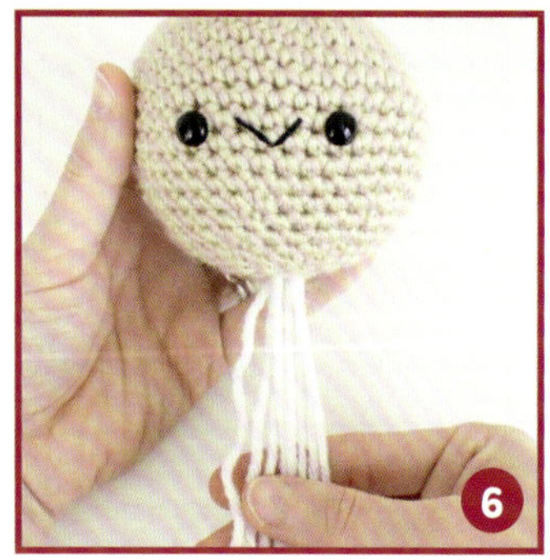
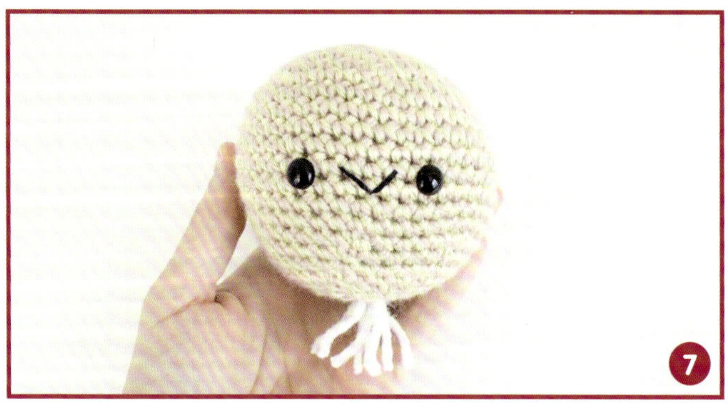

OBERSEITE

In Beige häkeln

12 Lm, dann mit 1 Km in die 1. Lm zu einem Ring schließen, 1 Lm. *(Fotos 1–4)*

1. Rd: *Stb und hStb in die nächste M, Km* 6x. *(Fotos 5–8)*

Die Arbeit beenden und ein Fadenende zum Annähen hängen lassen.

Die Oberseite um den magischen Ring oben auf die Zwiebel legen *(Fotos 9,10)* und annähen *(Foto 11)*. Das Fadenende mit einem Knoten sichern und im Innern der Zwiebel verwahren.

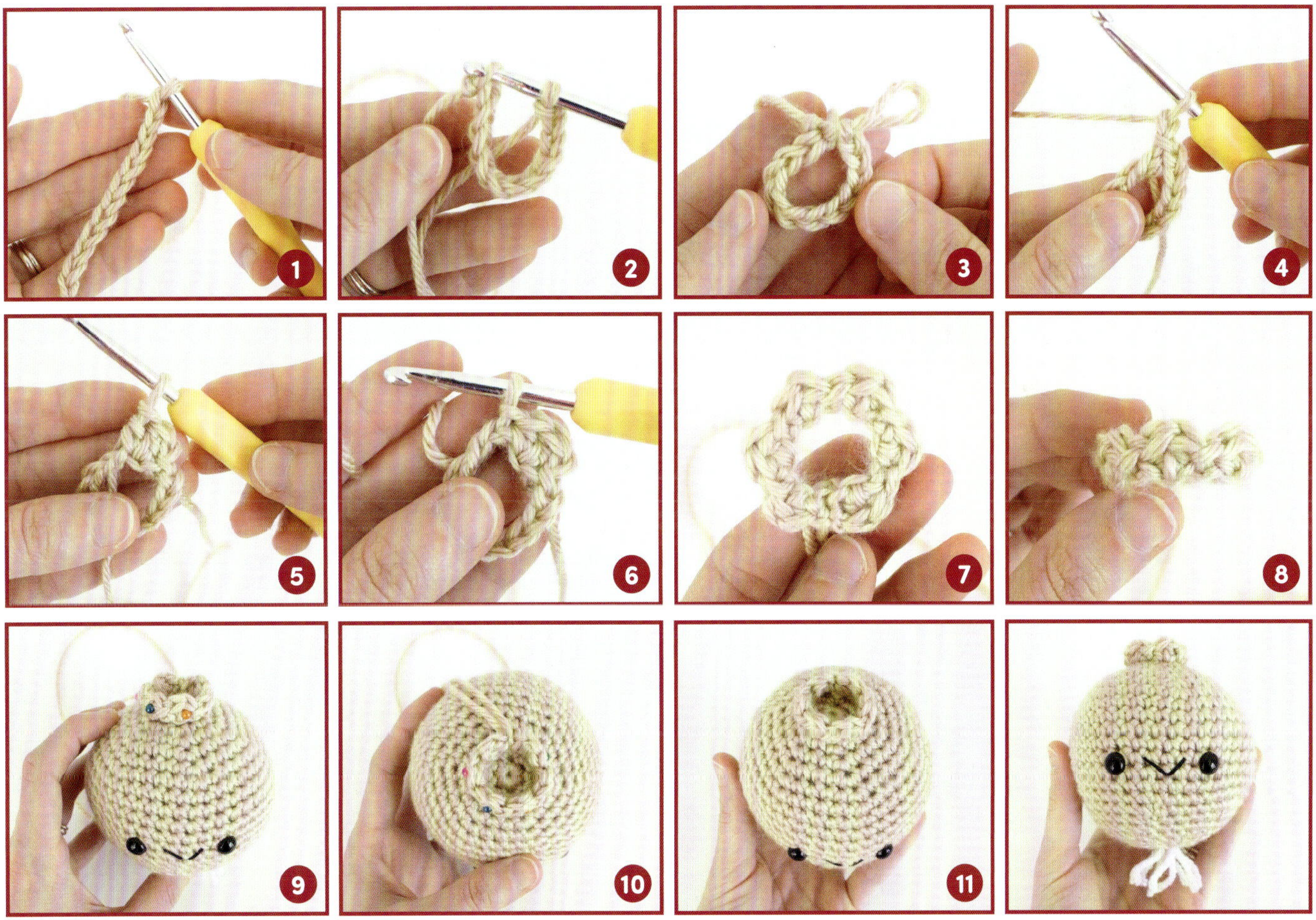

PFIRSICH

MASSE

- Etwa 9cm hoch und 7,5cm breit

MATERIAL

- Häkelgarn (Lauflänge 100–120m/50g), in Pfirsich, Braun und Grün
- Häkelnadel 4,25mm
- Sicherheitsaugen, 9mm Ø
- Schwarzes Stickgarn und kleine Sticknadel
- Füllwatte aus Polyester
- Nähnadel
- Schere
- Maschenmarkierer
- Optional für die Wangen:
  - rosa Filz oder rosa Stickgarn und Häkelnadel 3,5mm

ABKÜRZUNGEN

- Abn – unsichtbare Abnahme(n)
- DStb – Doppelstäbchen
- fM – feste Masche(n)
- hStb – halbe(s) Stäbchen
- Lm – Luftmasche(n)
- M – Masche(n)
- Rd – Runde(n)
- Stb – Stäbchen

HINWEIS ZUR ANLEITUNG

- Diese Anleitung wird in Spiralrunden gehäkelt.

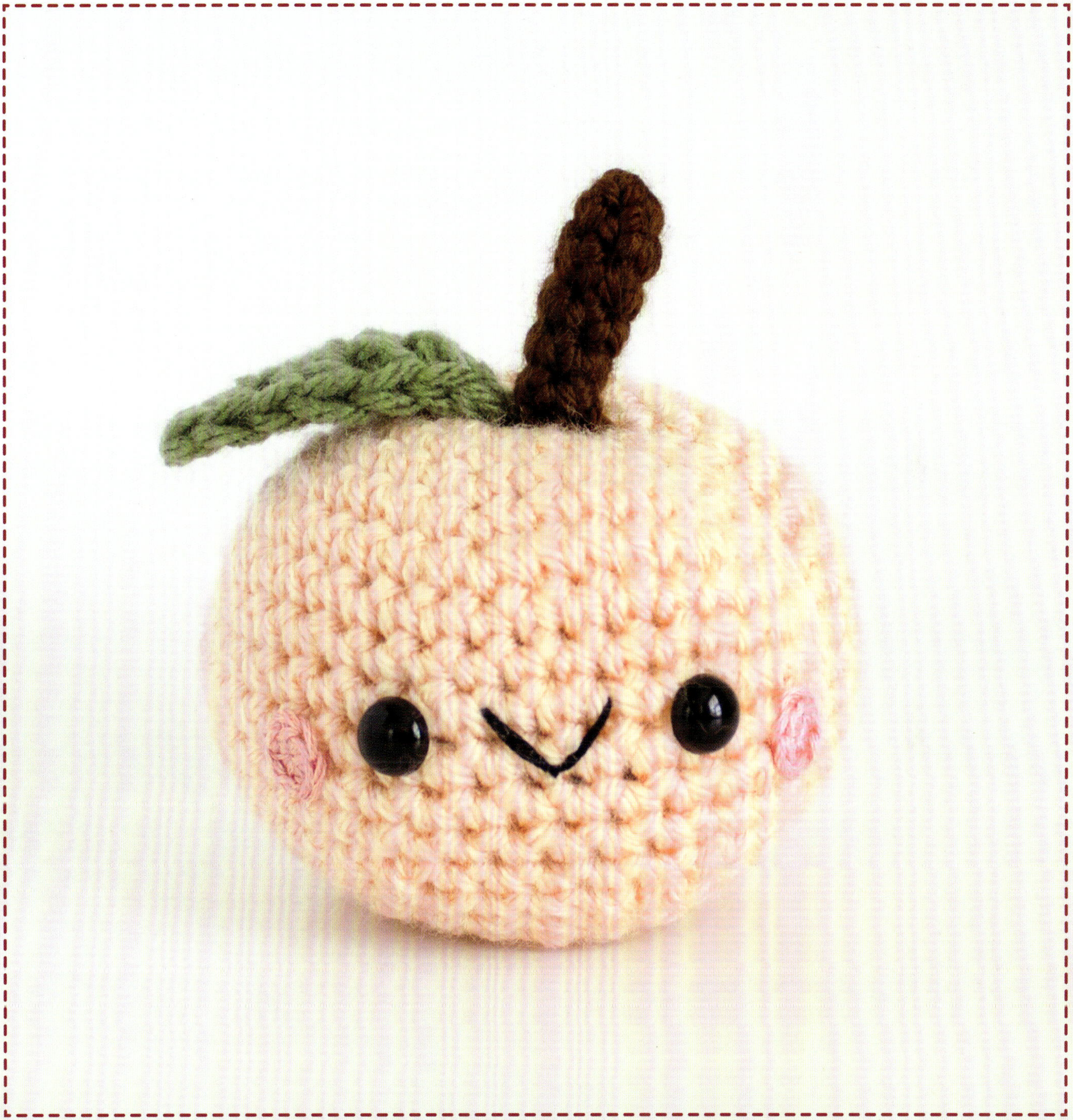

PFIRSICH

In Pfirsich häkeln

1. Rd: 6 fM in einen magischen Ring häkeln (6 M).
2. Rd: 2 fM in jede M (12 M).
3. Rd: *1 fM, 2 fM in die nächste M* 6x (18 M).
4. Rd: *2 fM, 2 fM in die nächste M* 6x (24 M).
5. Rd: *3 fM, 2 fM in die nächste M* 6x (30 M).
6. Rd: *4 fM, 2 fM in die nächste M* 6x (36 M).
7. Rd: *5 fM, 2 fM in die nächste M* 6x (42 M).
8.–13. Rd: 42 fM (42 M).

Die Sicherheitsaugen einsetzen und den Mund aufsticken.

14. Rd: *5 fM, 1 Abn* 6x (36 M).
15. Rd: *4 fM, 1 Abn* 6x (30 M).
16. Rd: *3 fM, 1 Abn* 6x (24 M).

Mit dem Ausstopfen beginnen und nach und nach weiteres Füllmaterial hinzufügen.

17. Rd: 24 fM (24 M).
18. Rd: *2 fM, 1 Abn* 6x (18 M).
19. Rd: *1 fM, 1 Abn* 6x (12 M).
20. Rd: 6 Abn (6 M).

Die Arbeit beenden und schließen, dabei für die Einkerbungen einen langen Faden hängen lassen *(Foto 1)*.

EINKERBUNG:

Den Endfaden in eine Nähnadel fädeln und diese mittig in die 20. Rd einstechen *(Foto 2)*. Nach oben führen und mittig durch den magischen Ring (1. Rd, *Foto 3*) wieder ausstechen. Den Faden vorsichtig durchziehen.

1. Dann auf einer Seite nach unten führen *(Foto 4)* und wieder mittig in der 20. Rd einstechen (*Foto 5)*.

2. Dann wieder durch den magischen Ring ausstechen *(Foto 6)*.

3. Den Faden auf derselben Seite wieder nach unten führen und wieder in der Mitte der 20. Rd einstechen *(Foto 7)*.

4. Die Nadel wieder oben ausstechen *(Foto 8)*. Das Fadenende verknoten, zurückschneiden und im Inneren des Pfirsichs verwahren.

OPTIONAL:

Wangen aus Filz: dafür zwei kleine Kreise aus rosa Filz ausschneiden und neben den Sicherheitsaugen aufnähen.

ODER

Gehäkelte Wangen: mit rosa Stickgarn und Häkelnadel 3,5mm wie folgt häkeln:

1. Rd: 7 fM in einen magischen Ring häkeln (7 M).

Die Arbeit beenden und neben den Sicherheitsaugen aufnähen.

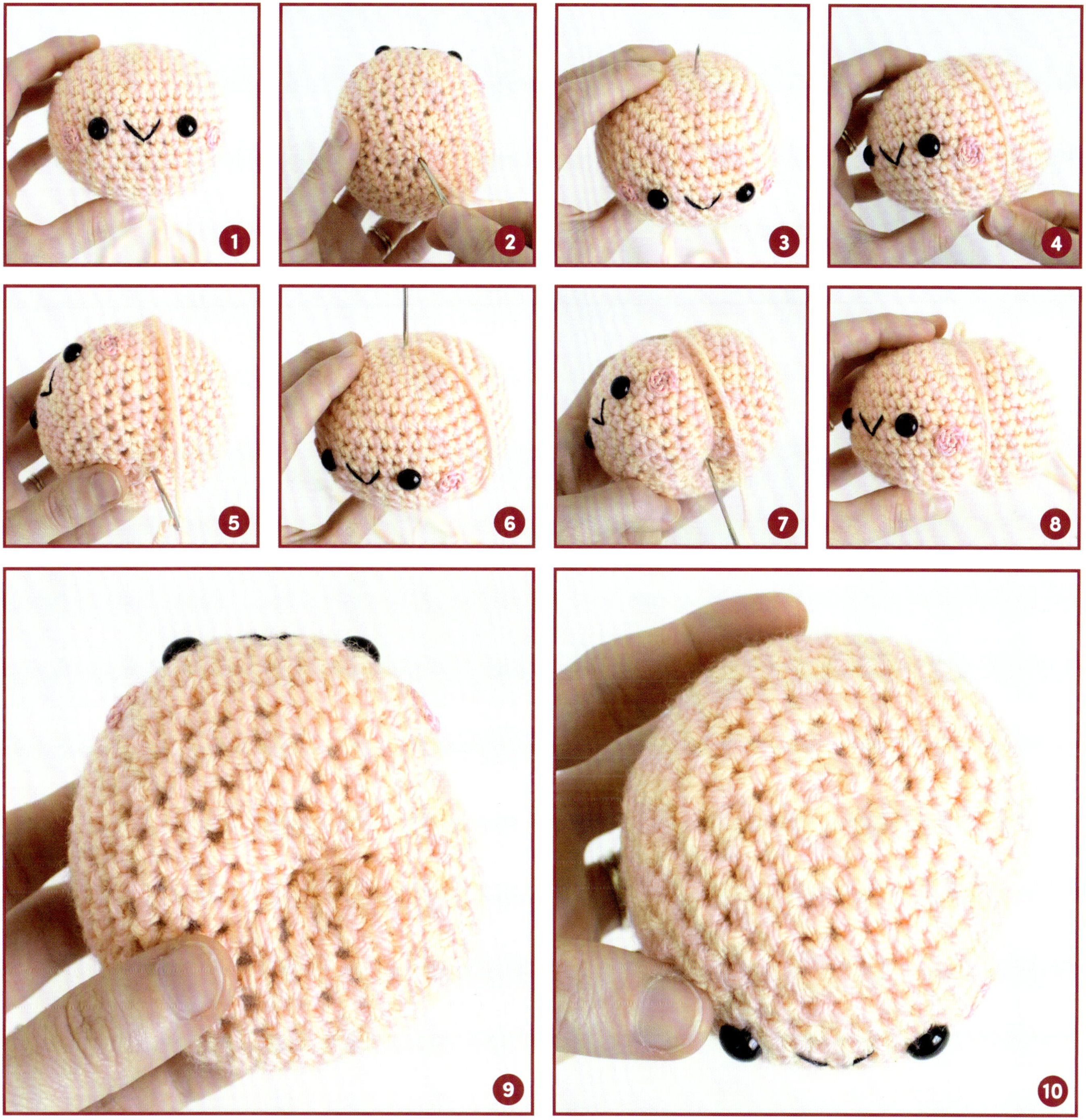
1
2
3
4
5
6
7
8
9
10

STIEL

In Braun häkeln

1. Rd: 5 fM in einen magischen Ring häkeln (5 M).
2.–6. Rd: 5 fM (5 M).

Die Arbeit beenden und ein Fadenende zum Annähen hängen lassen.
Den Stiel auf den magischen Ring des Pfirsichs setzen und annähen.

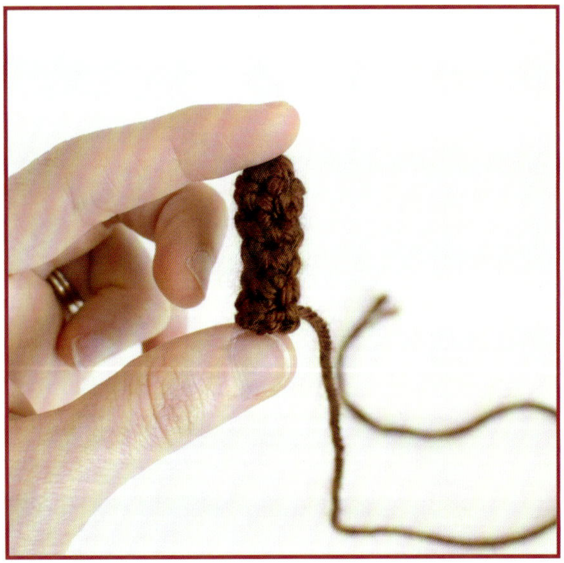

BLATT

In Grün 9 Lm häkeln.

1. R: Ab der 2. Lm von der Häkelnadel aus fM, hStb, Stb, DStb, DStb, Stb, hStb, fM (8 M).

Hinweis: Nach jedem Komma wird auf einer neuen Luftmasche gehäkelt.
Zum Beispiel: fM in die 2. Lm von der Häkelnadel, hStb in die nächste Lm und so weiter bis zur letzten Lm *(Fotos 1–5)*.

Die Arbeit beenden und ein Fadenende zum Annähen hängen lassen. Das Blatt neben dem Stiel an den Pfirsich nähen *(Foto 6)*.

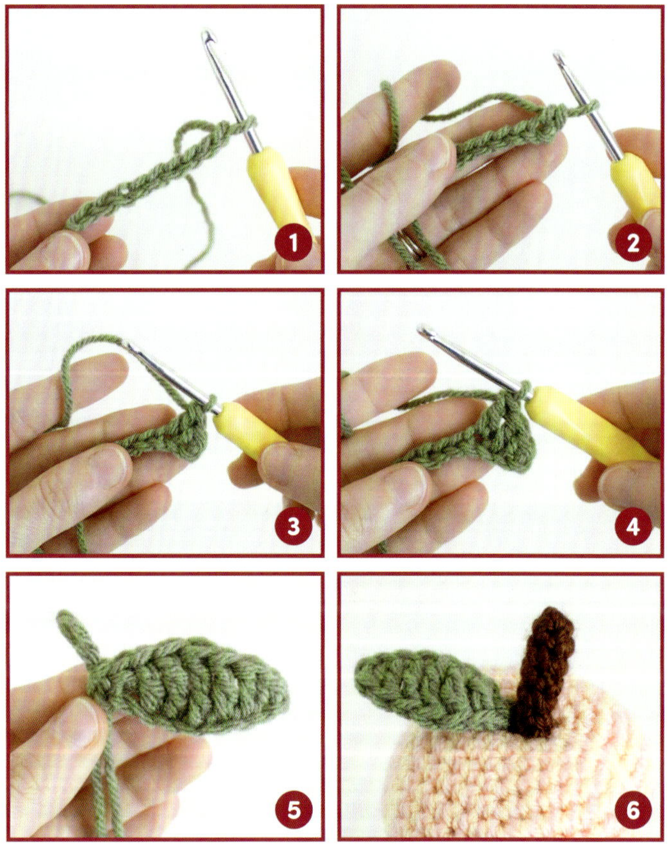

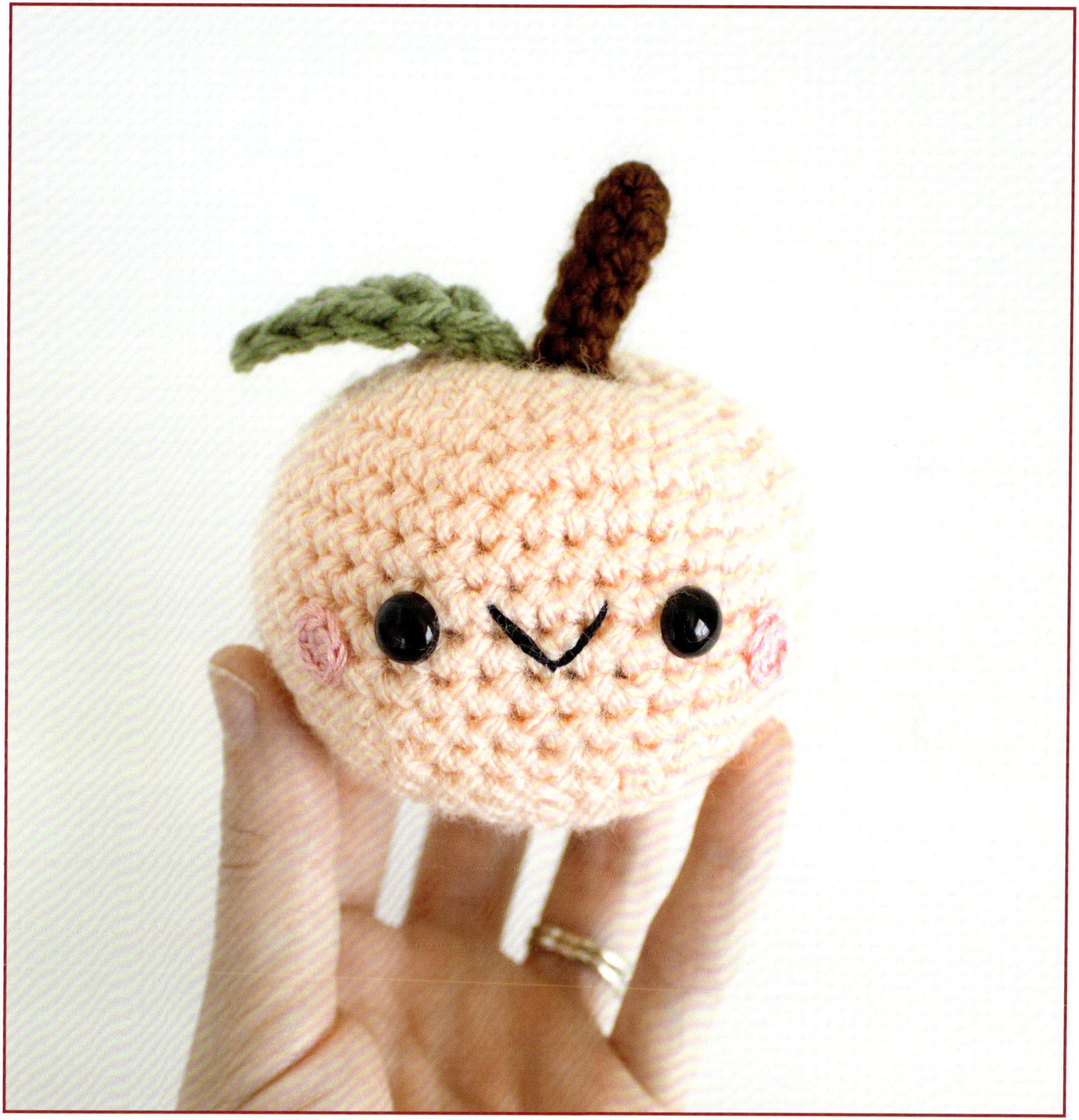

ANANAS

MASSE

- Etwa 22cm hoch und 10cm breit

MATERIAL

- Häkelgarn (Lauflänge 100–120m/50g), in Goldgelb und Grün
- Häkelnadel 4,25mm
- Sicherheitsaugen, 9mm Ø
- Schwarzes Stickgarn und kleine Sticknadel
- Füllwatte aus Polyester
- Nähnadel
- Schere
- Maschenmarkierer
- Stecknadeln (optional, aber sehr hilfreich beim Anbringen der Blätter)
- Optional:
  - kleiner Stoffbeutel mit Kunststoffkügelchen (siehe Hinweis)

ABKÜRZUNGEN

- Abn – unsichtbare Abnahme(n)
- fM – feste Masche(n)
- M – Masche(n)
- Rd – Runde(n)

HINWEIS ZUR ANLEITUNG

- Diese Anleitung wird in Spiralrunden gehäkelt.
- Die Ananas wird von unten nach oben gearbeitet. Darauf achten, dass die Sicherheitsaugen und der Mund richtig positioniert werden.
- Zum Verstärken der Ananas einen kleinen Stoffbeutel mit Kunststoffkügelchen unten hineinlegen, bevor die Füllwatte hinzugefügt wird. Kunststoffkügelchen findet man in Bastelläden im Regal bei der Füllwatte.

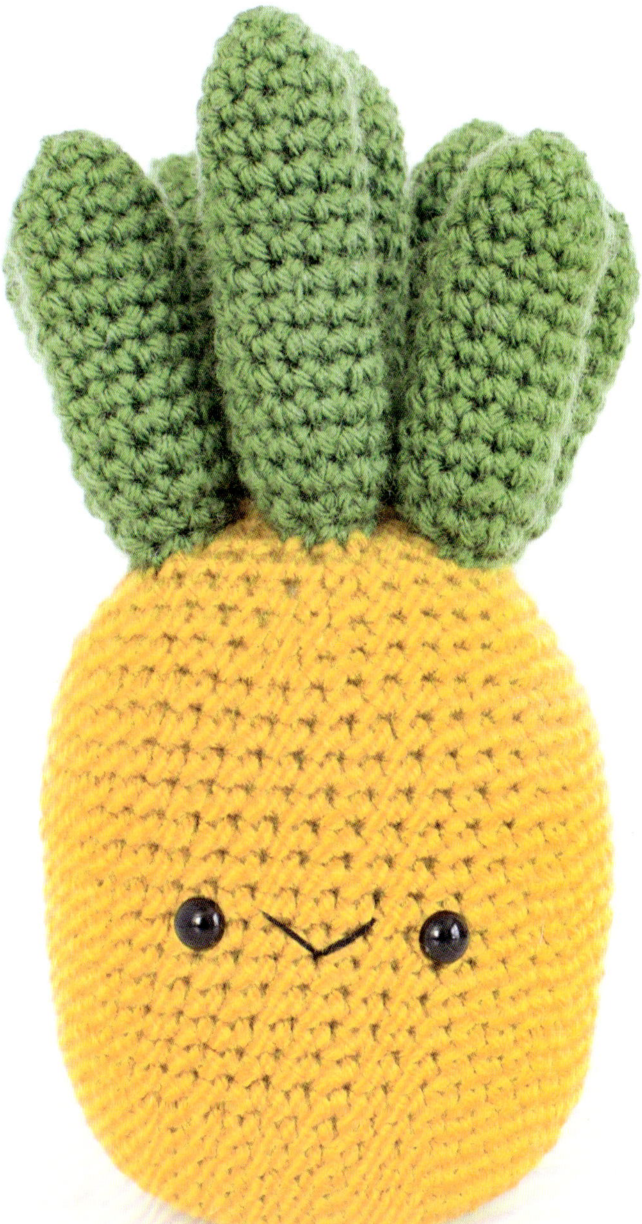

KÖRPER

In Goldgelb häkeln

1. Rd: 6 fM in einen magischen Ring häkeln (6 M).
2. Rd: 2 fM in jede M (12 M).
3. Rd: *1 fM, 2 fM in die nächste M* 6x (18 M).
4. Rd: *2 fM, 2 fM in die nächste M* 6x (24 M).
5. Rd: *3 fM, 2 fM in die nächste M* 6x (30 M).
6. Rd: *4 fM, 2 fM in die nächste M* 6x (36 M).
7. Rd: *5 fM, 2 fM in die nächste M* 6x (42 M).
8. Rd: *6 fM, 2 fM in die nächste M* 6x (48 M).
9.–24. Rd: 48 fM (48 M).

Die Sicherheitsaugen einsetzen und den Mund aufsticken *(Foto 1)*.

25. Rd: *6 fM, 1 Abn* 6x (42 M).
26. Rd: *5 fM, 1 Abn* 6x (36 M).
27. Rd: *4 fM, 1 Abn* 6x (30 M).

Wenn die Ananas mit Kunststoffkügelchen verstärkt werden soll, einen damit gefüllten Stoffbeutel nun hineinlegen *(Foto 2)*.
Mit dem Ausstopfen beginnen und nach und nach weiteres Füllmaterial hinzufügen *(Foto 3)*.

28. Rd: *3 fM, 1 Abn* 6x (24 M).
29. Rd: *2 fM, 1 Abn* 6x (18 M).
30. Rd: *1 fM, 1 Abn* 6x (12 M).
31. Rd: 6 Abn (6 M).

Die Arbeit beenden und schließen.

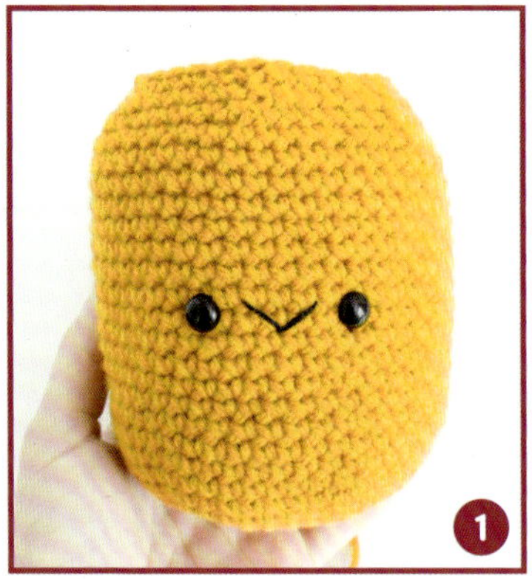
1

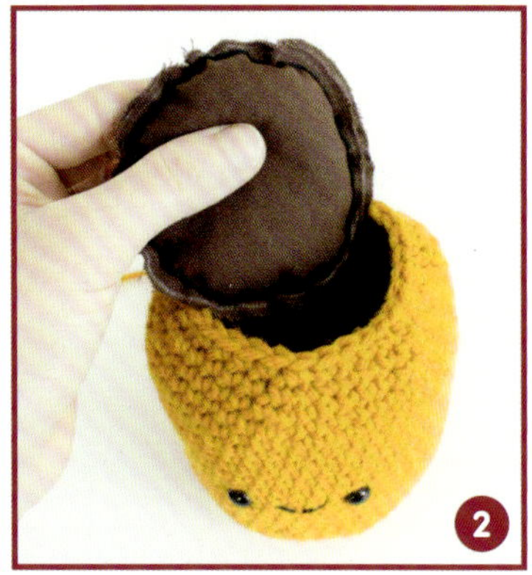
2

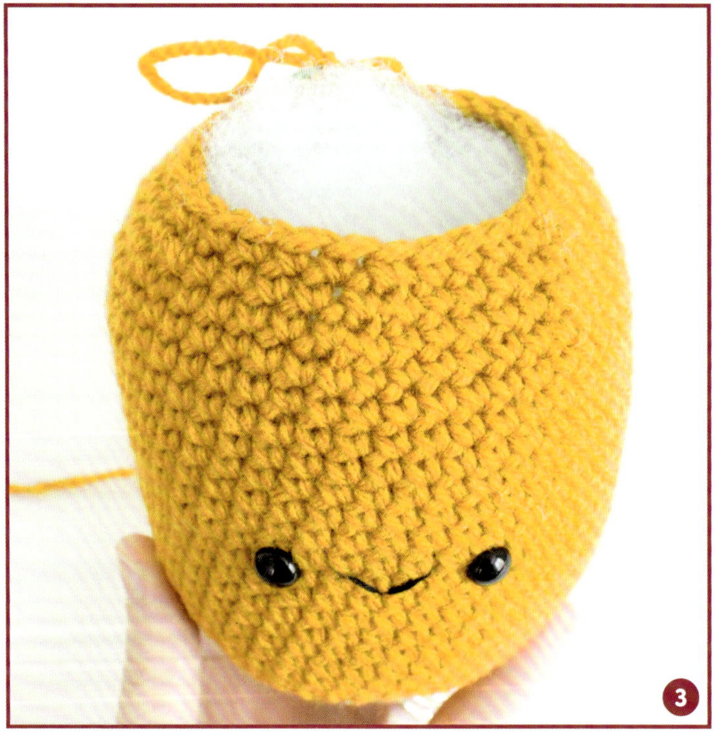
3

BLÄTTER

KLEINES BLATT: 4X ARBEITEN

In Grün häkeln

1. Rd: 6 fM in einen magischen Ring häkeln (6 M).
2. Rd: 6 fM (6 M).
3. Rd: 2 fM in jede M (12 M).
4.–13. Rd: 12 fM (12 M).
14. Rd: *1 fM, 1 Abn* 4x (8 M).

Die Arbeit beenden und ein Fadenende zum Annähen hängen lassen.
Mit Füllwatte ausstopfen.

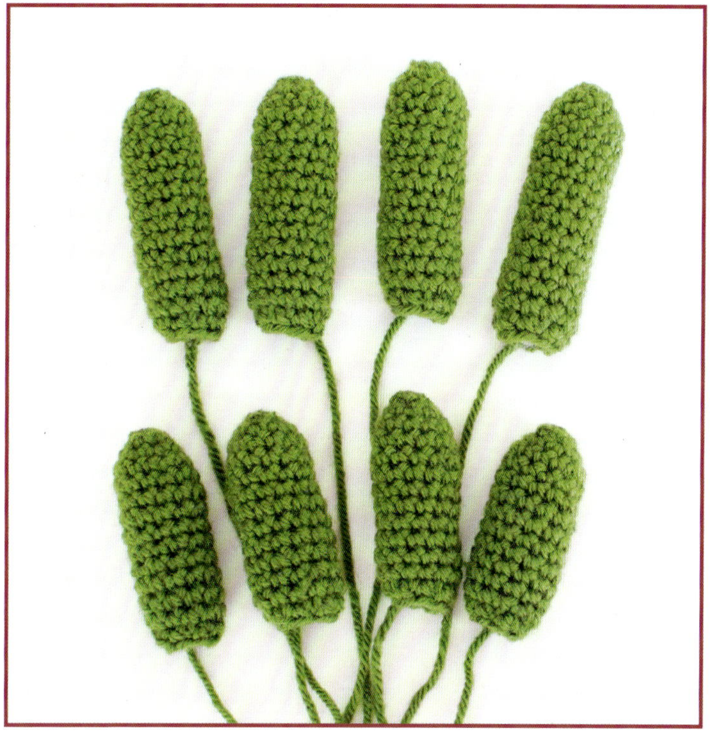

GROSSES BLATT: 4X ARBEITEN

In Grün häkeln

1. Rd: 6 fM in einen magischen Ring häkeln (6 M).
2. Rd: 6 fM (6 M).
3. Rd: 2 fM in jede (12 M).
4.–16. Rd: 12 fM (12 M).
17. Rd: *1 fM, 1 Abn* 4x (8 M).

Die Arbeit beenden und ein Fadenende zum Annähen hängen lassen.
Mit Füllwatte ausstopfen.

ZUSAMMENSETZEN

1. 1 großes und 2 kleine Blätter oben auf die Ananas setzen und mithilfe einer Nähnadel annähen *(Fotos 1,2)*.

2. In die mittlere Reihe 1 großes und 2 kleine Blätter hinter die Blätter aus dem 1. Schritt nähen *(Fotos 3,4)*.

3. Die restlichen 2 großen Blätter hinter die Blätter aus dem 2. Schritt nähen *(Fotos 5–7)*.

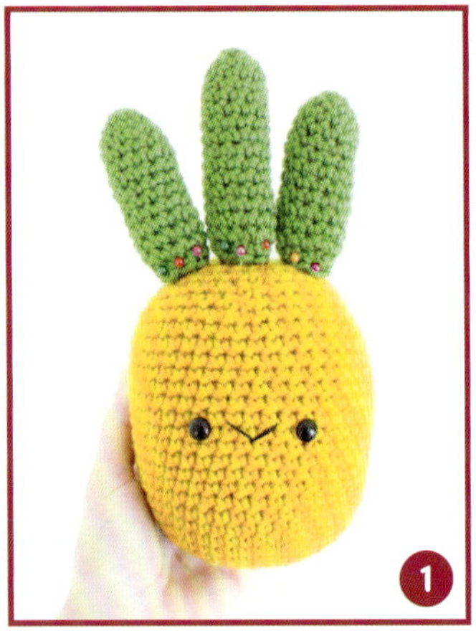

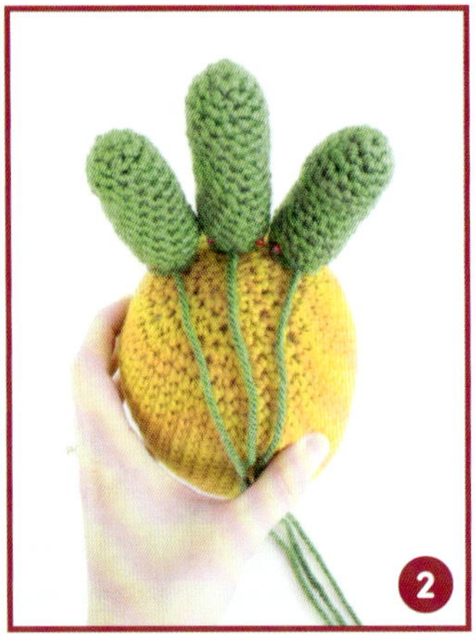

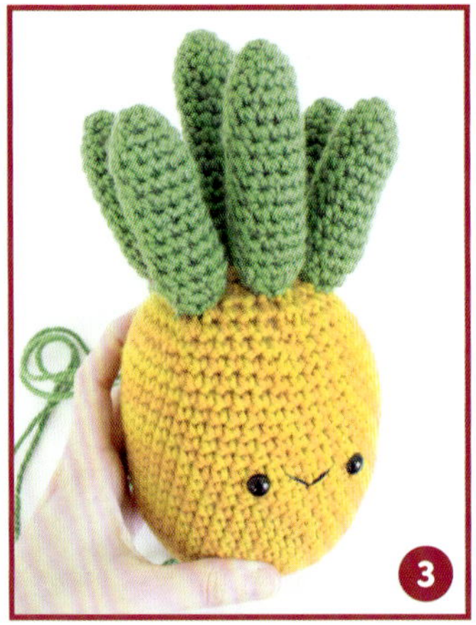

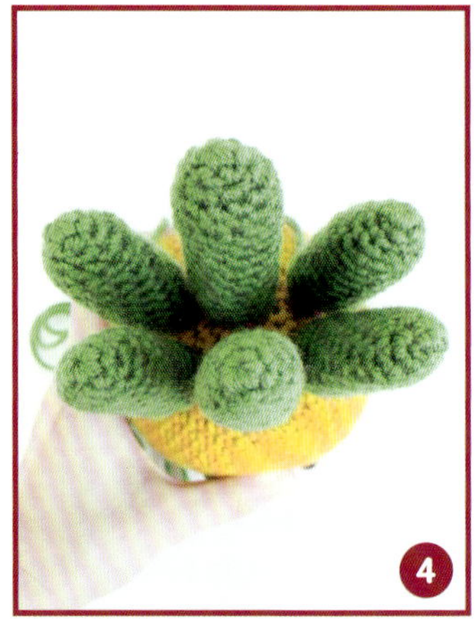

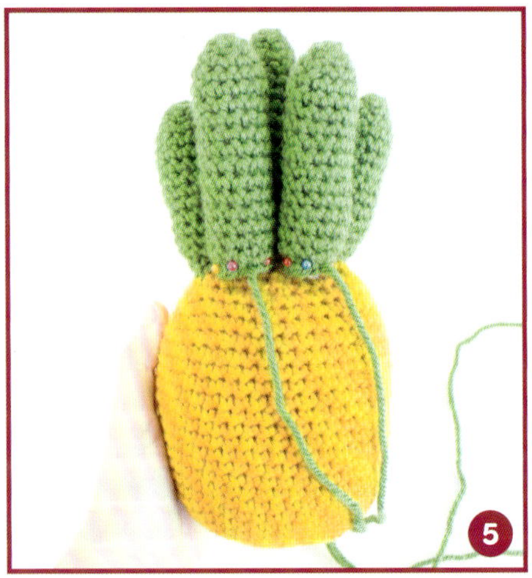

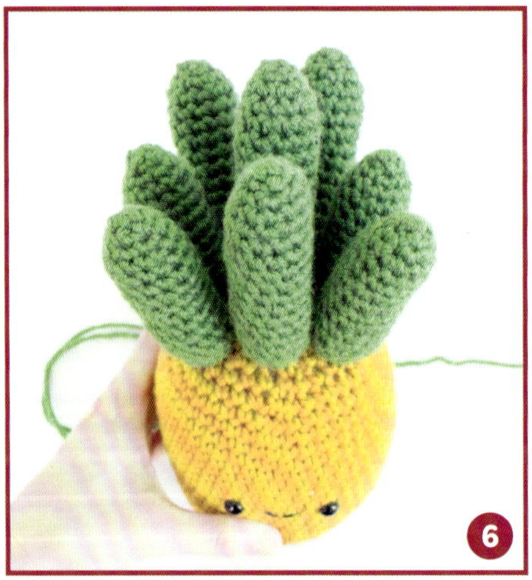

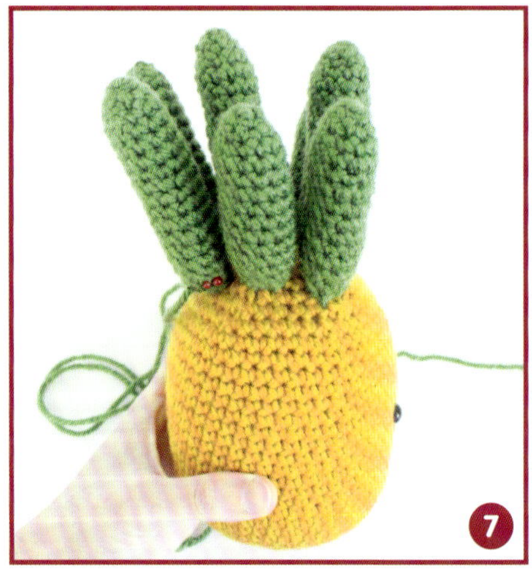

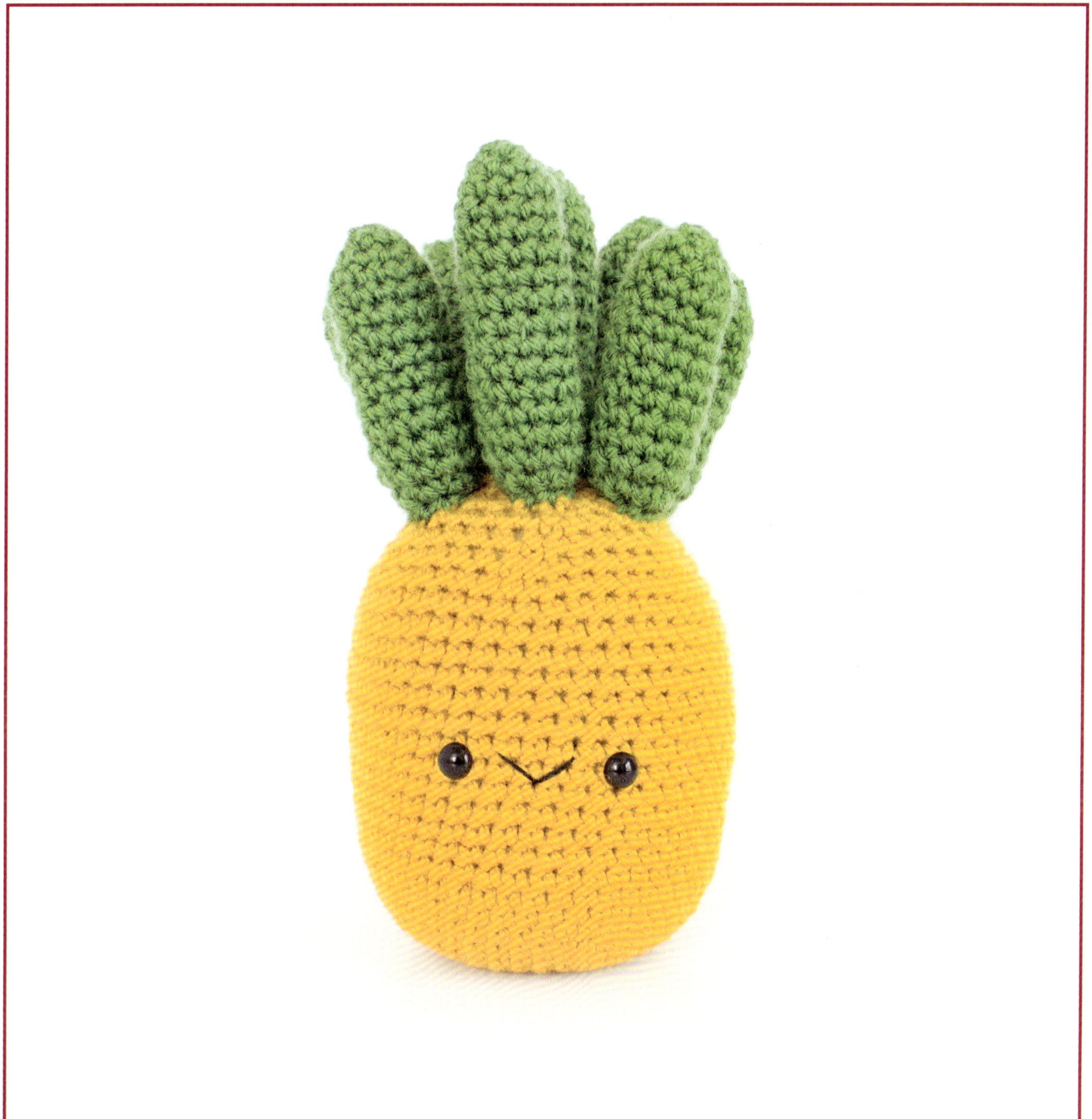

TOMATE

MASSE

- Etwa 7,5cm hoch und 9cm breit

MATERIAL

- Häkelgarn (Lauflänge 100–120m/50g), in Rot und Grün
- Häkelnadel 4,25mm
- Sicherheitsaugen, 9mm Ø
- Schwarzes Stickgarn und kleine Sticknadel
- Füllwatte aus Polyester
- Nähnadel
- Schere
- Maschenmarkierer
- Stecknadeln (optional, aber sehr hilfreich beim Anbringen der Blätter)

ABKÜRZUNGEN

- Abn – unsichtbare Abnahme(n)
- fM – feste Masche(n)
- Km – Kettmasche(n)
- Lm – Luftmasche(n)
- M – Masche(n)
- Rd – Runde(n)

HINWEIS ZUR ANLEITUNG

- Diese Anleitung wird in Spiralrunden gehäkelt.

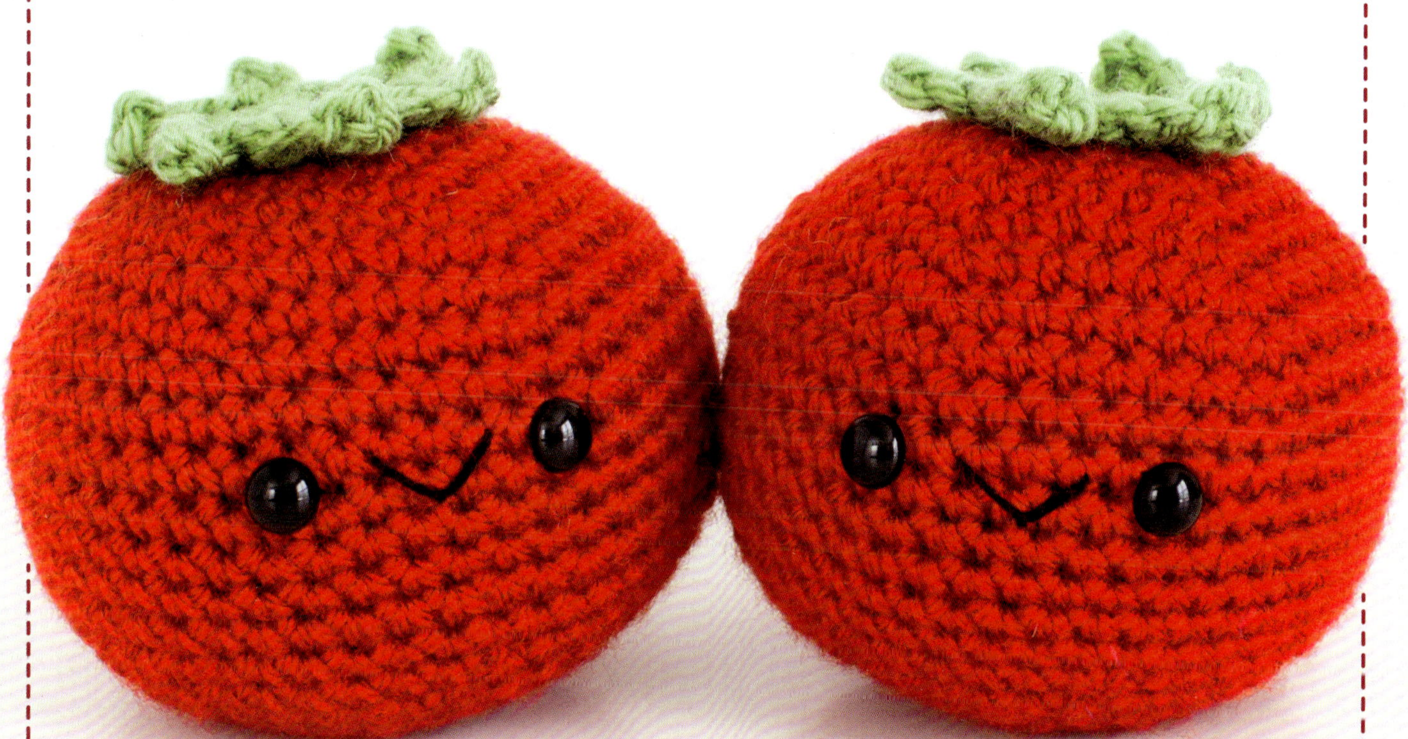

TOMATE

In Rot häkeln

1. Rd: 6 fM in einen magischen Ring häkeln (6 M).
2. Rd: 2 fM in jede M (12 M).
3. Rd: *1 fM, 2 fM in die nächste M* 6x (18 M).
4. Rd: *2 fM, 2 fM in die nächste M* 6x (24 M).
5. Rd: *3 fM, 2 fM in die nächste M* 6x (30 M).
6. Rd: *4 fM, 2 fM in die nächste M* 6x (36 M).
7. Rd: *5 fM, 2 fM in die nächste M* 6x (42 M).
8. Rd: *6 fM, 2 fM in die nächste M* 6x (48 M).
9.–16. Rd: 48 fM (48 M).

Die Sicherheitsaugen einsetzen und den Mund aufsticken.

17. Rd: *6 fM, 1 Abn* 6x (42 M).
18. Rd: *5 fM, 1 Abn* 6x (36 M).
19. Rd: *4 fM, 1 Abn* 6x (30 M).
20. Rd: *3 fM, 1 Abn* 6x (24 M).

Ausstopfen und nach und nach weiteres Füllmaterial hinzufügen.

21. Rd: *2 fM, 1 Abn* 6x (18 M).
22. Rd: *1 fM, 1 Abn* 6x (12 M).
23. Rd: 6 Abn (6 M).

Die Arbeit beenden und schließen.

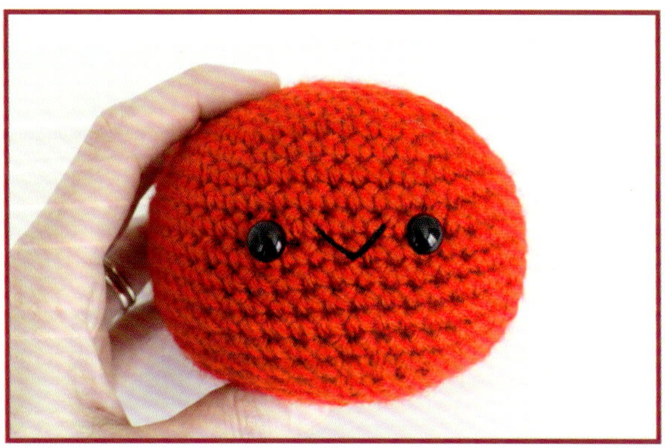

BLATT

In Grün häkeln

1. Rd: 6 fM in einen magischen Ring häkeln (6 M).
2. Rd: 2 fM in jede M (12 M).
3. Rd: *1 fM, 3 Lm, dann ab der 2. Lm von der Häkelnadel aus 1 fM in jede Lm (insgesamt 2 M), Km in die 1. fM, fM in die nächste M* 6x (= insgesamt 6 Blätter, *Fotos 1–7*).

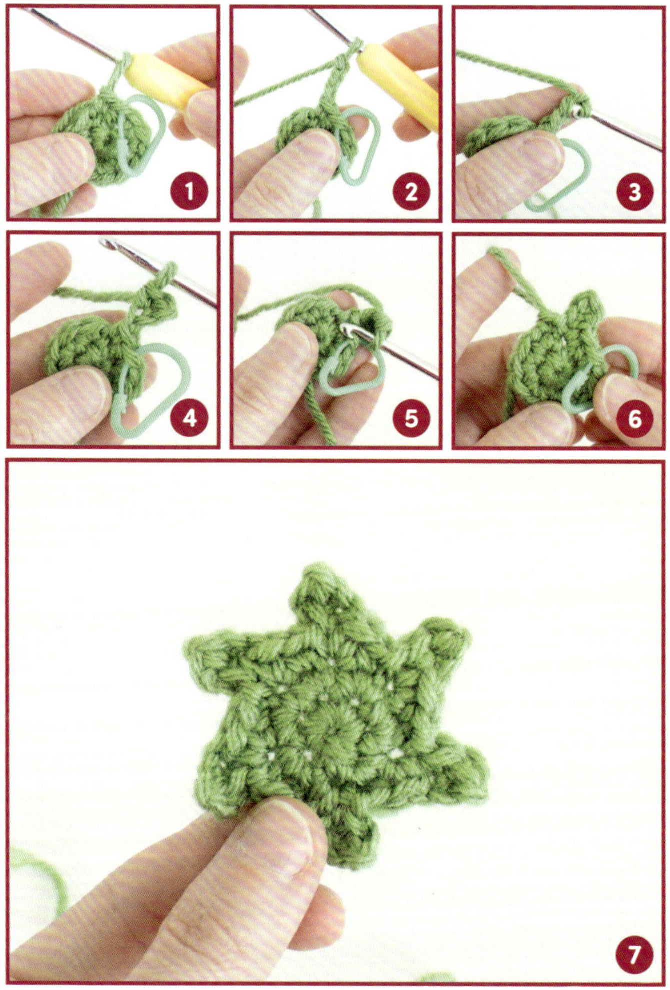

Die Arbeit beenden und ein Fadenende zum Annähen hängen lassen.

Die Blätter oben auf die Tomate stecken *(Foto 8)*. Mit der Nähnadel zugleich in das Blatt und die Tomate einstechen und den Faden wieder zum Blatt führen *(Fotos 9,10)*. Dann zwischen der 2. und 3. Rd die Blätter annähen *(Foto 11)*. So entsteht eine Reihe mit Geradstichen zwischen diesen Reihen *(Fotos 12,13)*.

Den Faden mit einem Knoten sichern und im Inneren der Tomate verwahren.

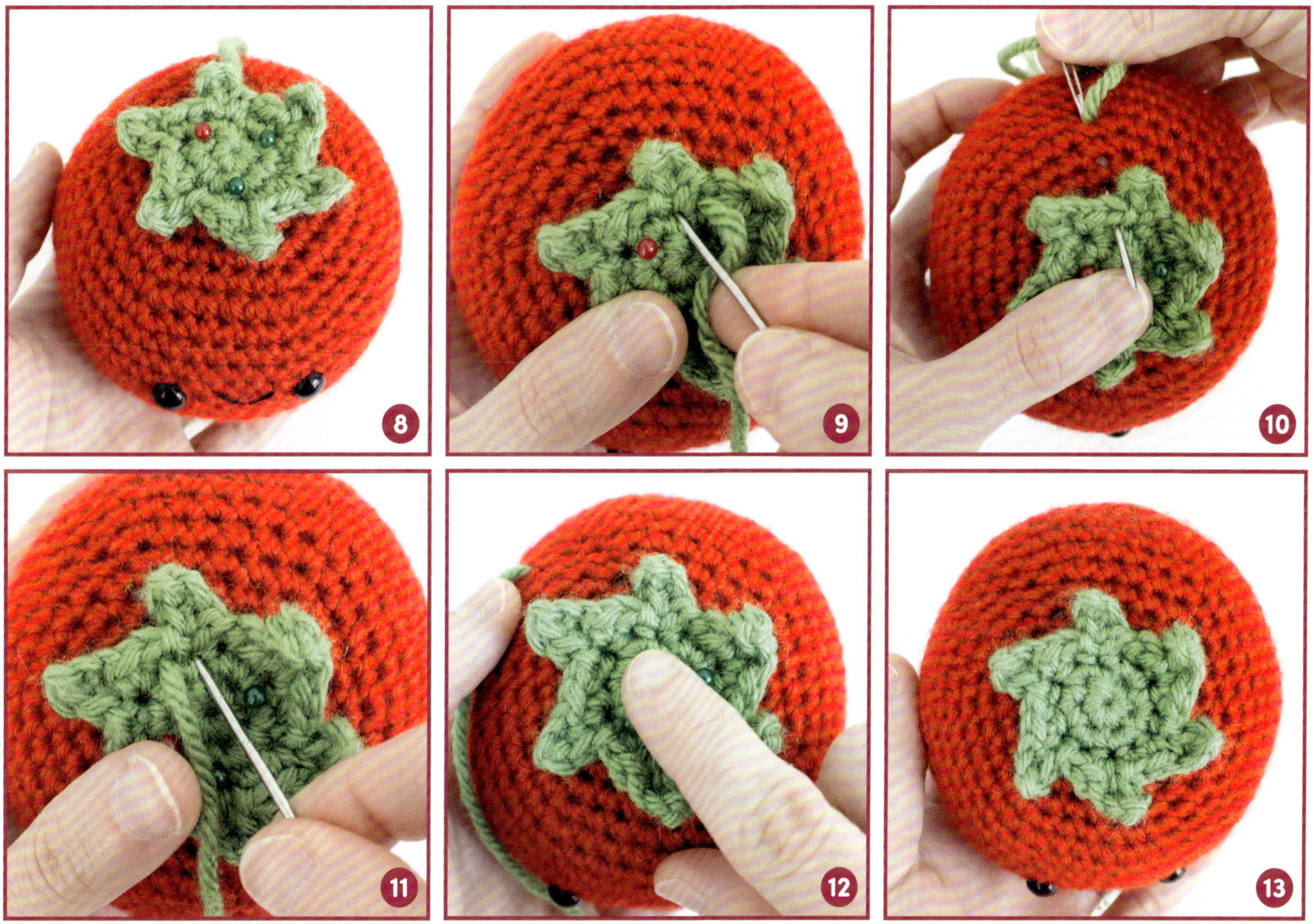

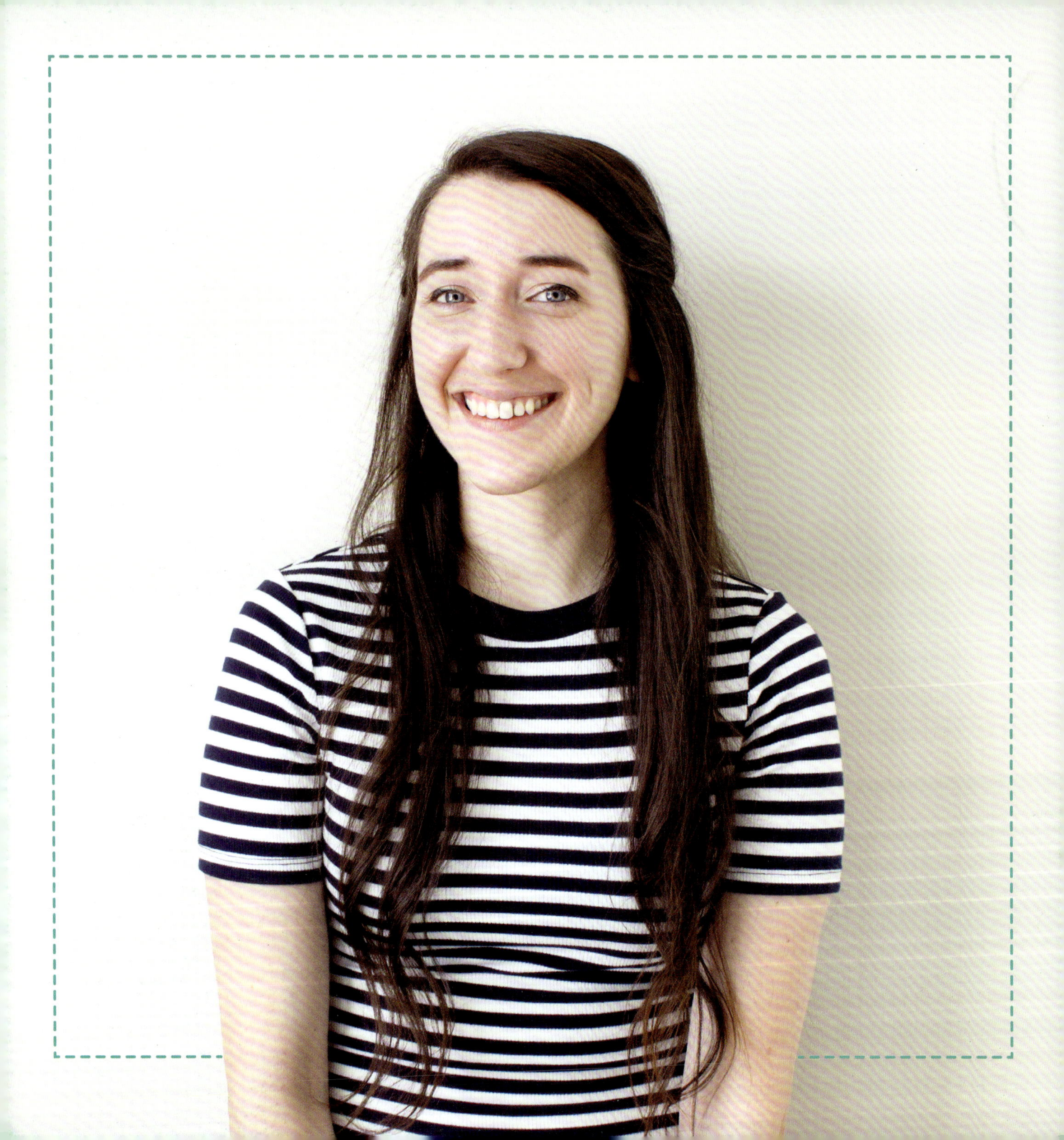

Lauren Espy begann 2009 mit dem Häkeln, nachdem ihre Großmutter ihr ein Buch geschenkt hat über Amigurumis – die gestrickten oder gehäkelten kleinen, ausgestopften Figuren aus Japan. Im Jahr 2015 eröffnete Lauren ihren Etsy-Shop *A Menagerie of Stitches.* Während sie in einem Naturkundemuseum arbeitete, kam ihr die Idee, ein Chemie-Set mit einem Becherglas, Teströhrchen und einem Bunsenbrenner zu häkeln. Was als Hobby begann, entwickelte sich schnell zu einer Leidenschaft und dann zu einem Beruf. Ihre Entwürfe teilt sie mit einer ständig wachsenden Zahl von Followern auf Instagram unter @amenagerieofstitches.

Wenn sie nicht häkelt, unternimmt Lauren gerne Ausflüge und verbringt Zeit mit ihrem Ehemann Carl.

NOCH MEHR TOLLE HÄKELBÜCHER!

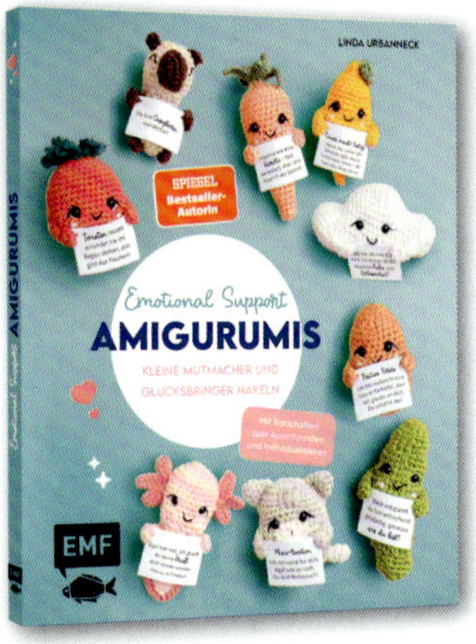

Emotional Support Amigurumis
978-3-7459-2871-6
€ 11,00 (DE) / 11,40 (AT)

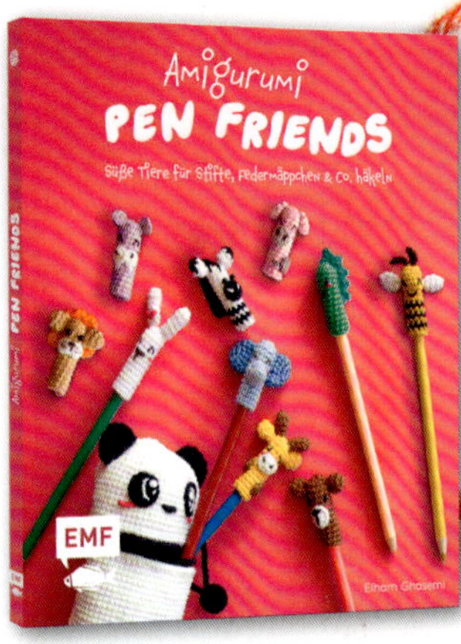

Amigurumi Pen Friends
978-3-7459-2676-7
€ 11,00 (DE) / 11,40 (AT)

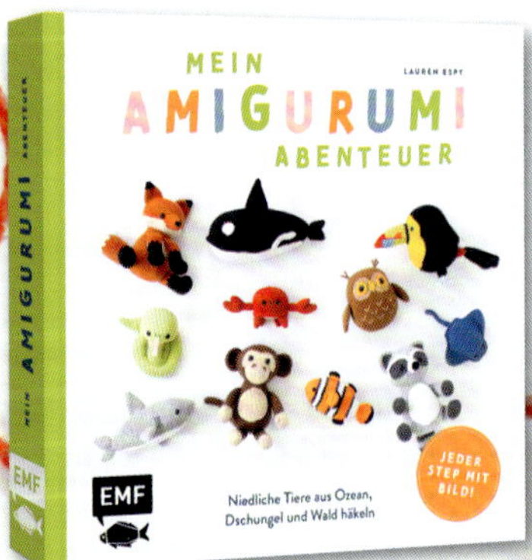

Mein Amigurumi-Abenteuer – Tiere häkeln
978-3-7459-2028-4
€ 18,00 (DE) / 18,50 (AT)

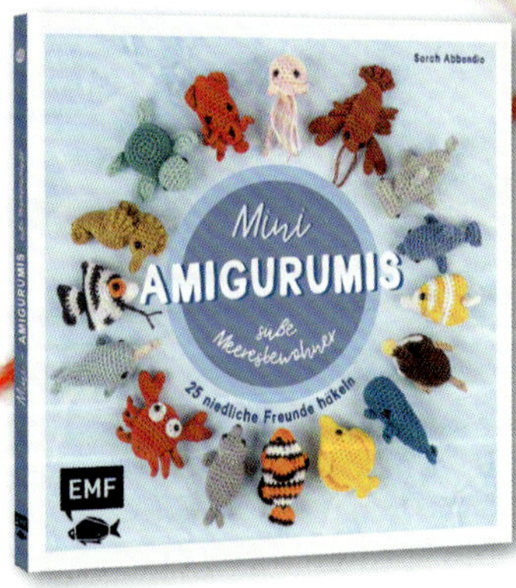

Mini-Amigurumis – süße Meeresbewohner
978-3-7459-1583-9
€ 10,00 (DE) / 10,30 (AT)